NOM DE CODE
BAT-21

WILLIAM C. ANDERSON

NOM DE CODE
BAT-21

*D'après l'épopée authentique
du lieutenant-colonel Iceal E. Hambleton
de l'Armée de l'Air des Etats-Unis*

Traduit de l'américain par
FRANÇOISE et GUY CASARIL

ACROPOLE

216, boulevard Saint-Germain
75007 Paris

Un livre présenté par Hortense Chabrier

Si vous souhaitez être tenu régulièrement
au courant de nos publications,
envoyez vos nom et adresse en citant ce livre aux
Editions Acropole
216, boulevard Saint-Germain
Paris 7ᵉ

Titre original : *Bat-21*
Editeur original : *Prentice-Hall Inc.*
© 1980, William C. Anderson.
© 1982, Editions Acropole pour la traduction française.
ᵀSBN 2-7144-1482-6   H 60-2151-3

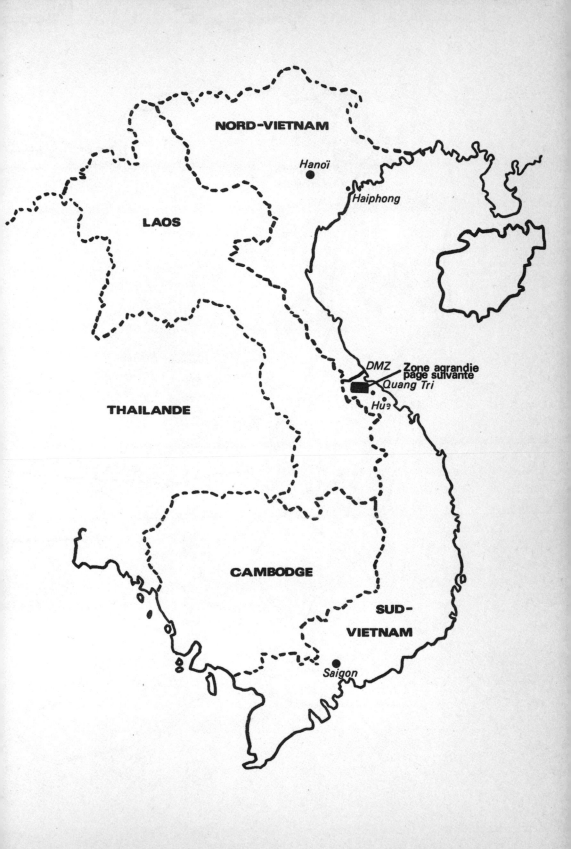

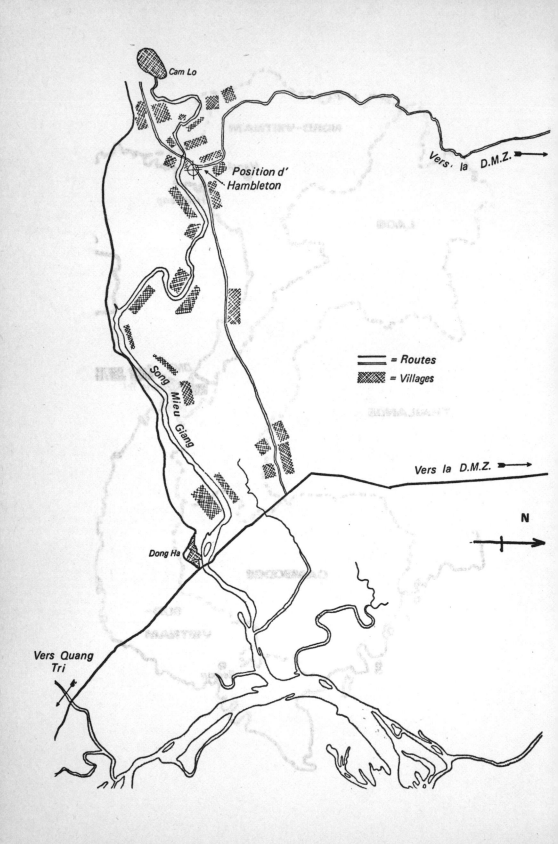

Cam Lo

Position d' Hambleton

Vers la D.M.Z.

Song Mieu Giang

= Routes

= Villages

Vers la D.M.Z.

N

Dong Ha

Vers Quang Tri

PREMIER JOUR

Le coup décisif fut porté pendant le week-end de Pâques 1972. Peu après minuit, aux petites heures sombres du Vendredi saint, 30 mars, des milliers de mortiers, de lance-roquettes et de canons communistes se mirent à pilonner les positions sud-vietnamiennes le long de la frontière nord de la République. A midi, des multitudes de combattants réguliers nord-vietnamiens avaient traversé la « Zone démilitarisée » (la DMZ), attaquaient les bases du Sud et opéraient leur liaison avec d'autres unités communistes, déjà sur le terrain. Déconcertés par le caractère massif et la violence des assauts (...), les défenseurs abandonnèrent rapidement les postes avancés.

Extrait de Les Forces Aériennes
et l'invasion du printemps 1972,
publié par l'Armée de l'Air des Etats-Unis.

Hambleton se tortilla sur son siège.

Il n'avait jamais compris pourquoi on était si à l'étroit dans un avion aussi gros que le EB-66. Peut-être était-ce sa faute. Quand on mesure un mètre quatre-vingt-dix, on n'est pas fait pour le recoin exigu où est relégué le siège du navigateur. Mais peut-être, songea-t-il non sans amertume, était-il simplement trop vieux pour ce genre de réjouissances. A cinquante-trois ans, il aurait dû cesser de voler en opérations. Et il serait sans doute resté au sol si l'Armée de l'Air n'avait pas eu besoin de ses compétences particulières.

Oui, en ce moment plus que jamais. La nouvelle offensive nord-vietnamienne n'était lancée que depuis deux jours, mais trois divisions ennemies, fortement appuyées par des chars de fabrication soviétique, avaient déjà franchi la DMZ et avançaient rapidement vers le sud, en direction de la ville de Quang Tri. Tant que la situation ne serait pas stabilisée — si elle pouvait l'être — tous les avions et tous les pilotes présents au Sud-Vietnam seraient indispensables sur le front. Même l'espoir que caressait Hambleton de passer avec Gwen sa brève permission de détente, prévue de longue date, était maintenant réduit à néant. Au point où en étaient les choses, ils auraient tout le temps de rêver avant que sa femme et lui puissent tous deux aller se dorer au soleil sur le terrain de golf de Don Muan, près de Bangkok.

En tout cas, cette mission ne s'annonçait pas trop mal. L'appareil avait décollé comme une fleur et le ravitaillement en vol s'était effectué comme sur des roulettes. L'objectif — le balayage électronique d'un secteur, au sud de la passe de Ban Kari, juste avant l'arrivée d'une escadrille de B-52 — n'exigerait des deux EB-66 du groupe d'Hambleton qu'un survol de la cible pendant

12

quinze minutes. Et tant qu'ils restaient au sud de l'ancienne DMZ, ils n'auraient pas à craindre les missiles sol-air SAM. Tout compte fait, du gâteau...

La voix du pilote grésilla dans les écouteurs. Il avait dû lire dans ses pensées.

— Hé, Hambleton ? Une sacrée balade pour un dimanche de Pâques, non ?

Hambleton chercha du bout des doigts le bouton de l'intercom.

— Oui, à la bonne tienne, mon vieux !

— Tu rentreras peut-être assez tôt pour faire neuf trous. Tu as acheté les nouveaux clubs que tu reluquais à la coopé de la base ?

— Obligé. Légitime défense. Pour être fin prêt pour Don Muan. Un parcours de première. Il faut que tu ailles le faire un de ces quatre.

— Pas contre toi. J'ai tellement perdu de blé en jouant avec toi que je vais te déclarer comme personne à charge sur ma feuille d'impôts.

Hambleton eut un petit rire.

— Tout est dans la façon de comptabiliser les points. Je mens beaucoup.

— Où en es-tu de tes calculs ? Quand est-ce qu'on arrive ?

Hambleton vérifia sa feuille de navigation.

— Ça se tient bien. Temps probable d'arrivée en position : seize heures quarante. Dans dix minutes.

— Bien reçu. Alors, à l'arrière, ça roupille, les zyeuteurs ! Préparez votre matériel de brouillage. Le Strategic Air Command n'apprécierait pas de se faire ébouriffer les plumes du croupion, vu ? Préparez-vous à envoyer l'anti-radar.

La clé d'un micro cliqueta et l'un des officiers électroniciens de l'arrière accusa réception du message du pilote.

Hambleton se pencha sur sa console de contrôle élec-

13

tronique. Il savait que, à l'arrière de l'appareil, les zyeuteurs — quatre officiers spécialistes des équipements électroniques — en faisaient autant.

Le vieux Douglas EB-66 — amoureusement baptisé Lulu par ses mécanos (entre autres noms moins bien sonnants) — était en mission de surveillance radar. Secret absolu, ni gloire, ni guirlandes. Avant chaque opération de combat de l'Air Force (ou presque), un EB-66 et son équipage de six hommes allaient balayer le radar de l'ennemi et le brouiller, pour que les chasseurs et les bombardiers aient la voie libre ensuite.

Hambleton, assis derrière le pilote, sur la droite, était le plus occupé de tous les membres de l'équipage. Il faisait office de copilote, de mécanicien, de navigateur et d'officier électronicien le reste du temps. C'est à ce dernier titre qu'il alluma machinalement l'équipement permettant de détecter le lancement de tout missile sol-air de l'ennemi, les redoutables SAM. Au cas improbable où une fusée se baladerait dans le secteur, le renseignement serait sans prix. L'appareil prévenait de l'arrivée de l'engin dix secondes à l'avance, ce qui permettait au pilote de sauver son avion, en opérant une manœuvre brutale qui forçait le missile radioguidé à dépasser les limites de sa souplesse de navigation : le SAM se détruisait lui-même en tentant de suivre les folles girations de sa cible.

Le temps pour le poste de chauffer et Hambleton mit sur Grande Puissance, alluma une cigarette et se détendit. Il participait à sa soixante-troisième mission, et tout n'était plus que routine un peu lassante. Depuis sept mois, il se coinçait le crâne dans un casque en forme de pot de chambre et se contorsionnait dans un vieux zinc comme un Don Quichotte un peu déphasé, allant se battre contre les rizières. Quelle saleté de guerre stupide ! Enfermée dans les tactiques imbéciles et les erreurs politiques à tel point qu'il n'y avait aucun espoir de la gagner. Et voilà que, juste au moment où Gwen...

— SAM EN VUE!

Les paroles, venues de l'arrière de l'appareil, retentirent très fort dans le casque d'Hambleton, et il sursauta. Il se pencha pour vérifier sa console. Aucune lumière rouge indiquant un lancement! Comment les observateurs de l'arrière avaient-ils pu inventer un missile sur leur écran? A l'instant où il tendait la main vers le commutateur de son micro pour vérifier, le pilote virait déjà très sec sur la gauche pour accomplir sa manœuvre anti-SAM. Et immédiatement, en regardant au-dessous de lui, Hambleton le vit. Incroyable! Le missile venait droit sur eux.

La fusée les toucha, explosant aussitôt avec un bruit d'enfer. Hambleton se figea sur son siège : il venait de comprendre que le missile avait frappé à l'arrière de l'avion, où se trouvaient les spécialistes de la détection. Il aperçut vaguement la main du pilote qui se tendait vers le bouton du signal d'évacuation. La sonnerie stridente lui fit reprendre tous ses esprits. Ses doigts cherchèrent le mécanisme d'éjection du siège, le trouvèrent et — observant mécaniquement les procédures d'évacuation maintes fois répétées — pressèrent la détente. Le cylindre d'air comprimé explosa sous lui avec la violence d'une ruade de mule, et le catapulta à travers le toit de l'avion.

Et soudain, il se retrouva seul dans l'espace, à dix mille mètres au-dessus des plaines alluviales du Vietnam.

Tourbillonnant dans le vide, le processus d'éjection se poursuivit et Hambleton sentit le siège se séparer de lui. A trente mille pieds, l'air raréfié, d'un froid glacial, lui cinglait le visage, résistant à sa vitesse de plus de sept cents kilomètres à l'heure. Puis ses problèmes se compliquèrent : il se retrouva en train de tourner sur lui-même comme une toupie.

15

On lui avait appris à l'entraînement que la force centrifuge pouvait lui faire perdre conscience très vite. Normalement, il valait mieux descendre en chute libre à travers l'atmosphère raréfiée, très froide, jusqu'à ce que le parachute s'ouvre automatiquement à quatorze mille pieds. A cette altitude, l'air ambiant serait plus chaud et plus sympathique. Mais l'éjection ne s'était pas produite normalement ; quelque chose avait été de travers et il était parti en vrille dans le vide. Devait-il prendre le risque de s'exposer au froid et à l'anoxie ? Ou devait-il essayer d'interrompre sa giration par lui-même ?

A chaque seconde il était moins lucide, et il prit sa décision sur-le-champ. Il tira sur la corde du déclenchement manuel. Le nylon sortit de son « dorsal » avec un bruit chuintant, s'épanouit, puis se gonfla en lui administrant un choc. Sa chute libre s'interrompit brutalement sur une secousse à lui rompre le cou.

Suspendu aux haubans de son parachute, il se balançait doucement en oscillations amples, comme le balancier des pendules des grands-pères.

Encore étourdi, il regarda autour de lui, luttant contre la panique. Il aurait dû voir d'autres corolles de nylon en train de s'épanouir dans le ciel bleu. Il fit un tour complet sur lui-même. Personne. Puis il repéra le panache de fumée au-dessous de lui, qui tombait en spirale comme un énorme et sinistre tire-bouchon. Il le suivit des yeux jusqu'à ce qu'il disparaisse dans un banc de nuages bas.

Pas un seul parachute en vue...

Il fut pris de nausées et son corps s'affaissa dans le harnais. Cinq vieux copains. Effacés en quelques secondes. Qu'est-ce qui avait foiré ? Sans la miséricorde de Dieu — et la manœuvre du pilote qui l'avait rendu moins vulnérable que les autres à l'explosion — il serait parmi eux ! *Sainte Marie, mère de Dieu...*

Complètement engourdi par le choc, il se balançait au

16

bout de son parachute, incapable de quitter des yeux la fumée qui se dispersait au-dessous de lui. Puis, soudain, la tache de fumée devint floue. Etrange. Il détourna le regard. Il fixa, entre ses pieds qui ballottaient, la couche des nuages, beaucoup plus bas. Elle aussi semblait de moins en moins nette. Comme l'horizon. Bon sang ! Le choc lui avait-il complètement troublé la vue ? Puis l'instinct de survie fit surface malgré le tourbillon d'émotions auquel il était en proie et il comprit. Bon Dieu ! L'oxygène ! Il était en atmosphère raréfiée.

D'une main fébrile il tâtonna le sac du parachute et sortit le tube de caoutchouc relié au petit cylindre d'oxygène. Il enfonça l'embout dans sa bouche, tira sur la petite manette en forme de pomme verte qui libérait le gaz, et se mit à aspirer à fond. Au bout de quelques bouffées, il se rendit compte, à son plus grand soulagement, que sa vision se clarifiait. Les choses sortaient du flou et redevenaient précises. Tout doux, mon vieux Ham, se dit-il, fais gaffe ! Trop d'oxygène pourrait être aussi dangereux que pas assez. Il inspira plus lentement et commença à se sentir beaucoup mieux, presque euphorique, cependant que ses ongles perdaient leur couleur bleue, signe d'une anoxie que l'oxygène avait dissipée.

Fichtre, quel silence ! C'était la première fois qu'il était éjecté. En d'autres circonstances, la descente en parachute eût même pu être un plaisir. Mais il semblait y avoir quelque chose qui clochait dans le harnais. Il voulut retendre une courroie, et en allongeant le bras, il remarqua que du sang coulait sur le gant de sa main gauche. Plus par curiosité que par inquiétude, il ôta le gant. Une vilaine estafilade ornait son index. Cela s'était sûrement produit au moment où il s'éjectait. Il s'était accroché à quelque chose. C'était sans doute la raison pour laquelle il était parti dans l'espace en tournant sur lui-même. Il savait que descendre en parachute de trente mille pieds lui prendrait vingt minutes. Autant mettre à profit ce temps mort. Il fouilla dans son gilet de survie, sortit son nécessaire de premiers secours, désinfecta la plaie et y appliqua un pansement. Puis, toujours flottant en silence sous son pépin en nylon, il rangea la trousse à sa place, enfila son gant et se mit à réfléchir à sa situation.

Où diable se trouvait-il donc ? Il chercha dans sa mémoire la dernière position qu'il avait déterminée sur ses cartes de navigation. Une chance, il avait refait ses calculs peu de temps avant l'arrivée du missile. Il évalua mentalement le temps qui s'était écoulé : il devait se trouver au-dessus du secteur de Cam-Lo. Peut-être à quinze ou vingt kilomètres au sud de la DMZ.

La Zone démilitarisée ! Le souvenir vague qu'il conservait de la conférence précédant la mission suscita en lui des pensées inquiétantes. Jusqu'où, vers le sud, les forces d'invasion avaient-elles avancé au cours de la nuit ? Il risquait fort de tomber au beau milieu de quarante mille soldats ennemis en train de foncer sur Quang Tri. Nom d'un calvaire !

Il était temps de couper son bip ! Il chercha de la main, sur le harnais de son parachute, le petit émetteur intégré qui envoyait automatiquement un signal dès que la coupole se déployait. Le bip permettait aux avions amis de le localiser lorsqu'il serait au sol, mais il pouvait aussi bien diriger des soldats ennemis jusqu'à sa position. Il poussa le bouton qui coupait l'émission.

A l'instant où il pénétra dans la couche des nuages, il releva instinctivement les pieds. La température se réchauffait. Il fallait commencer à songer à l'atterrissage. Il flotta longtemps dans une brume laiteuse, puis ressortit entre deux couches de nuages. Au même instant il vit une chose qui lui coupa le souffle.

C'était un O-2 ! Un petit coucou de reconnaissance américain, à peine bon à sauter des flaques d'eau, dont se servait le contrôle aérien pour diriger les chasseurs et l'artillerie sur les objectifs ennemis. A sa stupéfaction, il s'aperçut qu'il tombait en plein centre de l'orbite du petit appareil.

Sur le moment, l'apparition d'un avion américain le remplit de joie. Un ami. Mais presque aussitôt les réflexions qu'il fit le refroidirent : on utilisait les petits FAC-02 en soutien très rapproché pour préciser les cibles. La présence de cet appareil en cet endroit ne pouvait signifier qu'une chose : il allait tomber très près des troupes ennemies. En fait, il allait peut-être atterrir en plein milieu.

Il prit dans son gilet le petit émetteur-récepteur de survie, le brancha et se mit à appeler.

— Zéro-deux. FAC Zéro-deux. Répondez.

A sa vive surprise, la réponse fut immédiate.

— Ici, FAC Zéro-deux. Indicatif : *Dénicheur*. Identifiez-vous.

— Ici, BAT Vingt et un. (Hambleton donna l'immatriculation de son avion :) Regardez vers le haut, Dénicheur. Je suis le parachute à environ douze mille pieds. Je descends pile dans votre orbite.

Il y eut un silence, puis :

— Bordel de merde !

— Je crois que j'ai besoin d'aide, dit Hambleton.

Il se sentit parfaitement ridicule. Il était aussi impuissant qu'une marionnette au bout de ses ficelles. Son message était pour le moins superflu.

— BAT Vingt et un ? J'avais repéré votre bip. Vous ai en vue. Fermez votre bavard. Les Niaks écoutent cette fréquence. Vais voir ce que je peux faire. Bon atterrissage.

— Compris. *Roger*.

Hambleton coupa. Il fallait se préparer à toucher terre. Et comment, il espérait faire un bon atterrissage ! Il regarda vers le bas. Des bandes de brouillard venant de la

19

mer s'étaient faufilées jusque-là et recouvraient d'un voile épais les basses terres au-dessous de lui. En tout cas, il ne serait pas aussi visible qu'une cible sur un pas de tir, suspendu sans défense à sa voilure.

En se rapprochant du sol, il commença à entendre des échos de mortiers au loin et les claquements secs d'armes légères. Magnifique ! Pour une première descente forcée, rien ne vaut le milieu d'un feu nourri.

Dès qu'il entra dans la couche de brouillard, il se mit en position d'atterrissage. Il sentit vaguement, plus qu'il ne le vit, le sol qui bondissait à sa rencontre. Le contact fut très brutal ; il effectua son roulé-boulé et libéra le harnais de son parachute. Tout en se démêlant des suspentes il regarda rapidement autour de lui. Il était au centre d'une rizière à sec. Le martèlement des mortiers et de l'artillerie lourde semblait l'encercler.

L'avait-on vu ? Il ne perdit pas de temps à le découvrir. Au milieu du champ de riz, il se sentait aussi repérable qu'une boule rouge sur le tapis vert d'un billard. Il se ramassa sur lui-même et s'élança à toutes jambes vers le couvert le plus proche, le fossé qui entourait la rizière. Il s'y jeta et demeura à plat ventre le temps de reprendre haleine.

Les tirs n'avaient pas cessé, mais apparemment ce n'était pas lui qu'on visait. En tout cas pour l'instant. Il prit le temps d'un petit inventaire personnel. Ses membres semblaient répondre normalement. Il vérifia la blessure de son doigt. Elle avait cessé de saigner. Il n'avait rien de cassé. Il passa la main sur son visage et découvrit une chose stupéfiante : il portait encore ses lunettes de l'Armée ! Verres à double foyer (la moitié supérieure était en verre normal), il ne s'en servait que pour les travaux minutieux — il les portait au moment où il s'était éjecté : il travaillait sur les cartes de navigation. Par miracle, les verres étaient restés fermement perchés sur son nez pendant qu'il jouait les hommes canon à travers le cockpit, descente et contact avec le sol compris.

L'incongruité de la situation le frappa. Il était là tapi dans un fossé au milieu d'une zone de combat, avec sur le nez ces lunettes de lecture ridicules. Hé, bon Dieu, si elles ne lui avaient pas faussé compagnie plus tôt — si *elles* avaient survécu — il avait de sacrées chances de survivre lui aussi, non ? Il décida de les garder. Il risquait moins de les briser en les portant que s'il les rangeait dans la poche de sa combinaison de vol. De toute façon, elles lui donnaient un sentiment de douceur casanière ; elles lui rappelaient Gwen. Et Pierre. Si seulement il avait sa pipe et ses pantoufles...

Quelque chose attira son regard.

C'était son parachute ! Etalé dans l'angle opposé de la rizière, il était à peine visible à travers la brume qui s'effilochait.

Quel indice mortel ! Même si le brouillard avait dissimulé sa descente, il savait bien que l'ennemi le rechercherait. Si le pilote du Dénicheur avait repéré le bip de son parachute avant qu'il l'ait coupé, il y avait de fortes chances pour que les Niaks l'aient entendu eux aussi. Et leur conversation radio sur la fréquence de veille, si brève qu'elle ait été, l'avait également trahi. Au prix où était la tête de lieutenant-colonel américain sur le marché vietcong en ce moment, ils retourneraient toutes les pierres de la région jusqu'à ce qu'ils le retrouvent. Même au milieu d'une grande offensive.

Il n'avait pas le choix. Il fallait qu'il quitte son abri pour récupérer le parachute révélateur. A l'instant où il se rassemblait pour s'élancer, le *harroumph* d'un obus de mortier tombant au milieu de la rizière le fit changer d'avis. Plutôt que de risquer sa vie ou un membre en essayant d'enterrer le parachute, mieux valait le laisser où il était. D'ailleurs les hélicos ne tarderaient pas à venir le récupérer lui-même.

Il s'installa dans le fossé, aussi confortablement qu'il put. Faisant effort pour maîtriser sa respiration et les battements de son cœur, il attendit le premier bruit des pales et des rotors des Jolly Greens.

Ses fusées étaient prêtes, pour marquer sa cache.

Le bourdonnement des deux petits moteurs de teuf-teuf du Dénicheur mit Hambleton en alerte. Il alluma sa radio.

— Bat Vingt et un, dit la voix du pilote. Ici Dénicheur. Passez sur fréquence Boulanger.

— Compris.

Hambleton régla sa longueur d'onde.

— Dénicheur ? Bat Vingt et un. Comment recevez-vous sur Boulanger ?

— Cinq sur cinq, Bat. Tout le monde écoute la fréquence de veille. Les Niaks mettront peut-être un bout de temps avant de piquer celle-ci. Comment ça marche ?

— Je tiens la forme.

— Super. Quel est le nom de votre chien ?

Hambleton regarda sa radio avec des yeux ronds. Le nom de son chien ?... Puis il se souvint. Comme tous les aviateurs américains envoyés en Asie, il avait rempli, pour son dossier personnel, une carte secrète portant quatre questions assorties de leurs réponses qu'il était le seul à connaître. Ceci pour permettre une identification certaine dans le cas où son avion serait abattu au combat. Après s'être longuement gratté la tête il avait rempli sa carte et l'avait placée dans l'enveloppe, qu'il avait aussitôt cachetée. Elle ne serait ouverte que s'il tombait derrière les lignes ennemies :

22

Question	Réponse
1. Quelle est votre couleur préférée ?	Rouge
2. Quel est votre athlète préféré ?	Ernie Banks (des Chicago Cubs)
3. Quel est le nom de votre chien ?	Pierre (caniche français)
4. Quel est votre passe-temps favori ?	Le golf

Sur le moment, il avait trouvé tout ça vraiment ridicule. Mais maintenant, bon dieu ! il était là, en territoire ennemi, et on lui posait des questions tirées de sa carte secrète. Tout s'était passé si vite ! Pour la première fois, il prit conscience de la gravité de sa situation.

— Le nom de mon chien est Pierre, parvint-il à articuler.

— Epelez. Phonétiquement.

— *Peter Item Easy Roger Roger Easy.*

Il y eut un temps de silence avant que Dénicheur ne réponde :

— Vous êtes bien un vieux de la vieille, on dirait ! J'aurais préféré *Papa India Echo Romeo Romeo Echo.*

Merde ! Dans son trouble il avait eu recours à l'ancien code alphabétique périmé. En un moment pareil !

— Compris, Dénicheur.

— Quel est votre athlète préféré ?

— Ernie Banks.

Un autre bref silence, puis :

— Identification positive, Bat Vingt et un. Nous allons

23

vous tirer de là. Mais pas ce soir. La météo est pourrie. Terrez-vous. On vous ramassera demain matin.

Hambleton tenta d'accuser réception avec une réponse joyeuse mais elle avorta dans sa gorge au moment où il éteignait son poste. *Demain matin !* Serait-il encore un homme libre, le lendemain ? Serait-il même encore en vie ?

S'il devait rester en carafe toute la nuit, il fallait trouver un endroit plus sûr. Aussi loin que possible de ce maudit parachute. Il lança un coup d'œil par-dessus le bord du fossé et entrevit vaguement une zone boisée vers l'ouest. S'il arrivait à gagner la protection de ces arbres...

Il mémorisa le terrain le mieux qu'il put à travers le brouillard qui s'effilochait, et il prit des repères qui lui permettraient de s'orienter jusqu'à l'endroit qui lui semblait propice pour se cacher. C'était sa meilleure chance de trouver un abri sûr pour la nuit.

Ensuite, il s'allongea sur le dos, s'étira et fit l'impossible pour ressembler à un fond de fossé jusqu'à ce que l'obscurité tombe.

La nuit s'installa autour d'Hambleton comme un linceul noir et humide. Seuls les rayons d'une lune timide essayant de filtrer à travers les nappes de brume dessinaient les creux du terrain. C'était le moment de chercher un environnement moins malsain.

Il s'assit et regarda autour de lui, l'oreille tendue. Tout avait l'air assez calme. Il rampa hors du fossé, se plia en deux et fila tête baissée vers la ligne d'arbres. Quand il l'atteignit, il longea une haie touffue, bordée de végétation dense, jusqu'à ce qu'il parvienne à l'endroit qu'il avait mémorisé.

Il plongea dans le feuillage, le cœur battant, et ne bougea plus, tous les sens en alerte. Quelqu'un l'avait-il aperçu ? Suivi ? Il demeura immobile pendant très longtemps, essayant de modérer sa respiration. Tout semblait en paix. Peut-être le brouillard maintenait-il la guerre en suspens...

Avec mille précautions, il s'assit. Ses yeux s'étaient accoutumés à l'obscurité et il regarda à travers les feuilles : aucun signe de vie. Tant mieux. Hormis le grondement lointain de l'artillerie lourde, pas le moindre bruit.

Il demeura une heure en alerte, plein d'appréhension, puis une sorte de langueur s'empara de lui. Il semblait en sécurité pour l'instant. Oui, et avec la distance qu'il avait mise entre lui et ce sacré parachute, il se sentait plus tranquille. Il était temps de se soucier de vivre. Il commencerait par l'inventaire de ses biens personnels.

Il passa en revue, méthodiquement, les poches de sa tenue de vol. Pour voler en opérations, il avait enlevé l'insigne portant son nom, fixé d'habitude à sa poche gauche, mais les feuilles d'argent cousues sur ses épaules indiquaient son grade de lieutenant-colonel. Serait-il intelligent de les ôter ? Au cas où il serait pris... Et merde ! Il ne serait pas pris. Les ventilateurs — les hélicoptères — allaient le ramasser dès demain matin.

Les poches de sa combinaison ne contenaient pas grand-chose. Lors de son départ — précipité ! — de l'avion, il avait laissé ses cigarettes, ses allumettes et son chewing-gum. Que ne donnerait-il pas pour la moitié de la tablette de chocolat qui était restée sur la console du navigateur ! Et une cigarette ! Bon dieu, il crevait d'envie de fumer ! Tout ce qu'il avait sauvé du désastre était sa paire de lunettes, dont il avait autant besoin qu'une tortue d'un calorifère, et son casque de vol, qui semblait royalement inutile, ici dans la boue.

Il passa à son gilet de survie. La recherche s'avéra beaucoup plus productive que celle des poches de sa combinaison. Le gilet de survie n'était qu'une sorte de blouson fermé par une glissière sur le devant, mais il contenait un assortiment étonnant d'accessoires. Tout le personnel volant en était muni — et son port était obligatoire pendant les missions de combat. Il possédait de nombreuses poches, qu'Hambleton explora une par une, vidant leur contenu sur ses genoux.

Quand il eut terminé, il était à la tête des richesses suivantes : la trousse de premiers secours ; la radio de survie avec des piles de rechange ; un garrot, dont il espérait ne pas se servir ; des fusées pour permettre aux hélicoptères de le repérer ; une vache-à-eau en matière plastique — vide ; un couteau de chasse ; un miroir pour faire des signaux ; une lampe à faisceau fin, pouvant émettre des infrarouges ; un revolver calibre 38 avec vingt cartouches ; une moustiquaire ; une carte plastifiée de la région, de soixante par soixante, pliée très serré ; une boussole suffisamment petite pour qu'il puisse la dissimuler dans son rectum en cas de capture ; et une lotion anti-insectes.

Les yeux rivés sur son trésor, Hambleton éprouva un sentiment étrange de sécurité. Une ombre de sourire erra sur ses lèvres tandis qu'il chargeait le 38, puis rangeait les autres objets dans leurs poches respectives. L'équipement de survie ! songea-t-il. Conçu pour assurer la survie. Et cette bon dieu de vieille carcasse allait survivre, nom de nom ! Tous ces trucs n'eussent pas été indispensables dans un baise-en-ville de célibataire, mais dans un trou de renard comme celui-ci, ils seraient foutrement pratiques. A propos de trou de renard...

Il choisit le coin où se trouvaient les arbustes les plus hauts, sortit le couteau de sa gaine et se mit à creuser le sol mou. Il lui fallut plus d'une heure pour excaver le volume de terre nécessaire pour installer sa grande carcasse. Il répandit les déblais sur une large surface, les recouvrit de feuilles et fit l'impossible, dans le noir, pour que tout ait un aspect naturel. Quand ce fut fait, il ramassa un bon tas de branches feuillues qu'il empila près de son trou dans lequel il se glissa, puis il se recouvrit de ses feuillages. Son casque d'aviateur lui servant d'oreiller, il se pelotonna sur lui-même.

Tout compte fait, les choses auraient pu être pires. Bien pires. Hormis son doigt, il était arrivé en bon état. Au cours de sa carrière militaire, il avait suivi au moins trois stages de survie qui l'avaient préparé à une situation de ce genre. Le moment était venu de mettre sa science en pratique.

Tous ses instructeurs avaient prêché à peu près le même sermon, et en l'occurrence ce vieux cliché selon lequel la pire chose à craindre est la crainte elle-même. Eliminer la panique. La panique avait fait plus de victimes que le manque de nourriture. Des hommes avaient survécu dans les situations les plus désespérées parce qu'ils avaient conservé la tête froide. D'accord, c'est ce qu'il ferait.

Tout ne serait pas rose, non. On lui avait enseigné à utiliser les fourrés, les trous, les tanières — les mêmes habitats que les prédateurs sauvages lorsqu'ils veulent passer inaperçus. Il devrait évidemment se méfier de l'ennemi. Mais il lui fallait compter aussi avec les serpents, les insectes venimeux et autres animaux dont il envahirait le territoire. De toute façon, il pourrait réussir s'il dominait la panique...

Les experts en survie affirmaient que le pire, quand on tombe dans un milieu étranger et hostile, est toujours l'incertitude, la peur de l'inconnu. Chose curieuse, les hommes courageux sont parfois moins adaptables aux conditions difficiles de survie que les moins braves. Parce qu'ils ont l'habitude de tenir la situation bien en main. L'idée était celle-ci : dès lors que cet avantage leur échappe, ils ont du mal à faire face, tandis que les non-héros s'adaptent souvent plus facilement aux circonstances étranges. Hambleton n'avait pas entièrement accepté cette théorie, mais si elle était exacte, c'était un atout de plus en sa faveur. Il ne se considérait guère comme un héros. L'esbroufe n'était pas son style. Il préférait la discrétion — une des raisons pour lesquelles il était navigateur et non pilote. Il était modelé, si l'on peut dire, dans de l'argile ordinaire, et parfaitement satisfait du rôle modeste qu'il jouait dans la vie.

La solution de ses instructeurs, pour une survie à long terme, était de ne s'attaquer qu'à une chose à la fois. Exécuter une tâche chaque jour, si banale soit-elle. *N'importe quoi* susceptible de constituer un progrès, de susciter un sentiment de devoir accompli et de donner l'impression de gravir un échelon de plus sur l'échelle de la délivrance.

Hambleton poussa un soupir. Bien entendu, tout cela était académique et ne s'appliquerait pas à lui. Son sauvetage aurait lieu demain matin. Les ventilateurs arriveraient probablement au point du jour. Mais cela ne faisait aucun mal de réviser les meilleures techniques de l'art de survivre. Et puis, réfléchir lui faisait oublier la douleur lancinante de son doigt.

Autre conseil qu'on lui avait donné : ne jamais surestimer les facteurs négatifs. N'avait-il pas commis cette erreur ? Peut-être s'était-il trop préoccupé de l'ennemi. En réalité, il n'en avait pas *vu* un seul. Il était tout à fait possible que les communistes n'aient pas capté les bip de son parachute, ni sa brève conversation sur la fréquence de veille. Grâce au brouillard, son arrivée au sol était peut-être passée inaperçue. Et même si l'on avait retrouvé son parachute, l'auteur de la trouvaille était peut-être un paysan qui s'intéressait davantage au profit qu'au Parti communiste. Sur le marché aux puces de l'endroit, le nylon si coûteux était une monnaie d'échange recherchée.

Ensuite, il songea qu'il avait une idée très vague de l'endroit où il était tombé. Peut-être se trouvait-il dans un secteur que l'ennemi n'avait pas encore atteint dans sa poussée vers le sud. Les mortiers et les armes légères qu'il avait entendus pouvaient bel et bien venir des *Sud*-Vietnamiens. Peut-être n'était-il même pas en territoire ennemi. Bon dieu, peut-être que personne ne songeait même à le rechercher...

Ces réflexions lui remontèrent le moral. De toute façon, il était en vie. Et jusqu'ici, libre. Ce qui valait fichtrement mieux que d'avoir la tête plantée sur un bambou dans un camp communiste. Ou — peut-être pire — d'être en route vers le Hilton d'Hanoï. Ou bien, Dieu miséricordieux, d'être l'un de ses camarades d'équipage, morts au champ d'honneur quatre heures auparavant.

Du calme ! Passe la main ! Plutôt penser à des choses agréables. Des choses gaies. Penser à Gwen. Penser que tu vas lui faire l'amour comme tu ne le lui as jamais fait de sa vie. Penser au beau terrain de golf tout neuf de Bangkok où...

Il se gifla la joue. Ce qui rampait sur sa peau s'écrasa de façon très désagréable. Il chercha la lotion anti-insectes dans la poche de son gilet et l'appliqua sur les parties de son corps exposées. Ensuite, il s'allongea de nouveau dans son trou et tenta de se détendre.

Mais voilà que son estomac commençait à se plaindre. Il avait faim ! L'estomac ou lui-même ? Faim, et une soif de tous les diables ! Une pensée ridicule lui traversa l'esprit. C'est dimanche soir. Tarif réduit au club des officiers. Deux Manhattans pour le prix d'un seul. Et pour fêter ce dimanche de Pâques, il y aurait un énorme pique-nique en plein air à base de steaks grillés. Il regarda sa montre. Devait se dérouler pile en ce moment.

Nouveau soupir. Il dépensait toujours sans compter le dimanche soir. Steak, champignons, pommes de terre au

29

four avec crème aigre et ciboulette — le grand jeu. Et pour arroser le tout, un litre de vin rouge thaï. Parfois, un cigare pour finir. Au moins une cigarette. Nom de Dieu, il crevait d'envie d'une cigarette !

Il se passa la langue sur les lèvres ; le goût de la lotion anti-insectes le fit grimacer.

Il se dit soudain que la plus urgente des priorités était à présent de dormir, pour pouvoir être en grande forme le lendemain matin, à l'arrivée des secours. Il ferait appel à un soporifique de sa propre invention, qui lui avait toujours réussi jusque-là : il composerait une lettre officielle prodigieusement ennuyeuse. En général, il dormait avant même d'avoir atteint les salutations de rigueur.

Ce soir-là, le sommeil fut plus long à venir que de coutume. Il avait déjà expliqué en détail à l'inspecteur général de l'Armée de l'Air à quel point il est désespérant d'essayer de survivre sans se laver les dents, quand sa tête commença à lui sembler plus lourde. Il était sur le point de recommander l'adjonction d'une brosse à dents à l'équipement du gilet de survie lorsqu'il succomba enfin à un sommeil agité.

DEUXIÈME JOUR

DEUXIÈME JOUR

Au petit jour, un bruit insolite tira Hambleton de son sommeil inégal. La rumeur était différente des échos sporadiques de la guerre qui se livrait autour de lui. C'était un grondement de matériel lourd.

Il ouvrit les paupières et jeta un coup d'œil prudent hors de son trou. Rien ne bougeait dans son périmètre de vision, à part un oiseau étrange qui livrait une bataille décisive à un ver de terre. Les rayons d'un soleil matinal dissipaient déjà les dernières brumes de la nuit. Dans son petit coin, en tout cas, le monde semblait en paix, presque idyllique. Il aurait pu se croire en train de camper en Arizona, près des rivières où il aimait pêcher.

Il remua les orteils, serra les poings et obligea le sang à circuler dans ses membres endoloris. Grâce à la protection des nappes de brouillard, il pouvait sûrement se risquer à découvrir la source de ce bruit. A force d'écouter, il reconnut le vrombissement de camions au milieu du grondement rauque de diésels d'équipement lourd.

33

Probablement du matériel militaire. Des amis ? Si oui, ses problèmes touchaient à leur fin. Et s'il s'agissait d'ennemis, il fallait qu'il le signale à Dénicheur. De toute manière, il devait aller voir.

Il sortit de son trou avec précaution. Il se mit à quatre pattes comme un chien de chasse puis, songeant qu'il serait peut-être amené à retourner dans son gîte en quatrième vitesse, il s'orienta. Non loin de son nid se dressait un grand arbre au tronc tordu de façon caractéristique. Il en prit note mentalement, puis s'éloigna en rampant furtivement dans la direction du bruit. Il ralentit lorsqu'il parvint à l'orée de son bosquet, s'allongea sur le ventre et avança en se tortillant comme un ver jusqu'à la limite du fourré. Il écarta les feuilles. Ce qu'il vit lui coupa le souffle.

Il était au bord d'une grande route où se pressaient des véhicules militaires de toute espèce. Inutile de voir leur marque pour deviner que ce matériel roulant n'avait pas été fabriqué à Detroit. En majeure partie, il s'agissait de véhicules russes, portant les hiéroglyphes étranges de l'Armée du Nord-Vietnam. Ils se dirigeaient tous vers le sud.

Son regard parcourut la route jusqu'à l'endroit où apparaissaient les camions, sur la gauche. Il y avait là une autre route, venant du nord, et le croisement avec la voie est-ouest était très animé. Il comprit instantanément où il se trouvait. Comme s'il avait eu sous les yeux ses cartes de navigation. Il était près, beaucoup trop près du grand carrefour où la nationale 561 venant du nord rencontrait la 8B, orientée est-ouest. Et cette bifurcation devait être vitale pour les armées communistes se dirigeant vers le sud. Il avait réussi à atterrir exactement à l'un des embranchements les plus fréquentés des itinéraires d'approvisionnement de l'ennemi !

Comme s'il eût assisté à une revue militaire, il étudia le

matériel qui défilait devant lui : chars camouflés, camions, artillerie lourde, transports de troupes — nerf de la guerre mécanisée. Ils soulevaient un nuage de poussière qui se mêlait à la brume — et faisaient un vacarme d'enfer. Un groupe de soldats, debout près de la route, attira l'attention d'Hambleton. Il les observa avec curiosité, et il faillit sourire en les voyant gesticuler avec animation.

Son sourire ne tarda pas à se figer sur ses lèvres : certains de ceux qui gesticulaient montraient maintenant du doigt, et parfois dans sa direction. Soudain, comme sur un ordre, le groupe se sépara et commença à se déployer en éventail. Un seul soldat resta près de la route. La curiosité amusée d'Hambleton se mua en terreur.

Le soldat de la route se tenait à côté d'un petit monticule de nylon.

Le parachute !

Hambleton réprima un juron. Il savait sans le moindre doute, à présent, de quel côté des lignes il était tombé. Et il n'avait plus à se demander si l'ennemi était au courant de sa présence — il connaissait le secteur où se trouvait sa cachette. Rien ne serait épargné pour le trouver, à n'importe quel prix.

Hambleton rampa à reculons sous la protection du sous-bois, puis, accroupi au ras du sol, il s'élança vers sa cachette. Il repéra l'arbre tordu, et tomba presque aussitôt sur son trou. Il s'y jeta, chercha sa radio et l'alluma.

— Dénicheur ? Ici Bat Vingt et un, murmura-t-il, haletant.

— Bien reçu, Bat Vingt et un.

Dieu merci, Dénicheur était déjà là-haut.

— Des patrouilles. Qui viennent par ici.

— Compris, Bat. Nous allons jeter un peu de gravier. Sortez votre miroir et clignotez.

— Positif. Ne vous éloignez pas.

Hambleton fouilla les poches de son gilet de survie et retrouva le miroir rectangulaire percé en son centre. Il leva les yeux vers le ciel et repéra le petit avion qui décrivait des cercles, très haut au-dessus de sa tête, vers le sud. Il visa l'avion à travers le trou du miroir et lança trois fois vers l'appareil le reflet du soleil encore bas.

Aussitôt lui parvint :

— Bien reçu, Bat Vingt et un. Position repérée. Terminé.

Pourvu que personne d'autre n'ait aperçu le scintillement qui marquait sa position ! Hambleton couvrit de la paume de la main la surface brillante pour éviter tout reflet et rangea le miroir dans sa poche. Rien à faire pour l'instant. Sauf patienter.

Et prier très fort.

Il n'eut pas longtemps à attendre. Quelques minutes plus tard, le bourdonnement d'une escadrille d'A-1E lui parvint. Le Douglas A-1E, rebaptisé Sandy, était le plus vieil avion de combat encore en service dans l'Armée de l'Air US. Cet avion à hélices (monoplace pour la plupart des modèles), avait été le bombardier en piqué classique de la Marine au cours des années qui avaient suivi la deuxième guerre mondiale. Miraculeusement, il continuait à faire les preuves de son efficacité, un quart de siècle plus tard au Vietnam, à l'ère des avions de combat à réaction. Désormais piloté par les hommes de l'escadrille de Recherche et de Sauvetage en règle générale, cet avion au long rayon d'action, extrêmement souple à manœuvrer, était souvent utilisé pour fournir une couverture à des aviateurs au sol. Pour une antiquité, il portait un armement puissant.

Les pilotes des Sandys se rapprochèrent dans un vacarme assourdissant. Leur arrivée n'était pas supposée rester secrète. Si l'ennemi savait qu'un secteur était parsemé de *gravier*, il l'évitait comme la peste. Et à juste titre, car ce « gravier », dont la première apparition datait des débuts de la guerre du Vietnam, avait un petit côté Marquis de Sade.

Explosifs minuscules, de la taille d'un citron et d'aspect tout à fait inoffensif, il s'agissait de mines que lâchaient en grand nombre des avions volant à basse altitude. On les larguait à l'état congelé ; ils touchaient le sol et, en dégelant, ils s'armaient et lançaient un réseau de palpeurs dans toutes les directions, comme les tentacules d'une pieuvre. Effleurer l'un des palpeurs n'était pas toujours mortel, mais l'explosion pouvait très bien couper net un bras ou une jambe. Certaines de ces mines minuscules étaient parfois camouflées en crottes de chien — raffinement utilisé avec un succès considérable pour éloigner les envahisseurs de la Piste Ho Chi Minh.

Au premier passage, Hambleton entendit le crépitement des petites mines qui tombaient tout près. Aussitôt, tout autour de lui, des armes légères se mirent à tirer. Ignorant complètement la fusillade, les A-1E repassèrent plus bas avec hargne, deux fois, trois fois. Les lâchers étaient effectués avec précision, sans rien laisser au hasard. Les pilotes n'interrompirent leur ronde hurlante pour prendre le chemin du retour qu'après avoir encerclé Hambleton d'un anneau de gravier qui commençait à quelque distance de son trou.

Après le départ des Sandys, le bruit d'enfer fit place à un silence irréel. Hambleton distingua nettement les voix haut perchées, excitées, des Vietnamiens, qui s'élevaient au-dessus du grondement des véhicules militaires. Elles étaient très loin. Il était protégé maintenant par une couronne d'explosifs et se sentit un peu plus tranquille. Un seul petit problème : les mines qui tenaient l'ennemi à distance réduisaient également ses mouvements à une zone à peine supérieure à un kilomètre carré. Cela présenterait peut-être des inconvénients graves, surtout quand les Jolly Greens arriveraient.

Mais, facteur positif, ses copains savaient exactement ce qu'il faisait, où il se terrait, et ils étaient nombreux dans le ciel à veiller sur lui. Quelque peu réconforté par cette pensée, il examina de nouveau la situation.

Des traînées de brouillard s'accrochaient encore au sol. Il se passerait un certain temps avant que la chaleur ne les dissipe, permettant aux hélicoptères de venir en rase-mottes avec une bonne visibilité. Le mieux était de ne pas bouger pour l'instant. De s'enterrer et de faire le moins de bruit possible, au cas où des ennemis auraient pénétré à l'intérieur de son périmètre avant que toutes les mines ne fussent larguées. Oui, s'allonger et ressembler à un tas de feuilles.

Il rampa dans son trou, sortit son arme de son étui et la posa à portée de la main ; puis il ôta son casque de vol qui risquait de trahir sa présence et l'enfouit dans le trou. Il n'avait pas suivi des stages d'entraînement à la survie pour des prunes ! Il s'en tenait scrupuleusement aux enseignements reçus.

Il pensa à l'instructeur qui l'avait le plus impressionné autrefois, à l'école de l'Armée de l'Air de Clark, aux Philippines, et tenta de se souvenir de la moindre de ses paroles.

Ah, ce sergent de l'Armée de l'Air ! Un vrai dur aux membres noueux. Il avait écrasé le crâne d'un crotale vivant entre ses dents et l'avait dépecé alors qu'il se tortillait encore. Puis il avait dit :

— N'oubliez jamais. Si votre avion est abattu au Vietnam, deux éléments jouent contre vous dès lors que vous essayerez de vous cacher. Les yeux ronds et la peau blanche. Vous serez aussi visibles qu'un trou de pipi dans la neige. Alors numéro un, vous enfilerez la moustiquaire noire qui se trouve dans votre gilet de survie. Cela dissimulera vos traits de Blanc tout en éloignant les moustiques et les autres insectes. Et là-bas dans la brousse, ce qu'il y a comme vermine, c'est à n'y pas croire.

Hambleton frissonna au souvenir de la conclusion de la conférence. Après avoir montré comment nettoyer le serpent, le sergent l'avait découpé en petits dés qu'il avait distribués à la classe.

— Des tas de protéines dans le serpent, avait-il dit. Et la plupart des reptiles sont comestibles. Il suffit de ne pas se faire mordre en courant après ceux qui sont venimeux. Quand on se cache, on peut rarement allumer du feu, mais même cru, ça a très bon goût. On dirait du poulet.

L'idée de manger du poulet cru n'avait jamais attiré particulièrement le lieutenant-colonel Hambleton, et il détestait les serpents. Il avait refusé poliment le morceau qu'on lui offrait. A présent, il lui faudrait être diablement affamé avant de se décider à partir à la chasse aux serpents !

Il sortit de son gilet le filet à moustiques. En veillant à ne pas le déchirer, il en passa le capuchon sur sa tête et en tira les gants de tulle par-dessus les manches de sa combinaison de vol. Puis il se rallongea dans son trou et entassa les feuilles sur lui. Bon dieu de bon dieu ! Si Gwen le voyait en ce moment...

Gwen. Comme elle était jolie, sa femme ! Comme cela aurait été formidable de la revoir ! Il avait réservé une chambre à l'Erewan, le vieil hôtel de luxe au charme de légende — tout l'Orient d'autrefois plus le sanitaire du Nouveau Monde. Il aurait bazardé toute sa solde dans les grands restaurants de Bangkok, il aurait dansé, fait l'amour, joué au golf. Il se souvint soudain de la dernière fois où ils avaient joué au golf ensemble. Tous les deux seuls au National de Tucson (Arizona). Puis il songea à

39

cette fameuse partie, à la base de l'armée en Turquie, où il avait mis la balle dans le trou en un seul coup. Entraîné par la magie de cet instant, il avait pris Gwen dans ses bras et l'avait fait tournoyer sans fin ; ils avaient ri tous les deux comme des cinglés...

Jamais Gwen Hambleton n'avait été de meilleure humeur. Elle fredonnait à mi-voix en s'affairant dans le salon de sa belle maison de Tucson — elle époussetait et rangeait après le petit déjeuner d'adieu avec ses amies. Il lui restait pas mal de choses à faire avant d'être prête à partir. Mais en femme d'aviateur bien organisée, elle avait préparé sa *checklist* de tout ce qu'il fallait régler, et à chaque corvée accomplie elle rayait une ligne.

Voyons un peu. Abonnement au journal, suspendu ; lait, annulé ; poste prévenue de garder le courrier ; minuteur en place pour l'allumage automatique de la lampe le soir ; appareil à glaçons, coupé ; dispositions prises avec la voisine pour l'arrosage des plantes ; passer prendre les chèques de voyage à la banque, et sortir le passeport et les certificats de vaccination du coffre ; chenil prévenu pour Pierre. Si seulement elle avait son billet d'avion...

Au même instant, on sonna à la porte. Gwen se précipita et ouvrit tout grand le battant. Une jeune brunette à bout de souffle entra en coup de vent.

— Sylvia. Quelle précision ! J'en étais justement au billet d'avion sur ma liste, dit Gwen.

— Je suis en retard. Désolée, Gwen. Tu connais notre agence de voyages : c'est un miracle quand nous avons les billets des clients avant le départ de leur vol. Mais voici le tien. Enfin !

Elle le tendit à Gwen puis lui remit une grosse enveloppe brune, en ajoutant :

— Et voici une poignée de dépliants que j'ai réunis sur des balades et des visites à faire là-bas. N'oublie surtout pas de voir les Barques Royales. Et les temples bouddhistes. Et souviens-toi de déjeuner dans ce restaurant fabuleux où le curry te brûle comme la braise et où les filles dansent avec des bougies plantées sous les ongles.

— Merci, Sylvia. Je vais essayer de retenir tout ça.

— Comme je t'envie, tu sais ! Depuis le temps que je travaille dans une agence de voyages, je n'ai même pas mis le pied à Disneyland.

Elles bavardèrent quelques minutes, puis Sylvia s'aperçut qu'elle était plus en retard que jamais.

— Salut, Gwen. Prends un peu de bon temps. Tu le mérites. Et donne à ton vieux séducteur de Ham un gros baiser de ma part. Dis-lui de rentrer vite au pays.

— Ça, je te le promets ! Et merci encore, Sylvia.

La petite Mustang de Sylvia disparut au coin de la rue. A l'instant où elle se retournait pour rentrer chez elle, Gwen remarqua une autre voiture qui descendait la chaussée. Une voiture militaire bleue, à immatriculation de la base aérienne de Davis-Monthan.

Etrange, se dit-elle, la main sur la poignée de l'écran à moustiques. Où allait-elle donc ? La voiture se rapprocha de la maison et s'arrêta dans un crissement de pneus. La curiosité de Gwen Hambleton se teinta d'un sentiment indéfinissable de menace. Incapable d'un geste, elle s'appuya contre l'écran et regarda plusieurs personnages solennels sortir de la voiture et s'avancer vers elle. Il y avait Marge Wilson, sa meilleure amie, une infirmière et...

« Oh, mon Dieu, pas ça ! » songea-t-elle.

Les billets d'avion tremblaient dans sa main. L'aumônier de la base accompagnait les deux femmes.

41

Hambleton regardait en louchant une chenille qui suivait son bonhomme de chemin sur la moustiquaire, juste devant son nez. C'était la première fois qu'il en observait une de dessous, et cela le fascinait. Stupéfiant de voir les petites pattes s'accrocher tandis que le ver multicolore ondulait le long du filet : celles de devant cherchaient une bonne prise, puis, le restant du corps formant arceau, celles de derrière venaient les rejoindre, et ainsi de suite...

Une pensée absurde traversa l'esprit d'Hambleton. Ce drôle de petit insecte et lui avaient quelque chose en commun : Hambleton était lui aussi un « rampant », digne d'appartenir au Club des Magnans. Comme il avait été éjecté d'un avion, on l'inviterait à devenir membre de cette organisation très exclusive, constituée uniquement d'aviateurs sauvés à la suite d'un saut en parachute. Le Club devait son nom au fait que les premiers parachutes étaient en soie, produite par des « chenilles ». Peut-être cette petite fileuse allait-elle lui porter bonheur ? Il éprouva soudain l'étrange sentiment d'appartenir à la même famille que le petit insecte. Il décida de lui accorder une protection fraternelle.

Etre chenille n'est pas pire qu'autre chose, au fond, se dit-il. On n'a pas à payer d'impôts, à se soucier de son *swing* au golf. Et quand on commence à s'embêter dans sa peau, il suffit d'appuyer sur un bouton pour se transformer en papillon et jouer les filles de l'air. Pas mal, non ?

Comme il aurait aimé appuyer, *lui*, sur un bouton, et s'envoler loin de ce coin de bois.

A propos, que fabriquaient donc les ventilos ? Il se redressa pour regarder, à travers le feuillage, la campagne alentour. La brume au sol s'était complètement dissipée. Ils allaient survenir d'un instant à l'autre. Il sortit ses fusées de signalisation et répéta mentalement la manœuvre à faire pour les allumer. Il était prêt.

Il s'allongea de nouveau pour écouter le grondement continu du matériel lourd sur la route. Soudain il sursauta. Bonté divine ! *Il n'avait pas signalé cela à Dénicheur !* Il était tellement angoissé dans sa peau lorsqu'il avait fait larguer le gravier, qu'il en avait complètement négligé de fournir des renseignements ! Bien sûr, il y avait de grandes chances pour que l'Armée de l'Air ait déjà effectué des photos de reconnaissance du secteur et qu'elle dépêchât déjà des bombardiers sur les cibles repérées...

Mais si ce n'était pas le cas ? La plupart des déplacements ennemis s'effectuaient probablement la nuit ou sous la protection du brouillard, et les véhicules étaient très bien camouflés. Hambleton eut soudain un frisson d'angoisse. Ces gros canons que l'on emmenait vers le sud étaient des batteries de DCA ! Longue portée, matériel sophistiqué, probablement des 85 ou des 100 millimètres. L'ennemi avait sans aucun doute établi un poste de protection à l'intersection des deux axes routiers, voies vitales d'approvisionnement. Peut-être attendait-il que le premier hélicoptère de sauvetage apparaisse pour...

Nom de Dieu ! Il était idiot ! Egoïste et idiot ! Assis sur son cul dans son trou de rat, il n'avait songé qu'à sa petite santé. Il n'était peut-être que l'appât d'un piège mortel tendu à ses sauveteurs ! Nom d'un chien, et lui qui était supposé être un soldat de métier ! Allons, il fallait qu'il avale sa trouille et qu'il les avertisse.

Il sortit sa radio de sa poche, mit le contact et murmura dans le micro :

— Bat Vingt et un appelle Dénicheur.

La réponse fut instantanée.

— Ici Dénicheur. A vous, Bat Vingt et un.

— Le croisement, à côté. Là où l'autoroute d'Hollywood rejoint celle de Santa Monica. Comme un vendredi

43

soir à l'heure de pointe. Beaucoup d'ivrognes sur le bitume. Très dangereux. Prévenez ventilateurs.

Il y eut un silence, puis :

— Compris, Bat. Votre rapport confirme celui du grand œil céleste. Il envoie les pions dans cinq minutes.

Hambleton poussa un soupir de soulagement. Les photos de reconnaissance de l'Armée de l'Air avaient bien repéré le mouvement de matériel et de troupes. Et ils envoyaient des Sandys pour préparer le chemin aux hélicoptères.

— Compris, Dénicheur. Je vous aiderai à régler la circulation.

— Parfait, Bat. Mais restez la queue basse.

Hambleton faillit éclater de rire. Dans quelques minutes, sa présence deviendrait le moindre des soucis de l'ennemi. Il rampa hors de son trou et se glissa furtivement à travers le sous-bois voisin. En quelques minutes, il atteignit une petite éminence, le point le plus élevé à l'intérieur de son sanctuaire. De là, allongé sur le ventre, il avait une vue excellente sur le croisement.

Installé aux premières loges, il sortit sa carte et l'étudia attentivement sans quitter des yeux les véhicules qui déferlaient du nord, pare-choc contre pare-choc. Lorsqu'ils parvenaient à la route est-ouest, ils se scindaient dans les deux directions. Sans aucun doute, ce carrefour était l'un des points stratégiques de la grande percée communiste.

Il entendit soudain le bourdonnement de l'avion de reconnaissance FAC qui se rapprochait à basse altitude. Au sol, des armes légères se mirent à crépiter tandis que le petit Dénicheur passait en zigzaguant à la hauteur des arbres. Lorsqu'il survola Hambleton, celui-ci aperçut les cônes de deux petites fusées jaillir de dessous les ailes à l'instant où le O-2 se cabrait et reprenait de l'altitude. Les deux engins explosèrent en plein milieu du croisement et une corolle de fumée blanche s'épanouit au-dessus des véhicules.

Dénicheur avait marqué la cible avec une précision absolue.

Hambleton alluma sa radio et baissa le niveau sonore pour ne conserver qu'un murmure. Il voulait suivre la conversation qui se déroulait là-haut. Les pilotes du SAR (Recherche et Sauvetage aérien) parlaient un jargon bien à eux, et Hambleton ne s'attendait pas à tout comprendre, mais cela lui donnerait tout de même une vague indication sur la façon dont évoluerait l'attaque.

— Dénicheur à tous pilotes. Je viens de marquer la cible. A vous, Pataugas.

— Bien reçu, répliqua une voix de basse. Nous gagnerons votre position pour le relais dans quarante secondes. Nous avons cinq cents GP retard[1] et vingt mic-mics[2].

— Compris, Pataugas, dit Dénicheur. Cible en vue ?

— Affirmatif.

— Pilonnez le secteur. Attention aux feux d'artifice et aux explosions secondaires. Peut-être des camions de munitions. Souvenez-vous, nous avons un ami en bas. Il n'apprécierait pas que vous fassiez sauter son terrier. Alors pointez bien sur vos cibles.

— Comme toujours, Dénicheur. Zone dégagée ?

— La première mise est juste. Il vous suffit de cracher au pot.

— On descend en file indienne. On va d'abord brouiller nos œufs.

— Gardez un œil ouvert pour votre ami FAC. Je suis en orbite à quatre mille pieds, au sud.

— Compris. Vous ai en vue. On essaiera de ne pas vous ébouriffer les plumes du croupion.

1. Bombes à retardement.
2. Missiles antimissiles.

45

— Super. Terminé.

Le premier Sandy arriva si bas que son ombre noire semblait lui courir sur les talons. Il fonça vers l'objectif, lâcha ses bombes puis reprit de l'altitude tandis que les détonateurs à retardement explosaient, lançant des ondes de choc perceptibles même pour Hambleton. Les avions arrivèrent l'un après l'autre, à intervalles réguliers, pour semer leurs graines de destruction. Hambleton observa avec fierté la précision des pilotes.

Et aussi des appareils. Exhumés des hangars où ils moisissaient depuis la guerre précédente — moteurs ayant été dégagés de la Cosmoline[1] qui les protégeait et fuselages débarrassés de leur cocon de plastique — les vieux Sandys étaient devenus au Vietnam une véritable légende. Leurs possibilités à des vitesses relativement réduites et la maniabilité de leur propulsion à hélices leur donnaient un grand avantage sur leurs frères supersoniques tout neufs dans les attaques au sol. Ils gagnaient de nouveaux titres de gloire en participant à une guerre de plus.

Une explosion secondaire, celle d'un camion de munitions bombardé, envoya dans le ciel une immense colonne de fumée.

— Bravo ! s'écria Hambleton à haute voix. Hé, les gars, vous avez décroché l'ours en peluche du stand de tir !

— Pataugas à Dénicheur, dit la voix de basse du chef d'escadrille. Relevez le nez. On passe à la mitraille.

— Gagnez votre pain quotidien, répliqua Dénicheur.

De nouveau les avions arrivèrent en rase-mottes, hélices hurlantes, fumée jaillissant de leurs ailes tandis que leurs canons de 20 mm tiraient sur le matériel bloqué au croisement. L'attaque se prolongea cinq bonnes mi-

1. Sorte de graisse isolante qui durcit comme de la cire et que l'on enlève à l'aide d'un maillet de caoutchouc.

nutes, puis le chef d'escadrille prit congé de Dénicheur.

— Pataugas à Dénicheur. Nous sommes Winchester. Vous voulez qu'on recharge et qu'on revienne ?

— Dénicheur à Pataugas. Rechargez et restez sous pression à la base. C'est le tour des voitures sport, maintenant.

— Parfait.

— Beau tir, Pataugas. Je paie la tournée.

— Ça, je l'ai entendu cinq sur cinq, Dénicheur. Terminé.

Tout en observant l'attaque, Hambleton avait remarqué que plusieurs batteries antiaériennes entraient en action tout autour de lui. Il ne s'était pas trompé : le croisement était truffé d'engins de DCA. Il avait nettement senti le sol trembler sous l'effet de recul de certaines pièces de gros calibre essayant d'abattre les Sandys au moment où ils se glissaient au ras des rizières pour déjouer les radars et les ordinateurs de l'artillerie.

Le feu des premières batteries qui avaient tiré tout près lui avait flanqué une trouille bleue. Il avait pris les coups de canons lourds pour l'impact de bombes et il s'était demandé pourquoi ses amis tapaient si près de lui. Puis il avait vu les éclairs jaillir de la bouche des canons. Les obus de DCA explosant au-dessus de sa tête avaient fait pleuvoir de minuscules bouts de métal, pas plus gros que des chevrotines, et il s'était félicité d'avoir remis son casque.

Chaque fois qu'il parvenait à déterminer l'emplacement de l'un des gros canons, ou les éclairs multiples des armes automatiques, il repérait mentalement leur position camouflée et la notait sur sa carte de survie. Ensuite, il appela Dénicheur.

— Dénicheur ? Bat Vingt et un. DCA sur colline trente et un.

— Compris, Bat. Pas bouger, dit Dénicheur.

47

— Ecrevisse à Dénicheur, répondez, dit une voix à l'accent chantant du Texas.

— Bien reçu, Ecrevisse. Ici, Dénicheur.

— En position à dix-neuf mille pieds. Nous avons huit Sept-cent-cinquante [1] et six « yeux de serpent [2] » de cinq cents livres, plus vingt mic-mics.

— Compris, Ecrevisse. Objectif primaire assez bien pilonné. DCA signalée sur colline trente et un. Essayez donc de les débrancher. Quand vous serez prêts...

— Compris, Dénicheur, répondit la voix qui ressemblait à un accord de guitare. On arrive.

C'était la première fois qu'Hambleton voyait de près des Phantoms en action. Il avait levé son verre avec plusieurs pilotes de F-4 au bar du mess : des chauffeurs de lampes à souder qui portaient en général des foulards blancs, des bottes de cowboy et qui semblaient tous débarquer du Texas. Ils avaient tendance à se montrer un peu lassants dès que la conversation tombait sur leur gros biplace, mais ils avaient probablement quelques raisons d'en être fiers. Le Phantom F-4 était sans conteste le plus fantastique chasseur de la décennie, et il prendrait place au glorieux Panthéon de l'Armée de l'Air, à côté d'appareils aussi réputés que le Thunderbolt, le Mustang et le Sabre. Bourré d'équipement électronique sophistiqué, armé à la fois de missiles et de canons, il pouvait voler à plus de deux fois la vitesse du son. Et avec sa capacité de soute impressionnante (jusqu'à huit tonnes), le Phantom était aussi redoutable dans l'attaque au sol que dans son rôle originel de chasseur.

Hambleton regarda les énormes avions à réaction foncer à une vitesse dépassant l'imagination, au ras des bambous. Ils vidèrent leur soute avec une précision

1. Bombes de 300 kg.
2. Bombes à tête magnétique.

48

incroyable, et la colline qu'il avait signalée sembla exploser d'un seul coup.

Hambleton vit l'un des canons lourds, un 100 mm, sauter littéralement dans l'espace, atteint de plein fouet.

— Banzaï! murmura-t-il. Ça vous apprendra, salopards, à descendre des vieux navigateurs sans défense!

— Comment ça se passe en bas? demanda le chef d'escadrille texan.

— Une seconde, Ecrevisse. Dénicheur appelle Bat Vingt et un. Comment ça s'est passé?

— Bat à Dénicheur. Très bien, répondit Hambleton. Prochain passage à cent mètres à l'est du précédent.

— Compris, Bat. C'est chic d'avoir un moniteur sur le terrain pour indiquer les coups.

— Tout dépend du point de vue où l'on se place.

Hambleton écouta Dénicheur transmettre son message au chef d'escadrille. Ils revinrent à l'attaque. Deux fois. De son poste d'observation privilégié, Hambleton pouvait diriger l'assaut avec une précision dévastatrice. Six chars, recouverts de leur filet de camouflage sur le bord de la route, furent aussitôt réduits à un tas de ferraille.

Passage après passage, les Phantoms déversaient sur la cible leurs charges de destruction. Fondant de très haut sur leur proie comme de grands rapaces, ils lançaient leurs petits ouragans de feu et d'acier, puis repartaient vers le ciel avec une sorte de plainte sourde. Une fois les soutes vidées, le chef d'escadrille souhaita joyeusement bonsoir au FAC et le vol d'oiseaux noirs repartit dans un bruit de tonnerre vers le nid d'où il était venu.

Tout redevint relativement silencieux. Les oreilles d'Hambleton tintaient encore, mais il entendait nettement le crépitement des foyers d'incendie et les gémissements assourdis des hommes. En tant que participant à l'attaque, Hambleton avait dépensé des flots d'adrénaline. Il avait indiqué les coups à Dénicheur — « Prochain passage à cent mètres à gauche du précédent », ou « La même chose, mais sur la colline trente-deux, et à cinquante mètres à droite pour toucher ce bunker ». Il avait connu la joie du gladiateur qui rend à son adversaire la punition que celui-ci lui a infligée.

Mais maintenant, dans le silence qui suivait la bataille, il ressentait un étrange choc en retour en prenant conscience du carnage qui s'étalait sous ses yeux. Les carcasses tordues des monstres de métal jonchaient les deux routes à perte de vue. Le croisement était devenu un bûcher funéraire en feu semé de cratères de bombes, d'où montait une fumée noire à l'odeur âcre de cordite. Des cadavres parsemaient les chaussées, marionnettes étranges, irréelles, dont on avait tranché les fils.

Il secoua la tête, étourdi. Aviateur de métier, il n'était pas étranger aux opérations militaires ni aux sinistres ravages de la guerre. Mais jusque-là, sa participation — si dangereuse qu'elle ait été — ne l'avait pas mis en contact avec l'écœurante réalité des combats au sol, en première ligne. Protégé par sa carapace d'aluminium, propre et nette, il avait livré ses combats à des lieues au-dessus du décor. Pour lui, cela n'avait été qu'un jeu électronique, ou presque — subtilité de son ordinateur affronté à celui de l'ennemi, dans les cieux bleus de glace de la haute atmosphère.

En bas, ce n'avait plus rien d'un jeu. Ici, c'étaient les tripes, le sang et la merde de la guerre. On avait droit au bilan définitif de l'inhumanité de l'homme aiguisée jusqu'au niveau le plus élevé de l'ingéniosité technique. A la science du combat élevée au rang de l'art le plus raffiné — si tant est que l'art puisse consister à transformer efficacement en engrais des êtres humains en pleine santé.

Hambleton sentit son estomac se soulever. Il allait

sûrement vomir. Il se détourna et porta une main poisseuse de sueur à sa bouche.

— Dénicheur appelle Bat Vingt et un.

Hambleton ramassa sa radio et répondit :

— Ici Bat Vingt et un. A vous, Dénicheur.

— Sacré spectacle, hein, Bat ?

— Affirmatif. Un sacré spectacle.

— Du mouvement, en bas ?

— Calmos. Les Niaks lèchent leurs blessures.

— Tu es un drôle de pointeur. On pourrait bien te laisser là en bas.

— Je t'en prie, pas de faveur spéciale !

— Nous avons un problème.

— Ah ? Je ne savais pas que nous avions parfois des problèmes.

— Les Niaks se sont sûrement aperçus que tu as un fauteuil au premier rang pour observer leurs activités. Ils vont redoubler d'efforts pour t'avoir.

— Alors je propose que vous redoubliez d'efforts pour me tirer de là, bon dieu !

— Exactement notre plan. Les hélicos de secours ont décollé. Prépare tes feux. Mais ne balance la fumée que sur l'ordre des ventilos. Tu les dirigeras sur cette fréquence.

— Compris !

Sa bonne humeur éclipsa soudain sa nausée et Hambleton sortit ses fusées. Il y avait non loin un espace découvert où un hélicoptère pourrait atterrir. Dès qu'on lui ferait signe, il bondirait au pas de course et irait allumer ses fusées de détresse.

L'oreille collée au sol, il guetta le clapotement familier des rotors. Il y aurait deux hélicoptères — un pour opérer le sauvetage, l'autre avec un canon, en couverture. Et bien sûr, son Dénicheur demeurerait dans les cintres pour appeler à la rescousse les Phantoms ou les Sandys

51

qui abattraient tout ce qui bougerait pendant qu'il sprinterait vers le point de ramassage. Il avait salement chaud ! Bientôt il commanderait une grande bière glacée, au mess...

Il les entendit de loin. Il se mit en position, prêt à bondir. Il avait remonté le niveau sonore de sa radio pour ne manquer aucun message du pilote de l'hélico de sauvetage. Le bruit se rapprocha. Puis, en se tordant le cou, il les vit à travers le feuillage. Ils arrivaient très bas et très vite. Il fit jouer les muscles de ses jambes, prêt à s'élancer...

Soudain, l'enfer se déchaîna. La DCA ouvrit le feu sous son nez. Des 23 mm, des 37 mm et des 57 mm automatiques projetèrent un mur d'acier dans l'espace. Les armes légères se mirent à exploser comme du maïs grillé.

— Bordel de merde ! cria Hambleton.

Il roula sur lui-même, hébété. D'où sortaient ces canons, nom de Dieu ? Rien n'avait pu résister à l'attaque aérienne que venait de subir le croisement de routes. Et pourtant, le rideau de feu était si dense qu'il voyait à peine à travers...

Cela venait des villages à l'est ! Les canons enterrés dans les villages avaient été épargnés par les chasseurs pour ne pas massacrer les civils. Des canons solidement retranchés et camouflés que n'avaient pu voir ni les chasseurs, ni le FAC, ni lui-même.

Jamais les hélicoptères ne pourraient traverser la barrière de plomb sans être abattus. Pourtant, ils continuaient à venir sur lui avec le même ronronnement obstiné ! Il vit la fumée noire des mitrailleuses jaillir de l'hélicoptère de tête.

Appelée par Dénicheur, une poignée de F-4 sembla soudain tomber du soleil, essayant de repérer les canons, tirant sur les éclairs de départ au sol, incapables d'atta-

52

quer avec toute leur puissance les villages qu'ils avaient reçu l'ordre d'épargner.

Les hélicoptères étaient à un kilomètre à peine, quand Hambleton entendit un message rapide qui le glaça sur place.

— Ventilos à Dénicheur. Désolé ! J'ai pris un pruneau dans mon moteur. Sauvetage avorté.

La réponse de Dénicheur tomba comme du plomb.

— Bien reçu, Ventilo.

Hambleton, vide de toute émotion, ne les quittait pas des yeux. Les hélicos firent demi-tour presque sur place et rebroussèrent chemin. L'appareil de sauvetage laissait derrière lui une traînée de fumée bleue. Quand les ventilateurs eurent disparu, les F-4 interrompirent leur attaque pour les escorter jusqu'à leur base.

Plusieurs minutes s'écoulèrent avant que Dénicheur ne rompe le silence radio.

— Dénicheur appelle Bat Vingt et un. Salement désolé, Bat. Mais nous vous tirerons de là. Pouvez-vous vous terrer pour la nuit ?

Hambleton essaya d'affecter un ton léger, mais sa gaieté mourut avant de naître.

— Affirmatif, Dénicheur.

— Bravo. Gardez le contact. Terminé.

Complètement anesthésié moralement, Hambleton rangea machinalement ses fusées dans son gilet de sauvetage. La seule chose à faire était de retourner dans son trou et de se terrer. Avant de ramper à travers le fourré, il jeta un dernier coup d'œil à la désolation du croisement.

Il n'y avait plus de désolation du tout. C'était à n'y pas croire ! L'endroit bourdonnait d'activité. Telle une fourmilière que l'on aurait décapitée d'un coup de pied, tout le secteur grouillait de soldats. On avait déjà déblayé les routes pour laisser passer les véhicules venant du nord.

Les camions en flammes et les blindés bombardés avaient été traînés sur les bas-côtés, les blessés et les morts jetés dans des camions, et l'ennemi se frayait de nouveau un chemin au milieu des décombres. Il y avait des soldats partout, aboyant des ordres en vietnamien, de leur voix stridente.

Hambleton jura. Assainir le secteur ne serait pas une petite affaire. Comme si l'on voulait essayer d'arrêter le flot du Mississippi avec un bouchon de champagne. Si les convois de personnel et de matériel recommençaient à déferler quelques minutes seulement après l'apocalypse qu'il venait de vivre, comment diable un hélicoptère pourrait-il venir le cueillir là où il se trouvait ?

Il rampa à travers le fourré jusqu'à son gîte. Il se glissa à l'intérieur, sortit le .38 de son étui, enfila la moustiquaire et se recouvrit de feuilles. Il avait la langue sèche et les lèvres comme du papier. Une soif inimaginable. Cela faisait plus de vingt-quatre heures qu'il n'avait rien bu.

Au crépuscule, le brouillard commença à s'insinuer. Il se glissait à travers les rizières et se coulait sans bruit entre les arbres. Il découvrit le trou d'Hambleton et s'y installa doucement, tel un emblème mélancolique de l'état d'âme du lieutenant-colonel.

TROISIÈME JOUR

TROISIÈME JOUR

La haute silhouette du capitaine Dennis Clark se dessina dans l'embrasure de la porte de l'atelier. Il se dirigea vers la machine à café et s'en versa une tasse. Puis il l'emporta jusqu'au divan éventré qui servait de lit de repos à l'escadrille, s'assit et posa ses bottes de cowboy sur la caisse à champagne baptisée table basse. Il était vanné.

— Salut, Denny !

Clark leva les yeux. Le petit Jake Campbell se balançait sur un pied, dans l'embrasure de la porte.

— Alors, Jake, ça gaze ?

— Les types du contrôle m'ont dit que tu venais d'atterrir. On y va ?

— Où ça ?

— Au club. Où veux-tu aller ?

— Impossible, Jake. Je repars. Dès qu'on a ravitaillé mon zinc.

Campbell regarda sa montre.

— Tu es cinglé, vieux. Bon Dieu, mais il est minuit passé ! Au club, c'est la grande java. J'ai isolé deux filles du harem des Services spéciaux, elles nous attendent au bar. C'est une soirée d'adieux.

— Magnifique. Qui s'en va ?

Campbell lui lança une grande claque sur l'épaule.

— Toi, vieux malin ! Ton ordre de route est arrivé cet après-midi.

Clark posa sa tasse.

— Répète un peu, pour voir ?

— Ta feuille de route est arrivée à cinq heures.

— Je rentre aux Etats-Unis ?

— Tout droit. Retour au bercail. Tu as fini ton séjour dans ce jardin d'Eden, mon vieux.

— Merde !

— En tant que vieux copain de chambre et seul ami, j'ai pris la liberté de retenir ta place sur un vol qui rentre demain. (Il regarda sa montre.) Correction : qui rentre aujourd'hui. Désolé, je n'ai pas pu trouver un zinc qui décolle plus tôt.

— Va te faire foutre.

— J'irais bien... Allez, viens avec moi. Tu vas voir la rousse que je t'ai mise au chaud. Elle tire la langue à l'idée de danser avec ta grande carcasse.

Clark tira sur la fermeture Eclair d'une de ses poches et prit une cigarette.

— Alors j'ai fini mon temps dans ce merdier ?

— Et comment ! Tu peux dire adieu à ton petit Dénicheur pour toujours. Tu rentres au pays du lait et du miel. Où toutes les gonzesses ont les yeux ronds et des gros pare-chocs.

— Je suis affecté où ?

— A Nellis. Tu vas voler sur des F-111. Ça te la coupe, non ?

— Tu blagues, dis ?

— Amateur de beau sexe, ça oui ; blagueur, j'en suis pas.

Clark fit claquer la paume de sa main sur sa cuisse.

— Bon dieu de dieu !

— Pas dégueulasse, hein ?

Il sortit son briquet et alluma sa cigarette.

— Des F-111. Le fin du fin. Il doit y avoir une erreur quelque part. L'Armée s'est foutu le doigt dans l'œil : c'est exactement ce que j'avais demandé !

— Et à Nellis, dans le Nevada. Juste dans l'arrière-cour de Las Vegas. Avec des flopées de pin-up dont les jambes sont fendues jusqu'à leur petit capital.

Clark sourit à son ami et tira une longue bouffée de sa cigarette.

— Il va falloir que tu annules la réservation, Jake. Je ne peux pas partir tout de suite.

Campbell inclina la tête sur le côté.

— Répète ton message. La réception est brouillée.

— Je te remercie beaucoup, Jake. Mais c'est trop tôt. J'ai un travail à finir.

— Mais ta feuille de route...

— J'ai une permission de retard. Je la prendrai ici, jusqu'à ce que j'aie terminé ce que j'ai commencé.

— Tu es vraiment tordu ! Qu'est-ce qu'il y a de si foutrement important pour que tu restes dans ce bled pourri ?

— Un type du nom d'Iceal E. Hambleton. Lieutenant-colonel dans l'Armée de l'Air des Etats-Unis.

— Hambleton ? C'est le navigo qui s'est fait descendre ?

— Affirmatif.

— Tu le connais ?

— Jamais vu.

Campbell scruta intensément le visage de son ami :

— J'ai du mal à piger.

— Il n'y a rien à piger. Il y a un type de cinquante-trois berges, terré dans un trou, exactement à l'endroit le plus chaud du Vietnam. Et le vieux rombier en a drôlement dans le bide, crois-moi. Tant qu'il tiendra le coup, je tiendrai le coup avec lui.

— Ecoute, mon vieux, tu n'es pas le seul pilote FAC au Vietnam. Nous en avons tout un régiment. Il y a bien quelqu'un qui garde un œil sur Hambleton pendant que tu refais le plein, non ?

Clark le coupa, la main levée.

— D'accord, Jake. Mais toute modestie mise à part, nous savons toi et moi que je suis le plus expérimenté des pilotes de O-2 dans le secteur. En plus, je connais le coin où Hambleton est descendu comme ma poche. Par-dessus le marché, j'ai travaillé avec tous les chefs d'escadrille de la base ou presque, et je les appelle par leur prénom. Je sais ce qu'ils peuvent faire et ils savent comment j'opère. Un travail d'équipe de ce genre peut faire une sacrée différence dans une opération de sauvetage un tantinet gandilleuse. D'accord ?

— D'accord. N'empêche que tu as une araignée au plafond. Si c'était à moi qu'on offrait un sursis pour cette foutue guerre...

— Dis aux filles que je suis désolé de rater la java.

Clark se leva, écrasa son mégot et prit sa planchette porte-cartes.

— Le zinc doit être prêt, maintenant.

Campbell secoua la tête.

— D'accord, tête de pioche de mes deux ! Inutile de discuter avec une bûche. M'est avis que cette putain de guerre t'a eu jusqu'au trognon. Tu as besoin d'un psychiatre.

Clark sourit.

— Pas de doute là-dessus.

— A plus tard. Tu ne m'en veux pas si je retourne au club pour continuer à fêter ton départ ?

— Tu es mon invité.

— Dommage tout de même que ton programme soit si tarte.

Il était minuit bien passé. Hambleton, allongé dans son trou, était complètement réveillé. Il avait essayé de dormir, mais il ne pouvait s'empêcher de se lécher les lèvres et le sel de sa transpiration ne faisait qu'augmenter sa soif. En plus, un lion furieux tournait en rond et grondait dans son estomac vide.

Au mieux, son sommeil eût été agité. Après la tombée de la nuit, les bombardiers et les chasseurs s'étaient mis au travail, et de temps en temps une explosion lui parvenait. Le sifflement aigu des Phantoms était facile à reconnaître ; mais pour beaucoup des autres bruits, il ne pouvait que faire des conjectures.

Chaque fois qu'il entendait un des avions amis arriver en piqué avant le tonnerre de l'explosion, il se pelotonnait machinalement, car il savait que les batteries antiaériennes, tout autour de lui, allaient cracher leur feu terrifiant. Après chaque tir, il s'asseyait, grinçant des dents, et attendait que la grenaille des obus de DCA pleuve sur lui. Il avait appris à s'enfouir dans son trou en ne laissant apparaître que son casque au-dessus du sol, avec une habileté qui aurait donné de l'urticaire à une taupe.

Pendant les combats de nuit, les batteries du sol ouvraient le feu sans pitié. Les canons tiraient de toutes parts et le ciel se parait de lueurs orangées qui semblaient mordre et griffer les ténèbres. On avait l'impression que les communistes tiraient en aveugles : chaque fois qu'ils entendaient le bruit d'un avion, ils braquaient leurs canons et crachaient leurs munitions dans toutes les directions, semblait-il, pour ne pas rater la chance de taper dans quelque chose. Mais Hambleton ne s'y trompait pas. Les communistes ne tiraient jamais au hasard ; ils avaient des systèmes sophistiqués de guidage par radar et ils savaient exactement à quelle altitude volaient les appareils de l'Air Force ennemie. Leur équipement russe était dans certains cas supérieur à celui des Américains. C'était sans doute un progrès technique tout nouveau qui leur avait permis d'amener leurs SAM si vite dans le Sud, et de s'en servir pour détruire son propre appareil.

Pour cette raison plus que pour toute autre, Hambleton ne cessait de s'inquiéter pour les pilotes FAC ; l'un ou l'autre d'entre eux avait tourné au-dessus de lui toute la nuit — il l'avait entendu. Il était sûr que les Nord-Vietnamiens allaient faire leur possible pour éliminer les minuscules O-2, uniques liens entre l'aviateur au sol et les redoutables chasseurs-bombardiers.

Les pilotes FAC constituaient vraiment une race à part, musa Hambleton. Tout le monde savait qu'il fallait être un peu zinzin pour effectuer ce genre de mission. Aucun homme sain d'esprit n'accepterait de passer le plus clair de son temps au-dessus du territoire ennemi, souvent très loin derrière les lignes, dans un avion à hélices sans armes ni protection. Pas question ! Lorsqu'ils accomplissaient leurs missions — repérer et marquer les objectifs ennemis pour l'Armée de l'Air et l'Artillerie — les FAC devaient prendre le risque de devenir la cible de n'importe quoi, depuis la simple fronde jusqu'aux missiles sol-air. Leur seule défense était d'arriver à basse altitude, au-dessous des balayages radar et des réseaux de surveillance de l'ennemi — souvent plus bas que la cime des arbres — pour marquer les cibles, et ensuite de fuir à la débandade comme un crachat sur un poêle chauffé à blanc. Leurs atouts étaient une astuce toute d'audace et de témérité, alliée à l'élément de surprise. Non seulement ces pilotes étaient de vrais casse-cou, mais il valait mieux éviter comme la peste de jouer avec eux au poker-menteur !

Les choses se calmèrent peu après deux heures du matin. La paix régnait presque, Hambleton était sur le point de s'endormir lorsqu'un bruit différent troua le silence. C'était le son de *voix* !

Il s'assit et tendit l'oreille. Il perçut faiblement des gens qui parlaient avec animation. Cela semblait provenir des villages, et il nota soigneusement les lumières qui trahissaient la présence de trois hameaux dans son champ de vision : un vers l'est, un vers le sud, et le dernier à peine visible au sud-ouest.

Les voix devinrent plus fortes. Il rampa hors de son trou pour mieux voir. Ce fut alors qu'il les aperçut, à peine visibles dans la lueur de leurs lampes-torches — des groupes d'hommes quittaient les villages pour se réunir à la limite des rizières. Il parvint à distinguer quelques uniformes de l'armée nord-vietnamienne au milieu des paysans. Il s'agissait apparemment d'un rassemblement. De quel genre ?

Cependant qu'il observait avec anxiété, la petite troupe commença à se disperser dans les rizières. Bon dieu ! Se lançaient-ils à sa recherche ? A cette heure impossible ? Ils se dirigeaient vers lui en chassant les ténèbres avec les faisceaux de leurs lampes. Il s'aperçut qu'il transpirait. La paume de sa main, crispée sur son revolver au nez camus, devint glissante. Il l'essuya sur sa combinaison de vol puis reprit le 38, prêt à se défendre.

Les villageois poursuivirent leur exploration pendant plus d'une heure. Ils atteignirent — mais sans jamais la franchir — une ligne invisible au milieu des rizières : sa « ligne Maginot » de mines. Finalement, ils se réunirent de nouveau, échangèrent quelques mots puis se séparèrent pour regagner leurs villages.

Hambleton essuya la sueur de son front. De toute évidence, ils savaient en gros où il se terrait. Le « gravier » largué par les Sandys avait délimité le périmètre circulaire de la zone où il se cachait. L'ennemi était au courant du minage et l'avait maintenant repéré. C'était probablement le but de la manœuvre. Les soldats avaient mobilisé les paysans pour les aider à définir le secteur miné et à s'assurer qu'il entourait bien leur proie de toute part. Mais ce qu'ils avaient l'intention de faire ensuite, Hambleton ne pouvait que le deviner.

Il s'enfonça de nouveau dans son trou et appela le pilote FAC de service au-dessus de lui. Quand celui-ci lui apprit qu'une autre tentative de sauvetage était prévue à l'aurore, il coupa son émetteur. Mais même cette nouvelle ne parvint pas à lui remonter le moral. D'humeur sombre, il se pelotonna en position fœtale et essaya de somnoler.

Hambleton dormit d'un sommeil troublé pendant presque une heure. Puis un grondement de matériel lourd l'éveilla de nouveau. Il s'assit un instant, l'oreille aux aguets, tous les sens en alerte. Une lumière étrange scintillait au loin, semblait-il, vers le nord, du côté du carrefour. Il se frotta les yeux pour chasser le sommeil, puis rampa hors de son trou pour aller aux nouvelles.

Du haut de son poste d'observation, il reconnut, non sans surprise, qu'il s'agissait de signaux — des petites fusées éclairantes, à peine plus grosses que le pot à feu d'une chandelle romaine, étaient tirées l'une après l'autre, à intervalles irréguliers. Sa main se posa instinctivement sur son 38. S'étaient-ils lancés de nouveau à sa recherche ?

Non. Personne ne se dirigeait vers lui. Il y avait des soldats dehors, mais ils ne s'occupaient que de la route. Ils profitaient de l'obscurité pour faire avancer du matériel et des munitions sur la grande artère. Hambleton cligna des yeux pour s'habituer à la pénombre, puis, lentement, il commença à comprendre ce qui se passait. Un long convoi de camions se glissait dans le noir, pare-chocs contre pare-chocs, tous feux éteints. Les petites fusées étaient allumées par les hommes du camion de tête. Chacune d'entre elles brûlait pendant plusieurs minutes tandis que le convoi avançait, puis ils en allumaient une autre et ainsi de suite. C'était une bonne tactique. Aucun pilote à la recherche de ce convoi ne le repérerait jamais. Si les hommes du premier camion entendaient le bruit d'un avion, il suffisait de ne pas allumer la fusée suivante. Pas plus compliqué que ça. Ils savaient y faire.

Il observa l'opération jusqu'à ce qu'il ait parfaitement assimilé le *modus operandi,* puis il appela le FAC. Quelques minutes plus tard, il entendit le tonnerre des Phantoms qui approchaient.

Il rampa aussitôt dans son trou. Inutile d'être plus près de l'aire des opérations que nécessaire. Les chasseurs étaient très précis pour les bombardements de nuit, mais ce n'était pas le moment de prendre des risques. Il se réfugia donc dans son terrier, enfonça son casque et se prépara à recevoir les retombées de mitraille de la DCA.

Les Phantoms firent plusieurs passages, déclenchant à chaque fois le tir redoutable des grosses pièces dissimulées dans les villages voisins. L'ensemble transformait le ciel en un enfer peuplé de millions d'étoiles filantes tandis que la terre se soulevait, vibrait, s'entrouvrait...

Brusquement, l'attaque s'arrêta. Quand les oreilles d'Hambleton cessèrent de tinter, il s'aperçut que le grondement rauque des camions avançant lentement s'était tu. Il fit tomber les débris de son casque et se rallongea sur le dos.

Dieu, que la guerre était bruyante !

De nouveau, Hambleton s'éveilla en sursaut de son demi-sommeil.

Il faisait encore nuit. Il regarda le cadran lumineux de sa montre. Quatre heures vingt. Comme le temps passe vite quand on s'amuse ! Il s'assit et mastiqua à vide pour essayer de faire remonter un peu de salive dans sa bouche desséchée.

Il avait rêvé d'un milkshake au chocolat. Non qu'il raffolât de milkshake ni de chocolat, mais le liquide glacé, onctueux, glissant le long de sa gorge parcheminée lui avait paru être de la pure ambroisie. A présent, il était comme une vieille couverture de l'armée.

Son estomac émettait force bruits plaintifs. Il fallait qu'il agisse. Même s'il commettait une erreur, il allait devoir trouver quelque chose à manger. Donner une nourriture à son corps devenait une obligation ; sinon, quand l'hélicoptère arriverait, il n'aurait même pas la force de courir jusqu'à lui.

Il prit une décision.

Au courant de la journée, il avait fixé le terrain dans sa mémoire. A l'ouest de son coin de bois, la terre arable s'étendait sans fin, un peu semblable aux champs labourés de l'Illinois ou de l'Indiana. Sauf que, à la place des champs de maïs, c'étaient des rizières avec des fossés tout autour. Les fossés et les champs étaient séparés par des sentiers surélevés d'environ cinquante centimètres de large. Au-delà se trouvait un gros village. Et après le village, d'autres rizières, qui s'étendaient probablement jusqu'à la Song Mie Giang, le cours d'eau le plus important de la région.

Dans une rizière toute proche, très près du périmètre intérieur du gravier, il avait repéré un petit potager. Ses stages de survie lui avaient appris que les familles vietnamiennes cultivaient souvent un jardin dans un coin de leur champ de riz. Un carré minuscule, juste ce qu'il fallait pour approvisonner la table familiale entre les récoltes. Le potager en question offrait quelques rangs de maïs, et il avait cru reconnaître d'autres plantes du pays : des taros, des pastèques, des ananas et des poivrons rouges.

Le taro, tubercule féculent, l'un des légumes de base de l'alimentation vietnamienne, ne le tentait guère. Il avait goûté au *poï* à Hawaii, au cours d'un *luau,* et en avait prestement classé la saveur dans la même catégorie que le cément des dentistes. Mais dans l'état où il se trouvait, il lui suffisait de penser à du *poï* pour sentir l'eau lui monter à la bouche.

Allongé sur le ventre, dévorant des yeux le coin de jardin, il maudit la saison. Ce n'était pas le meilleur moment de l'année pour chaparder dans un potager. La barbe du maïs semblait légèrement brunie, mais c'était hélas probablement la seule chose parvenue à maturité. Mûr ou non, le maïs avait tout de même l'air appétissant.

C'était décidé : il irait fourrager des provisions. Et il savait comment. Il l'avait fait dans son enfance, en Illinois, quand il partait chaparder des melons avec ses copains, au clair de lune. Avec une seule petite différence : au lieu d'un paysan armé d'un fusil de chasse et de cartouches de sel, il y avait le feu d'une batterie de DCA donnant au milieu du village. C'était en grande partie à cause de cette batterie que les hélicos avaient rebroussé chemin. Et ces canons-là ne crachaient pas du gros sel.

Il appela le FAC. Le pilote répondit aussitôt.

— A vous, Bat Vingt et un.

— Vous ne dormez donc jamais ?

— Le sommeil ne vaut rien à mon insomnie. Que puis-je faire pour vous ?

— J'ai faim. Petit jardin à côté. Vais faire mes courses.

Il y eut un silence, le temps de réfléchir. Quand le pilote reprit la conversation, Hambleton sentit dans sa voix un soupçon d'inquiétude.

— D'accord, Bat. J'alerte les Sandys. Nous volerons très haut. Au moindre ennui, faites cliqueter votre émetteur à trois secondes d'intervalle.

— Bien compris.

— Et puis, Bat... Prudence. En danseuse, hein ? Faites signe à votre retour.

— Bien compris. Bat Vingt et un, terminé.

Hambleton resta songeur un instant. « En danseuse ? » Puis il comprit : il lui faudrait faire des pointes dans le champ de mines...

Lorsqu'il rampa hors de son trou, son cœur battait. Il quittait volontairement son sanctuaire, son havre de sécurité ! Bien que la nuit soit noire, avec des nuages rapides qui escamotaient la plupart du temps le mince croissant de lune, il serait visible. Il commença à avoir des regrets. Puis un nouveau gémissement venu de ses entrailles confirma sa décision.

Il ôta son gilet de survie, trop lourd. Il n'en aurait pas besoin et cela ne ferait que l'embarrasser. Il prit son couteau et sa radio, rangea ses autres trésors dans son trou, et les recouvrit soigneusement de branchages.

La boussole à la main, il rampa jusqu'à l'orée du bois. Puis, se rasant le plus possible, il s'élança à grands pas vers son objectif. Comme il lui fallait non seulement atteindre le jardin mais retrouver son trou au retour, il se mit à compter ses pas. Un... deux... trois... La boussole indiquait cent cinquante-huit degrés exactement.

Une sueur de nervosité collait sa combinaison de vol à sa peau. Le coin de jardin devait se trouver juste à l'intérieur de la couronne minée, mais, au mieux, il était à l'extrême périphérie ; comment savoir exactement jusqu'où les graviers avaient roulé après leur chute ? La transpiration lui piquait les yeux ; il n'en examinait pas moins scrupuleusement le sol noir avant de poser le pied... Il vérifiait sa boussole... comptait ses pas. Il se figea. Il avait vu une tache qui risquait d'être une mine — impossible de s'en assurer dans le noir — mais il fit un grand détour.

Il s'arrêtait de temps en temps, l'oreille aux aguets, explorant les bruits alentour. Vers le sud-ouest, sur une petite hauteur, se trouvait un autre village. Plein ouest, au-delà des rizières, se dressait un groupe de trois ou quatre bâtiments gris qu'il remarquait pour la première fois. Cet ensemble de constructions était ceint d'un mur percé d'une vaste entrée marquée de deux piliers de pierre ; probablement un lieu de culte. De là où il se trouvait, il avait une vue différente du principal axe routier. Il pouvait distinguer les contours de plusieurs chars camouflés, garés sous un arbre, et il nota mentalement leur position. Intéressant pour Dénicheur...

En longeant le fossé, il tomba sur un buisson qui portait des baies. Il effeuilla une branche et se retrouva avec plusieurs fruits rouges dans la main. Se souvenant de ses leçons de survie, il écrasa les baies dans la paume de sa main et toucha le jus du bout de la langue. Il ne reconnut pas le goût, mais c'était sucré — ce devait donc être comestible. Ravi, il cueillit sur les buissons voisins plusieurs poignées de fruits qu'il enfouit dans ses poches.

Au bout d'une trentaine de mètres, il se trouva devant le jardin. Il s'élança vers la touffe de maïs, dans l'angle opposé. Accroupi à l'abri des tiges, il retint son souffle et écouta. Pas de Niaks ! Pas de mines ! Jusqu'ici, tout allait pour le mieux. Seul le ronronnement rassurant des avions au-dessus de sa tête troublait le silence qui précède l'aurore.

69

Sans bruit, il passa d'un pied de maïs à un autre, arrachant chaque fois le plus gros épi. Trois épis, se dit-il. Pas plus. Prélevés sur des pieds différents pour ne pas trahir sa visite. Les fruits de sa rapine enfoncés dans les poches de sa combinaison de vol, il repartit en rampant vers le coin du jardin, d'où il reprendrait son cap de retour. Ce faisant, il trébucha sur un petit monticule. Il jura entre ses dents et se redressa : il était tombé sur un petit rang d'ananas. Il en cueillit un, à peu près de la taille d'une grenade à main, et le fourra dans sa poche. Puis, la boussole à deux doigts de son nez, il se prépara à revenir sur ses pas. Voyons... L'inverse du cap qui l'avait conduit à l'angle du jardin devait être trois cent trente-huit degrés. Il tourna sa boussole puis se mit en marche, en comptant ses foulées.

Furtivement, presque plié en deux, s'accroupissant de temps en temps pour écouter, il regagna la zone boisée. Bon, s'il était demeuré sur l'axe de sa boussole, et s'il ne s'était pas trompé dans le compte de ses pas, son trou devait se trouver à peu près... là. Il tâta avec ses mains dans le noir.

Pas de trou.

Bon dieu ! S'il ne retrouvait pas son trou, il était dans la merde. Tout son matériel de survie — fusées, arme, tout — était resté dans ce sacré terrier. Il sentit sa nuque se raidir. Stop ! Surtout pas de panique !

Il se força à se détendre jusqu'à ce que ses halètements s'apaisent. Puis il marqua le point où il s'était arrêté et commença à tourner en cercles de plus en plus larges.

Trois minutes plus tard, il avait retrouvé sa tanière.

Il écarta les branchages, vit avec un soupir de soulagement que tout était comme il l'avait laissé, puis rampa dans son repaire. Même sa chenille était là. Il dit quelques actions de grâces. Il avait quitté son sanctuaire avec succès, et par la vertu de sa ruse et de ses compétences de navigateur, il y était revenu, sain et sauf. Il sourit tout seul en se rappelant la vieille scie que les aviateurs répétaient à leur retour de mission : « Une fois de plus, la science et le talent ont triomphé de l'ignorance et de la superstition. » Jamais personne ne parlait de chance.

Il alluma la radio. La voix du pilote parut soulagée.

— Bravo, Bat Vingt et un. Nous nous faisions des cheveux.

— Pas de problème ! répondit Hambleton. Maintenant, si vous voulez bien m'excuser, mon dîner m'attend...

— *Bon appétit,* Bat, répondit le pilote en français. Terminé.

Hambleton sortit avec précaution les baies de ses poches et les déposa dans son casque. Ensuite, il prit un épi de maïs et mit les deux autres en réserve dans une poche de son gilet de survie. Avec tout le soin d'un spécialiste en train de restaurer un chef-d'œuvre de l'Antiquité, il dépiauta délicatement l'épi de maïs et arracha la barbe presque poil à poil. Puis, après avoir enterré ces déchets, il se recala dans son trou, saisit l'épi entre ses mains sales et se mit à en grignoter un rang, grain par grain, tandis que le lait sucré, savoureux, humectait enfin ses lèvres. Quand il eut terminé le maïs, il entreprit avec solennité de manger la rafle, en la mâchant jusqu'à ce qu'elle soit réduite en pulpe fine avant de l'avaler.

Puis ce furent les fruits. L'une après l'autre, il mangea les baies, les savourant d'abord dans sa bouche puis les écrasant entre langue et palais, se délectant du jus qui giclait et fournissait à son corps le liquide dont il avait un urgent besoin.

Pour l'ananas, ce fut une tout autre histoire. Il était vert et aussi dur que la grenade à main à laquelle il ressemblait. Il défia tous les efforts qu'il fit pour le couper avec son couteau — il finit dans le même trou que les enveloppes de l'épi et la barbe.

Il s'allongea et se caressa l'estomac. Il lui aurait fallu une cigarette pour compléter ces agapes. Dieu, qu'une Marlboro eût été divine ! Il valait mieux ne plus y penser. D'ailleurs, il n'avait pas *besoin* de fumer. Il avait le ventre plein. Regarde donc le bon côté des choses, mon vieux ! Compte tes bénédictions ! Détends-toi ! Une petite sieste après le repas t'aidera sûrement à replacer les choses dans leur juste perspective.

Il ferma les yeux et se mit à composer une lettre officielle au major général sur l'usage du tabac.

Cependant le sommeil refusait de venir. Les chocs sourds des canons au loin n'avaient rien d'une berceuse et l'ingestion de nourriture dans son estomac rétréci lui donnait des crampes affreuses.

Maudite guerre ! Comme il eût aimé couper le contact. On n'avait pas le droit de mettre un type dans une posture aussi ridicule — encore moins un homme parvenu au seuil de son « âge d'or ». C'était injuste.

Il essaya de changer de chaîne dans sa tête. Il était là, vieux pépère de cinquante-trois berges, en proie au mal du pays, en train de s'apitoyer sur lui-même comme un gosse. Idiot... Eh, pourquoi pas ? Coincé qu'il était dans ce trou merdeux... Il ne s'était pas rasé depuis trois jours et sa barbe le démangeait. Sa combinaison de vol était si dégueulasse qu'on aurait pu y repiquer du riz. Il sentait le bouc et il avait les dents boueuses. Surtout, il était faible, affamé, et il avait vraiment peur.

Pourquoi lui ? Pourquoi se retrouvait-il dans un merdier pareil, qui vous rongeait le sang et vous usait les nerfs ? Il n'avait rien fait au bon Dieu — ni à personne d'autre — pour mériter un tel châtiment. Oui, d'accord, il aurait pu aller plus souvent à l'église. Mais il n'était pas athée. Pas même agnostique. Il croyait en Dieu. Et il observait les Dix Commandements. Et la Règle d'Or.

Bêtement, il se mit à énumérer ses péchés et ses défauts de caractère. Il passa en revue les escapades de son adolescence et ses peccadilles de jeune homme. A chaque étape du cours de sa vie, il s'assurait qu'il n'avait rien fait pour mériter ce genre de rétribution.

Même après son mariage, il ne s'était pas laissé aller. Sa passion pour le jeu dépassait rarement le poker à vingt-cinq *cents* la mise. Son goût pour les Manhattans ne lui avait presque jamais attiré d'ennuis. Il payait ses factures à temps et faisait son boulot dans les règles. Il aimait la vie militaire — surtout les heures de vol. En 1945, quand il était sorti de l'école sous-lieutenant un peu péteux de l'*Army Air Corps,* il s'était vanté de signer pour cinq ans ou cinq étoiles — n'importe, ce qui arriverait en premier. Plus tard, il avait quelque peu restreint ses idées de grandeur et s'était contenté de rempiler pour devenir le meilleur navigateur de l'Armée de l'Air. Il n'était peut-être pas *le* meilleur, mais il avait le sentiment de faire bonne figure dans le peloton de tête. Et l'Armée devait penser comme lui, car son acharnement au travail et ses compétences professionnelles lui avaient valu des promotions accélérées.

Et il n'avait pas abusé des femmes non plus. A l'inverse de certains jeunes officiers, il ne voyait aucun intérêt à aller manger des saucisses chaudes dehors quand un filet mignon l'attendait à la maison. Il avait essayé d'être un bon mari tout au long des années, et il n'y avait pas eu grand mal. Gwen avait fait plus que sa part pour que leur mariage soit un succès. A ses yeux, elle était toujours aussi séduisante et désirable que le jour de leurs noces. Ils n'avaient pas eu d'enfants, mais ceci mis à part, leur union était presque parfaite.

Gwen. Bon dieu, comme elle lui manquait ! Comme il aurait aimé...

Hambleton ! Espèce de pleurnichard ! Reprends-toi, nom de dieu !

Non sans effort, il se redressa. Il fallait qu'il fasse quelque chose de constructif. Il s'assit sur le bord de son trou et décrispa ses muscles. Puis il sortit sa trousse de secours, l'ouvrit et ôta le gant moustiquaire de sa main gauche. Il enleva le vieux pansement et examina la blessure. Une estafilade assez moche qui aurait nécessité plusieurs points de suture. En tout cas, elle ne s'était pas infectée. Il y posa de la gaze propre et du sparadrap.

Il rangea le contenu de la trousse et la replaça dans la niche qu'il lui avait aménagée dans son trou. La lumière du jour montait peu à peu et il vit le brouillard de l'aurore s'étendre vers lui à travers les rizières. L'humidité augmentait. L'air serait probablement assez chargé d'eau pour déposer de la rosée sur les feuilles. Peut-être bénéficierait-il même de quelques gouttes de pluie ? Il fourgonna dans son trou et en sortit sa carte plastifiée. Après l'avoir étalée sur le feuillage d'un buisson, il sortit sa vache-à-eau et la plaça à portée de la main. Puis il regagna son trou en rampant, se recouvrit, ferma les yeux, et murmura une courte prière.

Le colonel John Walker était un homme carré, brusque et efficace. Il commandait la 355e escadrille de chasse — l'unité d'Hambleton. Pour l'heure, il se trouvait avec plusieurs officiers de son état-major dans la salle de conférences de l'escadrille, à la base de l'Aviation royale de Thaïlande, près de la ville de Korat. Ils étaient tous réunis autour d'une carte d'état-major agrandie à la dimension du mur et représentant le secteur où l'avion d'Hambleton avait été abattu.

74

Tandis que les officiers discutaient, le major Sam Piccard, l'officier de renseignements de l'escadrille, entra dans la pièce avec un dossier sous le bras et s'approcha de Walker.

— Puis-je vous parler un instant, colonel ? demanda-t-il en ôtant de sa bouche une vieille bouffarde en écume de mer très culottée.

Walker hocha la tête et se sépara du groupe.

— Qu'y a-t-il, Sam ?

— Nous venons de recevoir de mauvaises nouvelles. Au sujet d'Hambleton, colonel.

Walker grogna.

— Allez-y, je vous écoute.

— Un rapport vient d'arriver. Apache Control a surpris des conversations radio nord-vietnamiennes. Les communistes savent qui est Hambleton.

— Bon dieu !

— Ils ont trouvé la carcasse de l'avion.

— Je vois. Ils connaissent donc le nom et le grade de notre homme. Et le fait qu'il volait sur un EB-66. Ce qui leur a appris qu'il était spécialiste des contre-mesures électroniques. Une catastrophe. Savent-ils le reste ?

— Qu'il appartenait au Stragegic Air Command ?

— Qu'il était officier en second d'une escadrille de lance-missiles du SAC avant de se remettre à voler.

— Difficile à dire, colonel. Les services de renseignements nord-vietnamiens sont très irréguliers, mais comme vous le savez, ils nous réservent parfois de drôles de surprises.

— En tant que spécialistes des missiles, les Russes ont probablement sur Hambleton un dossier épais comme la main.

Walker tourna plusieurs fois l'idée dans sa tête avant de poursuivre :

— Voilà qui ouvre un nouveau sac de merde. Nous

n'avons pas seulement un aviateur tombé dans le camp ennemi, ce qui est déjà assez moche, mais un bonhomme qui se balade avec la tête farcie de plans militaires ultrasecrets.

— S'ils le découvrent, ils sont capables d'arrêter la guerre pour le récupérer.

— Et comment !

Plongé dans ses pensées, Walker traversa la pièce pour rejoindre ses officiers réunis autour de la carte.

— Messieurs, dit-il sans élever la voix. Il faut que nous tirions Hambleton de là. Nous sommes... dans la cerde jusqu'au mou...

QUATRIÈME JOUR

Un soleil timide, qui se frayait à grand-peine un chemin à travers le voile de brume, réveilla Hambleton. Il regarda autour de lui, frottant ses yeux brûlants et jura. Maudit temps! C'était reparti, semblait-il, comme la veille, où la visibilité était demeurée inférieure à quatre cents mètres.

Il clappa les lèvres, pour tenter de faire monter la salive dans sa bouche sèche, puis il tendit la main vers la carte de plastique étendue sur le buisson. Elle était couverte de perles de rosée, comme les feuilles des arbustes. Il épongea l'eau avec son mouchoir, le suça du mieux qu'il put, puis se frotta le visage et la nuque avec la toile humide. Enfin il se nettoya les dents en les frottant en rond du bout du doigt. Sa toilette terminée, il était fin prêt pour une nouvelle journée.

Il espérait qu'elle serait meilleure que la précédente. Du matin au soir, il n'avait fait qu'écouter les rapports horaires de Dénicheur, qui lui donnait les derniers bulletins de la météo. Jusqu'au crépuscule, le plafond était resté aussi bas qu'un cul de naine. Les ventilateurs ne pouvaient même pas décoller, encore moins tenter un sauvetage. Mais selon les prophètes du temps, aujourd'hui serait bien meilleur. Le front de nuages était censé se disperser.

Il avait pourtant fait quelque chose. Il ne s'était pas contenté de se tourner les pouces toute la journée en s'apitoyant amèrement sur son sort. Selon les meilleures traditions de la survie, il s'était fixé un objectif et l'avait réalisé. Aux yeux de bien des gens, son travail n'eût probablement pas ressemblé à un exploit — mais avant de juger, qu'ils passent donc trois jours assis dans un trou, loin derrière les lignes ennemies...

Il chercha son « objectif » et le souleva. Il enleva le petit toit de chaume et regarda Chester. La chenille semblait ravie de la petite maison qu'Hambleton lui avait tressée patiemment avec des lanières découpées dans les enveloppes des épis de maïs. Elle était de la taille d'un carton à fraises, et elle avait plutôt belle allure. En tout cas, sa locataire semblait en pleine forme, et elle était protégée à la fois des éléments et des oiseaux à l'œil perçant.

Hambleton lui donna des feuilles fraîches à ronger et remit le toit en place. Oui, Chester et lui survivraient tous les deux. Ils tireraient le meilleur parti d'une situation désastreuse.

Dans le lointain, il entendit à nouveau le grondement des chars lourds. Encore une journée animée au bureau... Il sortit de son trou et rampa à travers le sous-bois jusqu'à son poste d'observation sur la petite éminence dominant le croisement des routes. La brume au sol se dissipait vite, chassée par le soleil du matin. Enfin ! Ce serait peut-être le jour de son sauvetage.

Allongé sur le ventre, il observa les tanks — des T-54

lourds et des PT-76 amphibies, plus légers — qui descendaient dans la DMZ en une longue procession. A leur arrivée au carrefour, les monstres se séparaient ; certains partaient vers l'est, d'autres vers l'ouest. Il revint dans son trou pour le signaler à Dénicheur.

Il lança son message au FAC à voix très basse. Quelques minutes plus tard, les F-4 arrivaient en ululant au-dessus de sa tête. Très détaché, il croisa les bras et attendit que les batteries antiaériennes des environs ouvrent le feu sur les jets. D'un geste devenu presque machinal, il coiffa son casque avant que la mitraille des obus de DCA ne se mette à pleuvoir.

Quand le fracas des chasseurs eut réduit au silence le grondement des tanks, il murmura à Dénicheur :

— Il devrait y avoir un moyen plus facile de gagner sa croûte !

— Que se passe-t-il, Bat ? Déjà fatigué d'être la tête de pipe numéro un de notre stand de tir ?

— Ça devient de plus en plus monotone.

— Pourquoi ne l'avoir pas dit plus tôt ? On va vous relever.

— Excellente idée.

— Préparez vos fusées. Les ventilateurs arrivent. Mais d'abord, rentrez-vous un peu la tête dans les épaules. On va vous jouer une drôle de musique.

— Compris. Terminé.

Hambleton savait ce qui allait se passer. Ils mobiliseraient toute la puissance de feu dont ils disposaient pour neutraliser le secteur avant l'entrée en scène des hélicos. Il s'enfonça dans son trou autant qu'il put et prit Chester avec lui.

Et ils arrivèrent dans un tonnerre. Pendant quinze minutes, l'air autour de lui retentit des accords de la *Symphonie Héroïque* interprétée par un orchestre fou. Dénicheur battait la mesure, dirigeant la musique de

81

mort depuis le podium de son petit O-2. Hambleton ferma les yeux, serra les dents et se boucha les oreilles de ses deux mains. Mais la symphonie du bombardement résonnait haut et clair comme un formidable orage et la terre tremblait. Les F-105, avec leur plainte aiguë, étaient les instruments à vent ; les C-130, le roulement des timbales ; et les F-4 faisaient monter l'émotion à son paroxysme avec le coup de cymbales de leurs bombes groupées.

Pendant un quart d'heure qui lui sembla durer une éternité, Hambleton fut ballotté par les ondes de choc, secoué par tous les impacts et obligé à mordre la poussière. Puis cela s'acheva aussi brusquement que cela avait commencé.

Il secoua la terre qui recouvrait ses cheveux, enleva les grains de ses yeux et s'ébroua. Il était toujours en un seul morceau. Il regarda autour de lui. Il ne vit que la poussière et la fumée de la bataille. Il attendit que les choses se calment et que ses oreilles cessent de bourdonner, puis il appela le pilote FAC en orbite.

— Vous connaissez la musique, Dénicheur.

— C'est vous qui avez écrit la partition. Ne préparez pas encore votre tapis rouge de bienvenue, Bat. Il y a des complications. Je vous rappelle dans moins d'une heure.

Hambleton coupa, les sourcils froncés. Des complications ? Le ton préoccupé de Dénicheur, toujours gai d'habitude, ne lui plaisait guère. Quelles pouvaient bien être ces complications ? Il se leva et regarda tout autour de lui. Plusieurs incendies crépitaient mais rien ne semblait bouger. Rien. A perte de vue. Même les villages étaient silencieux.

Il leva les yeux et scruta le ciel. Le brouillard s'était complètement dissipé et il ne restait que quelques bouffées d'alto-cumulus, loin vers l'est. Le temps était parfait. Si les hélicoptères avaient une chance de réussir, c'était maintenant ou jamais. Qu'est-ce qui les retenait ? Connaissant le formidable cran des équipes de sauvetage, il se dit que ce devait être très grave. Les canons enterrés dans les villages ? La plupart d'entre eux avaient été neutralisés par les chasseurs. Le baromètre était au beau fixe et l'ennemi léchait ses plaies. Quelles étaient donc les complications ?

Bon Dieu, il aurait donné n'importe quoi pour une cigarette !

A Korat, dans la salle de conférences du PC, plusieurs officiers d'état-major étaient réunis autour d'une table, devant une série de photos aériennes de reconnaissance. Le colonel Walker leva les yeux à l'entrée du capitaine Dennis Clark, dont la combinaison de vol était trempée de sueur.

— Comment cela va-t-il, Clark ?

— Chaudement, colonel, répondit Clark.

— Il y a des jours comme ça. Et Hambleton, comment l'avez-vous laissé ?

— Dans le noir, et broyant du noir.

Walker fronça les sourcils.

— Nous l'aurions sorti de là-bas à l'heure qu'il est si cette autre histoire n'était pas arrivée. Est-il au courant de l'OV-10 FAC abattu près de son secteur ?

— Non.

— Essayez de lui expliquer pourquoi les hélicoptères ne se sont pas occupés de lui après le bombardement. S'il sait qu'ils étaient sur une autre mission de sauvetage, il comprendra.

— Très bien, colonel. Les dernières nouvelles ?

— Nous sommes encore en train de rassembler les morceaux. On dirait que le pilote est tombé avec son avion. Mais l'observateur semble s'en être sorti indemne.

En tout cas, nous avons nettoyé le secteur autour de lui. A quoi ressemble le terrain, par là-bas ?

Clark se dirigea vers la carte d'état-major, sur le mur de la salle. Il indiqua un point à environ six kilomètres à l'est de la position d'Hambleton.

— Il est tombé au milieu d'un bouquet d'arbres, dans ce coin-là. Les Sandys et nos jets ont arrosé le terrain à mort, mais c'était encore trop chaud pour que les hélicoptères interviennent. Ils ont essayé à trois reprises.

Walker étudia la carte.

— Bon sang ! Ils ont choisi les bons endroits pour tomber ! En plein milieu du champ de bataille. Le coin est aussi chaud que celui d'Hambleton ?

— Non. L'observateur est plus isolé, lui. Moins près d'un carrefour important que le colonel Hambleton.

Walker secoua la tête.

— Il va falloir se livrer à de la haute stratégie. Nous voici avec *deux* hommes au sol, aux points les plus chauds de la guerre. Les officiers d'état-major travaillent sur plusieurs idées. Donnez-leur donc vos derniers renseignements oculaires.

— Bien, colonel.

— A propos, Clark. Autre chose. Je viens d'apprendre que votre feuille de route est arrivée. Vous êtes muté aux Etats-Unis.

— Oui, colonel.

— Alors pourquoi n'êtes-vous pas encore parti d'ici ?

— J'ai quelques petites choses à régler avant, colonel. Je partirai ensuite.

— Vraiment ? J'ignorais que l'Armée de l'Air était organisée selon le bon plaisir des capitaines.

— J'ai clarifié la situation avec mon supérieur direct, colonel. Je suis en permission.

Walker lança au pilote un regard incrédule.

84

— Vous ai-je bien compris ? Vous prenez votre permission... *ici ?*

— Oui, colonel. Jusqu'à ce que j'aie réglé deux ou trois petites choses, comme je vous l'ai dit. D'un autre côté, la cuisine du mess me plaît beaucoup.

Walker grogna.

— Je savais que les pilotes FAC étaient tous un peu secoués par les marmitages de la DCA. Mais vous êtes bon pour la camisole.

— C'est ce que me répète mon meilleur ami, colonel.

— Piloter un F-111 est une affectation très recherchée. Ils ne garderont pas votre place longtemps si vous ne vous présentez pas à la date indiquée.

— Je m'en rends compte.

— Très bien. Vous pouvez rester sur cette mission. Mais... (Il fixa Clark dans les yeux.) Je veux que vous preniez vos temps de repos réglementaires. Selon les rapports des contrôleurs, vous avez presque volé vingt-quatre heures sur vingt-quatre.

— Pas vraiment, colonel. J'ai pris le temps de me faire une beauté. Un petit somme ici et là, pendant qu'on ravitaillait mon avion.

— Vous avez entendu ce que j'ai dit. *Vos temps de repos réglementaires.* Il faut que vous gardiez l'œil vif. Un petit somme ici et là ne suffit pas. Ces bancs de brouillard sont bourrés de grosses montagnes. Je ne veux pas avoir sur les bras un *troisième* aviateur à aller récupérer dans les champs de riz.

— Oui, colonel.

Clark salua et se dirigea vers les officiers groupés autour des photos de reconnaissance.

Le major Sam Piccard leva la tête et plissa les yeux à travers la fumée de sa pipe d'écume.

— Salut, Denny. Tu as eu une journée bien remplie, on dirait. Comment ça se passe sur le front ?

— Ça pourrait aller mieux.

— Ouais. Sûrement. T'ai-je déjà raconté ce que Mussolini disait de la guerre ?

— Non, Sam, mais j'ai l'impression que je vais y avoir droit.

Piccard se mit à bourrer sa pipe.

— Seule la guerre élève à son plus haut degré d'intensité toute l'énergie de l'homme et confère la marque de la noblesse aux peuples qui ont le courage de l'affronter.

— C'est très beau.

— Quel effet ça fait d'être noble et courageux ?

— Je sais maintenant pourquoi Mussolini s'est fait descendre.

Piccard sourit.

— Tu marques un point.

— Avant que je fasse mon rapport, réponds à une question.

— Vas-y.

— Cet observateur FAC qui a plongé. Qui est-ce ? On l'a identifié ?

— Oui. Un lieutenant. Un nommé Clark. Tu n'as pas de la famille dans le secteur ?

— Pas que je sache.

— Si tu étais cousin de celui-là, tu serais en bonne compagnie. Son prénom est Mark.

— Pas Mark Clark ? Le fils de...

— Oui.

A plat ventre sur la butte qui lui servait de poste d'observation, Hambleton enregistrait mentalement les mouvements de troupes de l'ennemi sur la route quand il entendit le bourdonnement du FAC au-dessus de sa tête. Il alluma aussitôt sa radio.

Rapidement, à mots couverts, le pilote lui apprit la

raison pour laquelle les hélicoptères n'étaient pas venus. Si cela ne réjouit guère Hambleton, il se sentit tout de même soulagé. Croire que ses sauveteurs l'avaient abandonné, et apprendre qu'on leur avait imposé une mission prioritaire pour sauver un autre aviateur en difficulté étaient deux choses très différentes.

— Patience, Bat, lui dit Dénicheur. Nos canards sont rassemblés au grand poulailler. Ils mettent un plan au point. Selon les prévisions, le temps doit rester au beau fixe. Ça ne traînera plus, maintenant.

— Compris, Dénicheur. Et merci.

Quand il coupa sa radio, Hambleton se sentait beaucoup mieux. Il décida de retourner à son trou et de condenser son rapport sur les mouvements de l'ennemi pour le transmettre à Dénicheur. Il roula sur le dos pour glisser le poste de radio dans la poche de devant de sa combinaison. Le soleil tiède lui caressa la joue. Il se détendit un instant avant de rebrousser chemin vers sa cachette.

Soudain, il se figea. Qu'était-ce donc ? Prudemment, il tourna la tête dans la direction du bruit, et crut sentir son sang se transformer en glaçons.

Debout, à moins de cinq mètres de lui, se tenait un enfant vietnamien.

Hambleton ferma les yeux, puis les rouvrit. Le gosse devait avoir dix ans. Il était sale, squelettique, en haillons, avec des yeux aussi grands que des coupes de saké.

Nom de Dieu ! D'où sortait ce mouflet ? Et que fallait-il faire ? Bondir comme un diable et partir en courant ? Non. Pas en plein jour. Rester sur place et faire le mort. Il ferma les yeux et essaya de ressembler à un vrai cadavre bien convaincant.

Le gosse avait sûrement décelé un mouvement dans le sous-bois, car il s'avança pour vérifier. Mais comment avait-il traversé le champ de mines ? Avec de la chance, en avançant sur la pointe des pieds ? Ou bien parce que Dieu protège les innocents ?

Hambleton entrouvrit les paupières. Merde, le gamin n'était pas tout seul ! Un gros chien noir faisait des bonds autour de lui. Non seulement un gosse l'observait, mais un chien, qui allait se remettre à aboyer et à ameuter tous les Niaks du pays jusqu'à Hanoï !

A la vue d'Hambleton, le chien s'arrêta sur place. Sa queue se raidit comme un tisonnier. Il renifla le vent puis lança vers son maître un regard interrogateur. L'enfant parla au chien à mi-voix puis s'avança sans bruit à travers le fourré.

Hambleton s'appliqua à simuler la rigidité cadavérique. Il essaya d'ignorer un insecte qui se promenait sur sa joue, en priant pour qu'aucun de ses muscles ne frissonne. Il savait que s'il ne *jouait* pas le mort à la perfection, il le *serait* pour de bon avant qu'il soit longtemps.

Puis ils arrivèrent tous les deux sur lui. Le gamin, avec son bâton, tâta délicatement la poitrine d'Hambleton. Le chien se mit à lui flairer les talons puis remonta lentement le long de son corps. Hambleton observa l'enfant à travers ses paupières mi-closes ; quand le gamin se pencha vers la fermeture Eclair de sa poche contenant la radio, il cessa de respirer.

Sa radio !

Bon dieu, il ne pouvait pas lui laisser prendre sa radio ! C'était le cordon ombilical qui le reliait au pilote FAC, sa seule chance de survie. Si l'enfant s'en saisissait, que devait-il faire ? Attaquer le gosse ? L'étrangler ? Impossible. Le garder en otage ? Impossible également. Il avait déjà assez de mal à prendre soin de lui-même. Alors quoi ?

Le chien renifla la tête d'Hambleton et se mit à gronder. Un râle grave, menaçant, lui roula du fond de la gorge, et il dénuda ses crocs, à quelques centimètres au-dessus du visage d'Hambleton. Une goutte de bave tomba sur la joue du colonel. Doux Jésus ! Le chien allait-il l'attaquer ?

L'enfant lança à voix basse un ordre en vietnamien. Rabroué, le bâtard recula, mais sans rentrer ses crocs. L'animal avait-il décelé de la vie dans le cadavre ? Voulait-il prévenir son maître ? Ou bien s'excitait-il à la perspective d'un peu de chair fraîche ? Quoi qu'il en soit, au moment où le chien avait réagi, l'enfant avait retiré sa main. Maintenant, curieusement, le gamin se redressait et tournait le dos pour donner des ordres au corniaud. A regret, le chien obéit à son maître et ils s'éloignèrent tous les deux d'un bon pas, disparaissant bientôt dans le fourré.

Hambleton ne bougea pas, attendant que les ondes du choc qu'il venait de subir refluent. Que s'était-il passé ? Le gosse avait-il senti qu'il était vivant ? Allait-il signaler sa présence ? Envoyer des soldats à sa recherche ? Ou bien l'enfant — qui avait dû voir plus d'un cadavre dans cette zone de combats — l'avait-il simplement jugé sans intérêt et oublié aussitôt ? Après trois jours d'étroite cohabitation avec sa combinaison, Hambleton devait sûrement dégager une odeur de mort.

Ou bien... Etait-il possible que le gamin vienne d'un village ami et qu'il envoie du monde à son secours ?

Il écarta cette idée. La marée victorieuse déferlait vers le sud. Même les villages amis étaient occupés par les soldats ennemis. Il les avait vus. Si le gosse rendait compte à *quiconque,* il était grillé. Nom d'un petit Jésus à bicyclette !

Il trouva enfin la force de se dresser sur ses coudes. S'il pouvait repérer par où le gamin était passé, cela lui serait sûrement utile. Tendant le cou, il leva la tête au-dessus des buissons jusqu'à ce qu'il aperçoive le village le plus proche.

L'enfant et le chien se dirigeaient vers les maisons, à travers les rizières. Lorsqu'il arriva près du périmètre intérieur de la ligne Maginot, l'enfant s'arrêta. Il ramassa un bout de bois et le lança le plus loin qu'il put, au-dessus de la zone minée, en direction du village. Le chien bondit pour aller chercher le bâton et l'enfant suivit très précisément sa trace, à distance. *Le gosse se servait de son chien pour tracer une piste sûre à travers le champ de mines.*

Hambleton secoua la tête, incrédule. Pendant un instant, une tristesse indéfinissable chassa sa peur. Voici donc ce que faisait cette guerre démente ! Tout, au Vietnam, était devenu sacrifiable. Tout. Y compris le chien d'un enfant. La terreur et la nécessité de survivre avaient-elles donc détruit toutes les vertus — pitié, décence, loyauté, amour ?

Ses réflexions furent interrompues par le comportement de l'enfant et du chien, qui avaient traversé miraculeusement le cordon de mines. Ils se dirigeaient tout droit vers la case la plus proche, à l'orée du village. Le cœur d'Hambleton se serra. Il regarda l'enfant courir vers une femme en train de suspendre sa lessive, et se mettre à parler comme une mitraillette. Hambleton distingua de grands gestes, qui s'achevèrent par un bras tendu dans sa direction. La femme et l'enfant se précipitèrent dans la cabane.

Il avait des fourmis dans les jambes. Que diable devait-il faire ? Courir vers son trou, au risque d'être vu, ou bien...

Ses pires craintes se trouvèrent confirmées. Plusieurs soldats nord-vietnamiens armés de fusils sortirent en coup de vent de la case, précédés par l'enfant. Le chien les accompagnait, aboyant à tout rompre. Ils coururent dans la direction d'Hambleton, ne s'arrêtant qu'à la limite du cordon des mines. Hambleton entendit les voix aiguës, excitées, des soldats quand le gosse leur montra du doigt l'endroit exact où il se trouvait.

Il fut pris de sueurs froides. Il fallait qu'il décampe. Qu'il regagne son trou où il serait à couvert. Qu'il prenne son arme. Y parviendrait-il sans être vu ? Sachant exactement où il se cachait, ils observeraient le moindre mouvement. Il *fallait* qu'il foute le camp au plus vite !

Mais ses membres refusèrent de lui obéir. Il ne put que rester là, paralysé, les yeux écarquillés, tandis que les soldats renvoyaient l'enfant et le chien vers le village et entreprenaient de traverser le champ de mines.

De plus en plus près... les soldats se rapprochaient. Dieu merci, l'enfant ne leur avait pas montré le truc du chien. Ils ignoraient manifestement comment le gamin avait traversé le cordon de graviers. A l'évidence, ils n'adoraient pas l'idée d'être là. Ils examinaient le sol centimètre par centimètre avant d'avancer... Ils posaient le pied en douceur, comme sur des œufs... Puis ils se figeaient de nouveau. En dépit de sa peur, Hambleton ne put s'empêcher d'admirer ces malheureux arpenteurs de rizière. Dieu Tout-Puissant, fallait-il qu'ils aient envie de le faire prisonnier pour tenter de négocier ce champ de mines !

Il essuya la sueur qui recouvrait son front et ruisselait sur son visage. Il *fallait* qu'il fasse quelque chose. Le premier des trois soldats semblait déjà avoir traversé la moitié de la couronne protectrice qui l'entourait. L'un d'eux (ou même tous), avec un peu de chance, risquait de réussir. Les mains tremblantes, il eut du mal à ouvrir la fermeture Eclair de sa poche pour sortir sa radio. Il l'alluma.

— Dénicheur ! Dénicheur ! (Tout bas et en luttant pour

que sa voix ne tremble pas.) Ici Bat Vingt et un. *Répondez !*

— Bien reçu, Bat. Ici Dénicheur.

— Des Niaks. Faisant des pointes. Ils viennent par ici. Quart de clic à l'est de ma position.

— Cinq sur cinq, Bat. Compris. Terminé.

Dieu merci ! Les secours ne tarderaient pas. Et s'ils n'arrivaient pas à temps ? Mieux valait être prêt. Il s'accroupit et dégaina son couteau.

Le premier des trois soldats arrivait au niveau de la limite du cordon de mines. Hambleton fouilla le ciel des yeux. Où diable étaient ses défenseurs ? Qu'attendaient donc les Sandys, les Phantoms et les F-105 ? Encore dix mètres et le soldat le plus proche pourrait se mettre à courir vers lui.

Venez donc, enfants de salauds !

Enfin il entendit le bruit d'un avion qui arrivait. Pas fort du tout, mais il se rapprochait très vite. Nom de Dieu ! L'enfer allait se déchaîner ! Les chasseurs cracheraient leurs bombes de mort et...

Puis il vit l'avion qui s'avançait. Sa mâchoire tomba. Ce n'était pas un vol de Phantoms. Ni une escadrille de F-105. Même pas des Sandys. C'était un avion tout seul. *C'était Dénicheur !*

Le petit moustique sans arme jaillit de derrière une colline ; le soleil brillait sur sa peinture de camouflage, ses hélices lançaient une plainte stridente, comme un cri de harpie.

Hambleton, bouche bée, regarda le minuscule O-2 foncer à pleins gaz. Que pourrait donc faire ce petit avion FAC en de pareilles circonstances ? Il baissa les yeux vers les soldats. Ils avaient entendu, eux aussi, et ils s'étaient figés sur place, la tête relevée vers le ciel. Le O-2 arriva en rase-mottes, bourdonnant comme une guêpe en colère. Il y eut un éclair, puis une bouffée de fumée sous les ailes.

Le pilote cabra l'appareil à quelques mètres du sol et deux fusées de repérage au phosphore explosèrent sous le nez des soldats. Les Vietnamiens n'eurent que le temps de lancer une rafale à leur assaillant avant d'être enveloppés dans un nuage étouffant de fumée blanche.

Saisis de panique, oubliant complètement les mines, les soldats se mirent à courir en direction du village. C'était une erreur. L'un d'eux réussit par miracle à traverser le cordon de mines indemne. Un second faillit y parvenir, mais trébucha juste au bord du périmètre miné. Il y eut un *boum* assourdi sous son corps affalé. Il ne se releva pas. Le troisième, celui qui avait avancé le plus loin, trébucha sur l'un des engins mortels. Il y eut une forte détonation et il roula sur le sol en hurlant.

Les membres d'Hambleton reprirent vie. Profitant de la diversion, il se tassa le plus possible et se mit à courir vers le fourré. Deux minutes plus tard, il était revenu dans son trou et il se recouvrait frénétiquement de feuilles mortes. Une fois caché, il gisait là, calmant à grand-peine sa respiration, haletant de peur et d'épuisement.

Nom d'un pétard ! En attendant que son pouls cesse de marteler, il songea à cet homme, là-haut — à ce cinglé qui s'était lancé à l'attaque avec pour toute arme des fusées de repérage ! Un exploit de feuilleton de télé ! Hambleton n'avait jamais rien vu de pareil.

Il lui fallut dix bonnes minutes pour retrouver son calme. Il appela aussitôt Dénicheur.

— Désolé pour le cirque, Bat, dit le pilote du Dénicheur. J'ai vu que tu avais un problème. Pas le temps de rassembler les zoumzoums, alors je suis venu moi-même.

— Tu es cinglé, Dénicheur.

— Dans cette guerre, c'est un atout.

— Je sais ce que je te dois.

— T'en fais pas, je n'oublierai pas de le toucher. En attendant, bonne nouvelle. Au ranch les grosses têtes ont gambergé leurs priorités. Les ventilateurs arriveront *mañana*. Si Dieu le veut et si la rivière ne déborde pas. Les grenouilles prévoient du beau temps. Tu pourras tenir une nuit de plus ?

— Je tiendrai.

— Magnifique. Dans quelques minutes, les Sandys vont saupoudrer une autre pelletée de gravier. Pour fertiliser ton champ de tulipes.

— Tu m'en vois ravi.

— Autre chose pour égayer ta journée. Il y a de fortes chances pour que les Niaks ne canardent pas ta position. Ils te veulent vivant.

— Voilà qui est réconfortant. Eux et moi, ça fait que nous sommes deux à vouloir la même chose...

— Garde le contact. Terminé.

Hambleton coupa sa radio, s'allongea dans son trou et ferma les yeux, terrassé par une vague de fatigue impossible à contenir.

On sonna à la porte. Gwen Hambleton arrêta la télévision du petit salon et se dirigea vers l'entrée. C'était sa meilleure amie, Marge Wilson.

— Je passais dans le quartier, mentit Marge. Alors j'ai fait un saut pour voir si tu n'avais besoin de rien.

— Merci, Marge. Entre donc. Une tasse de café ?

Marge se percha sur un tabouret devant la table-bar de la cuisine tandis que Gwen branchait la cafetière électrique.

— Quoi de neuf ?

Gwen indiqua d'un geste le télégramme posé sur le bar.

— Il vient d'arriver. Tu peux le lire.

Marge extirpa le papier de son enveloppe et déchiffra :

A Mme GWENDOLYN HAMBLETON EN MAINS PROPRES NE PAS TÉLÉPHONER ACCUSÉ RÉCEPTION.

RÉFÉRENCE MA COMMUNICATION PRÉCÉDENTE CONCERNANT SITUATION VOTRE MARI LT-COLONEL ICEAL E. HAMBLETON.

REGRET VOUS INFORMER TOUS EFFORTS RECHERCHE ET SAUVE-TAGE JUSQU'ICI SANS EFFET. CONTACT AUDIO MAINTENU MAIS TEN-TATIVES SAUVETAGE NÉGATIVES. OPÉRATIONS ENTRAVÉES PAR MAUVAIS TEMPS ET ACTIVITÉ INTENSE DE L'ENNEMI DANS SECTEUR. CONTINUONS SANS RELÂCHE. SEREZ NOTIFIÉE IMMÉDIATEMENT DE TOUTE INFORMATION. VOUS RENOUVELLE TOUTE MA SYMPATHIE PENDANT CETTE PÉRIODE D'ANXIÉTÉ.

GÉNÉRAL DE BRIG. K. L. TALLMAN. CDT CENTRE PERSON-NEL MILITAIRE ARMÉE DE L'AIR.

Elle remit le télégramme dans son enveloppe.

— Il faut le dire, l'Air Force fait tout ce qu'elle peut pour te tenir au courant, dit-elle à mi-voix.

Gwen hocha la tête.

— L'officier du personnel, à la base Davis-Monthan, m'a même donné le numéro du service des disparus à San Antonio. Je peux appeler quand je veux. Et le téléphone n'arrête pas de sonner. Des amis aviateurs m'ont appelée de tout le pays. Ce soir, Don Buchholz m'a même téléphoné du Pentagone.

— Oui. Ham avait des tas de copains.

— Il *a* des tas de copains.

Marge pesta intérieurement.

— Bien sûr. Il *a* des tas de copains. Et il les reverra bientôt.

— Oui, bientôt.

Gwen posa une tasse de café devant son amie, et Marge lui prit la main.

— Cela te ferait plaisir que je reste encore avec toi ce soir ?

95

— Non, merci. Pas ce soir, Marge. J'ai... J'ai envie d'être seule.

— Tu es sûre ?

— Oui. Tu es ma meilleure amie, Marge, tu le sais. Mais ce soir, sincèrement, je préférerais...

— D'accord. Mais tu m'appelles si tu as besoin de quoi que ce soit ? Tu sais... Tu tiens le coup comme un vrai petit soldat, Gwen. Ham sera fier de toi.

— Il faut bien. Je suis femme d'aviateur. Je connais la musique.

— Oui. Je sais.

Marge fit de son mieux pour que son amie ne remarque pas à quel point elle était inquiète de voir trembler ses mains crispées sur la cafetière.

Le soir tombait, Hambleton entendait, très loin, les paysans des villages vaquant à leurs tâches habituelles. Péniblement, il rampa hors de son trou et regarda à travers les buissons. C'était cocasse. Il se serait cru chez lui, à Tucson, au crépuscule. Les gens rentraient du travail. A cette heure-ci, il serait en train de prendre un Manhattan avec Gwen, ou bien d'allumer le charbon de bois pour le barbecue, dans le jardin. Puis l'odeur de la cuisine vietnamienne se glissa jusqu'à lui et ses narines se froncèrent. Il était très loin de Tucson (Arizona).

Intéressant de voir que les paysans pouvaient vaquer à leurs travaux en plein milieu d'une guerre. Ils avaient tous l'air si paisibles ! La semaine précédente, avant qu'ils ne soient englobés dans l'offensive nord-vietnamienne, Hambleton aurait pu se promener au milieu de ce village sans le moindre risque. Les gosses seraient venus vers lui, les femmes lui auraient souri, les vieillards auraient incliné la tête sur son passage. Mais fini. Ils

avaient été annexés par l'autre camp et leur « réorienta-
tion » avait déjà commencé.

Pauvres Vietnamiens ! Les damnés de l'Asie du Sud-
Est ! Et pareils à des enfants — curieux, amicaux,
vulnérables. Peu de paysans combattaient de bon cœur.
Le simple fait de survivre constituait toute leur idéologie,
leur honneur et leur politique. Et le parti politique le plus
populaire dans une région était en général celui qui se
montrait le plus généreux en riz et en têtes de poissons.
Quel pouvait être l'enjeu de ces paysans dans cette guerre
sale ?

Mais curieusement, les paysans aimaient le spectacle
de la guerre ! Au cours de chaque attaque, de chaque
mouvement de troupes, les gens du coin se précipitaient
vers la route, se mettaient en rang d'oignons et regar-
daient — oublieux, même après toutes ces années, qu'ils
couraient un grand danger. Surtout depuis que les Nord-
Vietnamiens, sachant que l'Armée de l'Air répugnait à
bombarder les villages, dissimulaient leur artillerie
lourde et leur DCA au milieu de leurs petits hameaux.

Jusqu'ici ces villages-là avaient été épargnés — grâce à
la précision des fusées au phosphore des avions FAC, qui
avaient uniquement marqué des objectifs militaires.
Mais si les bombardiers s'attaquaient aux batteries
antiaériennes camouflées entre leurs cases... Hambleton
frissonna. Il ne voulait plus voir de morts. Surtout des
civils. Le spectacle des soldats mitraillés sur la route lui
avait soulevé le cœur. Et il ne pouvait chasser de son
esprit l'image des trois hommes qui étaient entrés dans le
champ de mines à sa recherche. C'étaient tout juste des
gamins. Il fallait qu'ils aient des tripes pour avancer
ainsi. Et maintenant, l'un d'eux avait les siennes éparpil-
lées dans la boue. Un autre passerait sa vie avec une seule
jambe. Son estomac se souleva. Pense à autre chose, nom
de dieu !

97

Le soleil se coucha dans une explosion de gloire, lançant des couleurs psychédéliques d'un bout à l'autre de l'horizon. Un vrai coucher de soleil d'Arizona. Quand les collines des alentours se teintèrent de rose, il faillit s'exclamer tout haut. Quel beau tableau à accrocher dans son living ! Bonne idée. Il ferma les yeux et grava les couleurs dans son esprit. A son retour à la maison, il les peindrait de mémoire. Il avait souvent songé à se mettre à la peinture. Maintenant que la retraite approchait, il aurait enfin le temps. Voyons... il y avait des ors, des jaunes, des orangés brillants...

— C'est un beau tableau, Gene.

Il leva les yeux. Il ne s'étonna qu'à moitié de voir Gwen penchée au-dessus de lui, à côté de son chevalet. Elle portait son ensemble-pantalon rouge, celui qu'il préférait.

— J'ai encore du travail. Les couleurs ne sont pas tout à fait justes.

— Cela me plaît. Les rouges et les jaunes. Nous les mettrons dans le salon. Il ira très bien avec les couleurs de la décoration. Nous achèterons un beau cadre. Cela fera de l'effet.

Elle s'approcha de lui...

Il ouvrit brusquement les paupières. Bonté divine ! Ses paumes étaient moites. Etait-ce un rêve ou une hallucination ? Tout était réellement réel ! Gwen était vraiment là, aussi vivante que dans la vie. Il était même revenu à lui avec les lèvres tendues, comme pour lui donner un baiser.

Il secoua la tête. Du calme ! Reprends-toi. Il lécha ses lèvres desséchées. Ce devait être à cause de la soif. Putain de soif ! Privés d'eau, les hommes font des trucs tordus. Pensent des choses dingues...

Au loin, à l'orée de la forêt de l'autre côté des villages, il se passait quelque chose d'incompréhensible. Hambleton frotta ses yeux larmoyants et rougis et essaya de percer le voile atmosphérique du crépuscule, que le soleil couchant teintait de rouge sang. Il distingua, non sans mal, de minuscules silhouettes en uniforme tournant autour de ce qui semblait être un groupe de camions russes de deux tonnes cinq — des Zils — pourvus de drôles de remorques. Mais la distance, les poussières en suspension dans l'air et les ombres qui s'allongeaient s'associèrent pour déjouer ses efforts d'interprétation de la scène.

Puis, au centre du groupe d'hommes et de camions, une mince forme sombre se dressa lentement vers le ciel. Lorsque son angle avec le sol, déjà dans l'ombre, augmenta, son extrémité aussi pointue qu'une aiguille accrocha un rayon attardé du soleil. Hambleton jura entre ses dents. Il comprenait à présent. Il ne comprenait que trop bien.

Il avait sous les yeux, auréolée des ors du soleil couchant, l'ogive à ailettes d'un SAM-2 !

C'était donc ça. Ainsi donc, les Viets mettaient les enchères au plafond. Dorénavant, les appareils amis dont Hambleton dépendait entièrement — les FAC, les chasseurs-bombardiers, les hélicoptères de sauvetage — devraient non seulement voler à travers les orages de feu déchaînés par les camions antiaériens et les armements automatiques dits « conventionnels », mais affronter la menace la plus mortelle pour les aviateurs présents sur tout le théâtre des opérations, l'arme même qui avait abattu son avion. A l'évidence las de voir l'aviation américaine frapper impunément — pilonner leurs convois, larguer des mines, et leur mener une vie d'enfer —, les communistes avaient décidé de régler la question. Et il était tout aussi évident que les Niaks étaient plus résolus que jamais à le prendre vivant avant que le sauvetage ne réussisse.

Les missiles à tête chercheuse étaient beaucoup plus efficaces contre les avions que les batteries de DCA qui entouraient le secteur. Une fois le système de traçage du SAM verrouillé sur sa cible, il fallait exécuter des manœuvres d'évasion incroyablement délicates pour déjouer l'engin qui vous venait dessus. Si le pilote de l'avion ignorait qu'il était pris pour cible, c'était la fin. Et dans tous les cas, la menace était meurtrière pour les hélicoptères, trop lents pour feinter. Selon les dernières instructions qu'il avait reçues à son départ de la base, aucun site de lancement de missiles n'avait été signalé dans ce secteur précis. Les pilotes seraient donc pris au dépourvu. Ils allaient tomber comme des pipes en terre dans une kermesse. Il fallait qu'il fasse quelque chose.

Il appela Dénicheur et lui apprit ce qui se passait, à l'aide de phrases courtes et voilées. Dénicheur ne dissimula pas sa surprise : comment ces systèmes de lancement soviétiques très sophistiqués avaient-ils pu être mis en place aussi rapidement au cours de la percée vers le sud ?

— J'ai une idée, dit Hambleton. Que tous les oiseaux volant dans le secteur cette nuit écoutent la fréquence de veille. Je jouerai les commentateurs.

— Bien compris. Dénicheur, terminé.

Hambleton s'assit sur le bord de son trou et se mit à observer le village et les bois qui l'entouraient. Dans la pénombre, il aperçut les ogives à ailettes de plusieurs autres missiles sol-air braqués vers le ciel obscur. Il ne dormirait pas beaucoup cette nuit. Chaque fois que le premier étage d'une fusée s'allumerait, il murmurerait dans sa radio : « SAM ! SAM ! Voisinage DMZ ! » Et Dénicheur relaierait son message à tous les avions du secteur, qui seraient avertis assez tôt pour esquiver.

D'après ce qu'il savait, au bout de sept mois de combats, des normes de lancement de missiles appliquées par les Nord-Vietnamiens, Hambleton estimait qu'ils ne lanceraient pas plus d'une ou deux SAM avant de baisser le rideau pour la soirée. Mais cette nuit-là, la chanson fut toute différente. Ils continuèrent d'envoyer régulièrement des missiles pendant plus de deux heures. Hambleton n'en croyait pas ses yeux. Après les cinq ou six premières, il se mit à compter chaque fois qu'il avertissait Dénicheur. Il se perdit dans ses chiffres entre vingt-cinq et trente.

Les hommes des missiles ne s'arrêtèrent qu'au moment où une nappe de nuages lourds, remontant de la mer, envahit complètement le site de lancement, le dissimulant à Hambleton. Quand il fut manifeste que les lancers ne reprendraient plus de la nuit, Dénicheur appela :

— Bravo, Bat. Ou bien tes messages ont aidé, ou bien les Niaks se sont mis le doigt dans l'œil. Les SAM ne nous ont pas descendu un seul oiseau, et cette nuit ils grouillaient comme des puces sur le cul d'un clébard.

Hambleton sourit tristement :

— Bonne nouvelle.

— Sacrée nuit ! On vient te chercher demain matin dès que la brume se lève. Besoin de quelque chose ?

— Je n'ai presque plus de cerises confites pour mes Manhattans.

— Je vais faire un saut au supermarché. Terminé.

Hambleton rampa dans son trou, fouilla dans son garde-manger et en sortit un épi de maïs. Il le dévora comme un glouton, rafle et tout. Ah, si seulement il avait à boire...

Comme née de ses pensées, une goutte d'eau lui tomba sur le visage. Il étouffa un cri de guerre : la PLUIE ! *Faites tomber la pluie, Seigneur !* Il déplia sa carte plastifiée, l'étala sur un buisson, puis alla chercher sa vache-à-eau. Il ne tombait plus des gouttes, mais des seaux ! Un grain avait rassemblé l'air humide, lourd, en un nuage noir menaçant, sillonné de décharges électriques. La pluie tomba comme si une main géante avait tiré une chasse d'eau céleste.

Loué soit Dieu ! Ses prières avaient été exaucées. Vite, il rangea la maison de Chester dans son trou, puis recouvrit son repaire de branchages et de feuilles pour tenir son équipement de survie aussi au sec que possible. Ensuite, il alla s'occuper de son collecteur de pluie.

La carte recueillait l'eau et la déversait à mesure dans la vache-à-eau de plastique. En quelques minutes il se retrouva trempé jusqu'aux os, mais il s'en moquait. Il leva son visage vers le ciel, bouche grande ouverte. L'eau était délicieuse. Il ôta sa combinaison de vol, son slip, ses chaussures et ses chaussettes. Comme un possédé, il se mit à danser sur place tandis que l'eau pure cascadait sur sa peau sale...

Il fut pris de fou rire incontrôlable. Il pleuvait, il était trempé, et il aurait de l'eau à boire. Il tordit sa combinaison de vol, son slip et ses chaussettes, puis les étala sur un buisson pour qu'ils s'imbibent mieux. Dès qu'ils étaient trempés, il les essorait de nouveau.

Bientôt, aussi vite qu'il était apparu, le nuage grondant rassembla ses jupons mouillés et continua sa route vers l'est.

Hambleton vérifia sa vache-à-eau. Elle était presque pleine. Deux litres de bonne eau potable. Il porta le récipient à ses lèvres et prit d'énormes gorgées goulues, puis se força à s'arrêter. Il aurait peut-être besoin de faire durer son trésor liquide plus longtemps qu'il n'osait y penser.

Une brise légère chassa les dernières gouttes attardées, et il étendit sa combinaison sur un buisson pour la faire sécher. Il ôta son toit de feuilles et de branches et se réfugia de nouveau dans son terrier, nu comme un ver de terre.

Il était mieux qu'il ne s'était senti depuis très longtemps. Sa barbe rêche ne le démangeait plus. L'air avait une bonne odeur, fraîche et propre. Même *lui* sentait bon. L'estomac lesté de nourriture et maintenant d'eau, il avait eu droit à une douche pour la première fois depuis des jours, et à des vêtements propres. Et demain matin... Le départ. Bon dieu, il s'en sortirait comme à la parade ! Ses instructeurs des stages de survie allaient être fiers de lui. Bon sang ! Il pourrait même faire la tournée des popotes et donner une série de conférences sur le sujet...

Il sortit Chester de son palais, et tandis que la chenille velue frétillait doucement sur son estomac nu, il regarnit le parquet de la cage de feuilles fraîches.

— S'il y a un truc que je ne peux pas supporter, mon vieux, murmura-t-il, c'est une maison mal tenue.

CINQUIÈME JOUR

Au Pentagone, le président de l'état-major Interarmes se pencha en avant dans son fauteuil tournant pour sonder le visage du colonel chargé du rapport.

Le colonel d'infanterie avait la parole facile, et il savait sa leçon au fil du rasoir. Après avoir fait le tour des événements de la guerre en Asie au cours des vingt-quatre heures précédentes et répondu aux questions des chefs militaires réunis, il marqua une pause, joignit les mains, et attendit qu'on lui donne congé. Mais le président le retint.

— Je ne comprends pas, dit l'amiral Moorer, pourquoi le sauvetage d'Hambleton prend si longtemps. Nous en sommes au cinquième jour.

Il se tourna vers le chef d'état-major de l'Armée de l'Air et reprit :

— John, que fabriquent vos unités de Recherche et de Sauvetage ?

Le général d'aviation John Ryan releva la tête.

— Amiral, ce ne sont pas nos unités de sauvetage qu'il faut mettre en cause. Certains facteurs n'ont pu être maîtrisés. En premier lieu, les circonstances atmosphériques, comme vous le savez. La mousson s'est accompagnée d'une brume de sol qui limite la visibilité. Les hélicoptères n'ont rien pu tenter. Ensuite, Hambleton est tombé dans un secteur très chaud ; l'un des plus chauds du Vietnam, en ce moment. Il se terre près d'un carrefour important de l'axe d'approvisionnement nord-sud, et l'ennemi a été en mesure de repousser nos hélicoptères chaque fois qu'ils ont pu prendre l'air.

— J'entends bien. Mais je sais aussi que nous devons sortir cet homme de là. Ainsi que le lieutenant Clark. Que faisons-nous à ce propos ?

— Nous n'épargnons pas nos efforts, amiral. Une mission de sauvetage attend d'aller chercher les deux hommes dès que la brume de sol se lèvera ce matin, heure du Vietnam. Les prévisions météorologiques sont bonnes.

Moorer rumina un instant.

— Dans quelle condition physique se trouvait-il, aux dernières nouvelles ?

— Il semble en assez bonne forme, dit Ryan. Il a plu hier soir. Il doit avoir de l'eau.

— Bien...

L'amiral se caressa le menton et se renfonça dans son siège.

— Quelle affaire désolante ! Nous voilà avec un navigateur à la tête pleine de secrets militaires, abattu et cloué au sol au beau milieu d'une offensive, qui définit les cibles pour nos chasseurs, et les prévient par radio des alertes SAM ! Il faut dire que c'est incroyable, même dans une guerre aussi insensée.

— En général, les guerres n'ont jamais beaucoup de sens, amiral, dit Ryan. Et celle-ci moins que toute autre.

— Oui. Mais chaque fois que je songe à ce type de

cinquante-trois ans enterré dans la boue là-bas, je me dis qu'il faut bien qu'il y ait un espoir. C'est comme s'il essayait de gagner la guerre à lui tout seul.

— Hambleton estime sans doute que c'est important, répondit le chef d'état-major de l'Armée de l'Air.

Hambleton s'éveilla après quatre heures du meilleur sommeil dont il ait profité depuis son plongeon. Il avait rêvé d'un festin de fruits de mer auquel il avait participé avec Gwen au cours d'une sortie du club de golf... Clams et langoustes en train de mijoter dans les marmites luisantes de beurre fondu... Grosses bouteilles de bière glacée...

Il s'essuya les lèvres comme si elles eussent été enduites de beurre fondu et s'étira. Le jour se levait. La brume léchait les rizières et caressait les arbres de ses longs doigts humides. Vers l'est, il entendit les voix des paysans qui se préparaient pour une nouvelle journée de travail. Que n'eût-il pas donné pour comprendre leur langue ! L'odeur de leur cuisine dériva jusqu'à lui et lui rappela son rêve.

Peu importait. C'était le grand jour. Celui de sa délivrance. Dès que le brouillard se lèverait, on allait l'emmener loin de tout ça. Au pays des steaks juteux, des œufs frais et de la bière glacée. Et des cigarettes. Bon dieu, comme ce serait bon de pouvoir fumer une cigarette ! En un éclair il se demanda quel goût aurait la barbe de maïs enroulée dans l'enveloppe de l'épi... Un jour, derrière la ferme, en Illinois, il avait fumé des feuilles de vigne...

Mais pourquoi se faire du mouron ? Il grillerait une Marlboro avant qu'il soit longtemps.

Il déposa quelques feuilles fraîches dans la cage de Chester, puis rampa hors de son trou. Il avait oublié qu'il était entièrement nu, en dehors de son voile à moustiques, et quand il baissa les yeux, le spectacle incongru de sa nudité le choqua. Il sourit. Une vraie mariée pour noces nudistes ! Enfin, pas exactement une mariée... A quatre pattes, il rassembla sa lessive. Elle était humide, mais sentait moins mauvais. Il ramena les vêtements jusqu'à son trou. Ce fut en enfilant son slip qu'il vit les taches sur son corps.

Etrange. C'était la première fois qu'il quittait sa combinaison de vol et il ne les avait pas encore remarquées. Il avait éprouvé toutes sortes d'inconforts, mais il les avait attribués aux raideurs de l'inaction et au fait de dormir sur la terre humide. Il avait des tas de petits points noirs parsemés sur le corps, concentrés surtout sur sa jambe et sur son flanc droits. Certains semblaient être infectés. Il en examina un, sur son biceps droit. Il le pressa et à sa vive surprise, il en sortit un petit bout de métal.

C'était donc ça. Des éclats, ramassés au moment de l'impact du missile avec son appareil. Des petits bouts de grenaille. Ah, les communistes et leurs missiles bon marché fabriqués en fer-blanc. Aucune classe ! Il passa presque une heure à presser les petites pustules, à en enlever la mitraille puis à nettoyer au désinfectant. Après avoir soigné toutes les plaies à portée de sa main, il enfila son slip et sa combinaison de vol, puis termina par ses chaussettes et ses chaussures.

Parfait. Il était paré. Il avait même une odeur présentable. Le soleil du matin avait réduit la brume épaisse à de minces traînées. Les prévisions météo se vérifiaient. Dans peu de temps, la visibilité serait CSC (claire comme un son de cloche) et les hélicoptères arriveraient en barattant de toutes leurs pales.

Il avait tout de même le temps de manger une bouchée. Il prit son dernier épi de maïs, en cassa une moitié et enveloppa le reste dans les feuilles. Puis il se mit à croquer à belles dents, accompagnant chaque bouchée d'une gorgée d'eau. Ah, rien ne vaut un bon petit déjeuner pour commencer la journée.

Cependant qu'il mâchonnait lentement la rafle, il entendit une activité aérienne, au sud, accompagnée des coups sourds de bombes et de DCA dans le lointain. Depuis la grande percée de l'ennemi, la guerre semblait déraper sans cesse vers le sud. Il avait entendu parler d'un pont, à l'endroit où la route traversait le fleuve Song Cam Lo, à quelques degrés au sud-ouest. C'était probablement sur cet objectif que ses copains se concentraient, pour tenter de ralentir la progression rapide des Nord-Vietnamiens.

L'opération avait fait sortir des villages toute une cohorte de curieux. Debout le long des routes, ils bavardaient, montraient du doigt des avions à peine visibles dans le lointain, et criaient de leurs petites voix haut perchées chaque fois que des bombes tombaient. Rien de tel qu'un petit spectacle en chair et en os, songea Hambleton. La télé est battue à tous les coups.

Au bout de plusieurs heures de jour, la brume s'était complètement dissipée. Les chasseurs avaient réduit une bonne partie des canons au silence, mais Dénicheur n'avait toujours fait aucune allusion aux hélicoptères. Hambleton n'en avait pas parlé non plus, car il se doutait que l'Armée de l'Air « en avait plein les bras ». Non contents d'essayer de contenir l'une des plus formidables attaques de la guerre, ils avaient maintenant deux aviateurs au sol à récupérer. Suffisamment d'emmerdes sans qu'il leur impose en plus les récriminations d'un gars calé dans un trou.

En écoutant la longueur d'onde de Dénicheur, il avait appris que le lieutenant Mark Clark était à environ sept kilomètres à l'est de sa position, assisté par un autre avion FAC. Rassemblant tout son courage, il avait tenté d'appeler Clark en direct, mais son émetteur de survie, fonctionnant en VHF, ne portait qu'en ligne droite, et il n'avait pas pu établir la liaison. Il aurait simplement voulu adresser à Clark quelques mots d'encouragement.

Il s'assit dans sa tanière pour attendre et tenta de calmer ses nerfs. Le mieux était de faire quelque chose. Il consacra un peu de temps à Chester et le laissa se promener sur son genou pendant qu'il réparait sa cage. Mais cela ne l'occupa pas longtemps. Après avoir réprimandé l'insecte parce qu'il tenait très mal son ménage, après avoir regarni son garde-manger de feuilles fraîches, il dut bien se rasseoir et attendre l'appel de Dénicheur.

C'est curieux, se dit-il, comme, dans une situation de ce genre, on a l'impression d'avoir le moral attaché au bout du fil d'un yo-yo. Tantôt le baromètre se traîne au sol, tantôt on devient dangereusement euphorique. Ce matin, par exemple, il avait commencé la journée la crête en l'air. Mais maintenant que la matinée devenait milieu du jour et qu'il était toujours sans un mot de son pilote FAC, sa bonne humeur commençait à s'effilocher.

Après tout, ce qu'il venait de vivre eût suffi à transformer en pessimiste Candide lui-même. En cinq jours, il n'avait qu'entrevu le rotor d'un hélicoptère de sauvetage. Il les avait entendus venir, mais quant à approcher, et surtout à se poser... Rien ne s'était produit. A quoi bon se leurrer ? Il valait mieux regarder la réalité en face. Certaines batteries de DCA étaient bien cachées, enterrées si profondément que même un rat d'égout aurait eu du mal à les trouver.

Si les hélicoptères ne pouvaient pas l'approcher, ne ferait-il pas mieux de chercher lui-même une sortie ? D'essayer de partir à pied ? Et même s'il parvenait à traverser le champ de mines, pourrait-il échapper à tous les Niaks lancés à ses trousses et qui surveillaient sans doute le moindre de ses mouvements ? Les chances étaient minces, mais il existait une possibilité. Et il n'était pas inconcevable que certains des paysans acceptent de l'aider. Non, idée à éliminer. Au prix où sa tête était mise, chacun n'aurait qu'une envie : se l'approprier.

Il avait passé des heures à étudier sa carte et à envisager les possibilités d'évasion dans toutes les directions. Vers l'ouest, il lui faudrait marcher près de cent cinquante kilomètres avant d'atteindre la frontière du Laos. Ensuite, il devrait franchir le Mékong — ce qui revenait à peu près, dans l'état où il se trouvait, à traverser le golfe du Mexique. Et impossible de prévoir ce qui l'attendrait sur l'autre rive.

Vers le sud, il finirait peut-être par rencontrer des amis — à condition de pouvoir passer à travers l'avant-garde de l'armée ennemie progressant dans cette direction. Avec la chance qu'il avait en ce moment, il ferait route jusqu'à Saigon au beau milieu des lignes du front ! Cela lui rappela un vieux souvenir, un incident de son enfance. Avec son nigaud de cousin, il avait décidé de creuser un trou dans l'arrière-cour pour aller en Chine. Soudain, son cousin avait jeté sa pelle à sable par terre en disant : « C'est une idée idiote. Je me refuse à faire un trou à travers l'Enfer simplement pour aller en Chine. » Hambleton avait la même impression quant à une évasion éventuelle vers le sud.

Bien entendu, partir vers le nord était exclu. C'était le Hilton de Hanoï en route directe.

La seule possibilité était donc l'est — vers la mer. Mais cette direction non plus n'était pas sûre. Il serait encore derrière les lignes ennemies et il ignorait ce qu'il trouverait en arrivant sur la côte (s'il y arrivait). De quelque côté qu'il se tourne, aucune direction ne semblait très séduisante.

L'autre éventualité était : Bouffe ton maïs, fais tes

113

prières, occupe-toi l'esprit avec des pensées positives, accomplis un petit objectif chaque jour, et laisse à l'Armée de l'Air le soin de te sauver ! Ils savaient exactement où il se trouvait, et dans quelle condition physique. Ils savaient aussi qu'il était en possession de toutes ses facultés. Euh... de la plupart d'entre elles, en tout cas. Il ferait donc appel à elles, attendrait patiemment et laisserait les copains faire leur boulot. Pas question de leur compliquer encore la tâche en se baladant dans la campagne pour jouer à cache-cache à la fois avec l'ennemi et avec ses meilleurs amis.

Tout cela était extrêmement raisonnable — n'empêche qu'à midi, son moral avait atteint une sorte de nadir. Aucun signe des hélicoptères ; pas un mot de Dénicheur ; il ne parvenait même pas à entrer en liaison avec lui. Le temps était beau, tout le secteur, calme. Quel était le problème, cette fois, bon sang ?

Il envisagea toutes les explications plausibles. Peut-être un autre appareil descendu. Ou du mauvais temps à la base. Pourtant il ne pouvait pas empêcher une pensée obscure, inavouable, de se matérialiser dans son cerveau.

Dieu Tout-Puissant, l'avait-on abandonné ?

Dans la salle de conférences du poste de commandement des Forces de l'Air, le colonel Walker se tourna vers les équipages assis en face de lui. Les combinaisons de vol des hommes étaient tachées de sueur. Leurs visages trahissaient leur fatigue. Walker parla d'une voix très basse.

— Très bien, messieurs, terminé. Je n'ajouterai qu'une chose. Je sais que vous vous cassez tous le cul depuis que cette invasion a commencé. Au cours de la semaine dernière, nous avons battu le record des avions descendus et vous avez fait un sacré travail. Mais n'oubliez pas, surtout vous, les hélicos, l'endroit grouille d'ennemis, prêts à lancer n'importe quoi sur vous, depuis des obus de DCA jusqu'à des bouteilles de saké. Alors faites gaffe. Des questions ?

Il n'y en avait pas.

— Parfait. Le capitaine Clark exécutera donc son plan, tel qu'il a été conçu et vous a été exposé ; il vous fera passer le mot si le secteur n'est pas assez sûr. Bonne chance, messieurs.

Les équipages rassemblèrent leurs affaires et s'éloignèrent lentement vers la porte.

— Capitaine Clark ?

Le pilote du Dénicheur se tourna vers Walker.

— Colonel ?

— Je voudrais vous parler.

— Affirmatif.

Quand tous les aviateurs eurent quitté la pièce, Walker se rapprocha de Clark, et scrutant attentivement son visage, demanda :

— Depuis quand n'avez-vous pas dormi une nuit entière ?

— Je vous l'ai dit, colonel. Je me repose normalement et je suis en permission.

— Des clous ! Je vous laisse partir pour cette mission-ci. Espérons que ce sera la dernière. Mais ensuite, quoi qu'il arrive, je vous consigne dans vos quartiers pour douze heures.

— Mais colonel, je suis en permission. Le règlement de l'Armée de l'Air ne permet pas à un commandant de dicter à un...

— Le règlement de l'Armée de l'Air ne permet pas à un capitaine qui se prend pour un petit malin de répondre sur ce ton à un officier supérieur.

— Non, colonel.

Walker étudia longuement le pilote exténué.

115

— Vous connaissez bien Hambleton?

— Nous avons parlé, colonel.

— Je veux dire personnellement?

— Je ne l'ai jamais rencontré, colonel.

— Intéressant. Et me direz-vous pourquoi vous tenez tant à rester sur cette mission? Vous avez reçu votre ordre de mutation! Pourquoi vous portez-vous volontaire? Vous savez aussi bien que moi qu'un autre pilote peut vous relever.

Clark haussa les épaules.

— Tout le monde a l'air de vouloir en faire un vrai plat, colonel. Comme si j'étais une espèce de cinglé. Mais je ne suis pas fou... C'est peut-être parce que j'ai passé beaucoup de temps derrière les lignes ennemies, et que je sais comment les choses se présentent là-bas. Ou peut-être parce que j'ai pris part à plusieurs missions de sauvetage semblables. Je connais les ficelles, et quand nous sortons un type de là, ça me fait quelque chose. Ne me demandez pas d'expliquer. Tout ce que je sais, c'est qu'il y a un bonhomme de cinquante-trois ans planté là-bas, et qu'il se défend comme un lion. Alors j'essaie de me mettre à sa place, et j'espère qu'un autre type ferait la même chose pour moi. Bon dieu, je ne sais pas pourquoi, mais il faut que je reste sur le coup jusqu'au bout. Pas de quoi en faire un fromage.

Walker se racla la gorge.

— Clark, je ne sais pas si je dois demander pour vous une médaille ou un examen psychiatrique. Vous êtes peut-être bon pour les deux. Le temps que je me décide, foutez le camp d'ici, nom de dieu!

— Oui, colonel.

Il s'éloigna vers la porte, tandis que Walker lui lançait:

— A propos de cette mission. Faites gaffe à vous, Denny.

116

Le ronronnement lointain des moteurs de Dénicheur fit bondir Hambleton hors de son trou. Il alluma sa radio.

— Comment va, Bat Vingt et un ?

— Un jour pourri, Dénicheur. Le calme plat.

— Nous allons mettre un peu d'animation. Je te balance un paquet-secours.

Hambleton regarda sa radio, incrédule. Un paquet-secours ! Et pourquoi donc ? Il était censé filer d'ici.

— Tu as bien dit « paquet-secours » ?

— Affirmatif. Pour te maintenir le moral jusqu'à ce que les ventilos entrent en scène. Et sois prêt, hein ? Terminé.

Merde ! Que se passait-il encore ? Sûrement un autre nouveau retard. Qu'est-ce que ces foutus... Oh, au diable ! Au moins y aurait-il à manger dans le paquet-secours. Et du bon. Et de l'eau. Et des cigarettes. Et des piles neuves pour la radio...

Hambleton entendit le bourdonnement du petit FAC. Il le vit venir, volant bas et lentement, directement sur sa position. Puis il aperçut la porte de la carlingue ouverte et un container s'en échappa : à peine si le parachute eut le temps de s'ouvrir — l'objet métal avait déjà atteint le sol.

Hambleton jura. Le container avait atterri du mauvais côté de la ligne Maginot.

Il entendit aussitôt la voix de Dénicheur :

— Parachutage dans le mille, Bat ?

Hambleton prit le temps de regarder plusieurs soldats ennemis foncer vers la boîte métallique.

— Infect, répondit-il enfin.

— Pas d'importance. C'était un factice.

— Un *quoi ?*

— T'expliquerai plus tard. Ils ont beaucoup tiré, à mon passage ? Rien de gros ?

117

— Rien vu, non. Quelques crachotis.

— Super. Garde l'écoute. Terminé pour l'instant.

Hambleton secoua la tête, incrédule. Qui était fou, lui ou eux ?

— Dénicheur à Bat Vingt et un. J'écoute.

— Ici Bat Vingt et un, bien reçu.

— Prépare-toi à faire de la fumée. Les ventilos arrivent.

Le cœur de Hambleton ne fit qu'un saut. Il ne pouvait en croire ses oreilles.

— Prière répéter, Dénicheur.

— Les ventilos arrivent. Prépare la fumée.

Dieu soit loué ! C'était donc bien vrai. Ils arrivaient, *enfin !* Il s'agita, vérifiant ses fusées, réunissant les quelques objets qu'il emporterait.

Pendant qu'il s'activait, les pièces du puzzle s'assemblaient peu à peu dans son esprit. Bien sûr ! Pas si fous que cela, les gars. L'idée était de faire croire aux Niaks qu'ils renonçaient à l'idée de son sauvetage. En parachutant ostensiblement du ravitaillement pour lui permettre de tenir, ils espéraient amener l'ennemi à baisser sa garde pour l'arrivée des hélicoptères. Et par-dessus le marché, le petit Dénicheur avait servi de leurre pour prendre la température du secteur. Quel pilote, ce Dénicheur ! Ce dingue béni s'était payé le luxe de voler aussi bas et aussi lentement que possible au-dessus du camp ennemi, appelant sur lui la défense antiaérienne, tâtant le terrain afin de calculer le risque pour les ventilos. Si les autres ne donnaient pas dans le panneau... !

Dieu merci, le petit avion ne s'était attiré que quelques éternuements d'armes automatiques. Et les unités de sauvetage pensaient probablement que l'hélicoptère d'accompagnement, avec ses canons, pourrait s'occuper de cela. Ils avaient donc décidé d'agir. Bon sang de sort !

Quelle ardoise il allait faire au bar du mess avant d'avoir payé cette dette !

Un instant, il se demanda s'il emmènerait Chester ou non. Etrange, cette affinité qui était née entre l'insecte et lui. Mais c'était une erreur de le couper de son territoire, de son environnement. D'ailleurs, il risquait trop de se faire écraser pendant l'opération de sauvetage. Et, n'importe comment, Chester ne tarderait pas lui aussi à avoir des ailes et à prendre son propre essor.

Il tendit le bras, ouvrit la petite cage et retira doucement le ver velu de son nid. En le voyant ramper sur sa paume, Hambleton éprouva un ridicule sentiment de tristesse. Il disait adieu à un ami. Dans la hiérarchie des êtres vivants, on trouvait difficilement plus humble que la chenille qu'il tenait dans sa main. Pourtant, c'était une amie. Tous deux avaient vécu ensemble des heures sombres.

Précautionneusement, il reprit l'insecte et le remit dans sa demeure, sans en refermer le toit. Il arracha quelques pousses tendres d'un buisson et les lui offrit.

— A un de ces jours, Chester, murmura-t-il. *Vaya con Dios !*

Il entendit le *tcheug-tcheug* très reconnaissable des rotors. Puis il vit les hélicos. Deux minuscules crottes de mouche à l'est dans le ciel. Ils arrivaient vite : un hélicoptère de sauvetage et son accompagnateur armé. Dénicheur appela :

— As-tu les ventilos en vue, Bat Vingt et un ?

— Affirmatif, Dénicheur.

— Super. Quitte fréquence Boulanger et passe sur fréquence de veille. Tu pourras guider les ventilos aussi bien que moi.

— D'accord.

Hambleton passa sur la fréquence normale.

— Bat Vingt et un appelle Veille.

Une voix de basse, précise, sérieuse, résonna dans le récepteur :

— Bien reçu, Bat Vingt et un. Ici Ventilo. Reçu cinq sur cinq. Et vous ? Terminé.

— Cinq sur cinq, répondit Hambleton.

— Entendu. Arriverai au-dessus de vous par le nord. Pouvez-vous atteindre la clairière juste à l'est de votre position ?

— Faites comme si.

— Parfait. Effectuerons ramassage à trente mètres plein est de votre position. Envoyez de la fumée et foncez vers nous dès que nous serons à l'aplomb.

— Ça boume, Ventilo.

Fantastique ! L'hélicoptère de sauvetage allait arriver et se poser. Hambleton manquait d'enthousiasme à l'idée d'être remonté au treuil à bord d'un hélico faisant du surplace. Le procédé risquait de prendre plus de temps, c'est-à-dire de l'exposer beaucoup plus au feu de l'ennemi. Il saisit ses fusées, prêt à allumer la première.

Hambleton regarda les hélicoptères se diriger vers la rivière ; en l'atteignant ils obliquèrent vers le nord pour créer une manœuvre de diversion. Puis, tout soudain, ils foncèrent droit sur lui, à pleins gaz et en rase-mottes, le remous de leurs rotors soulevant une traînée de poussière tourbillonnante.

Il ôta la sécurité de ses fusées et se prépara à foncer vers l'espace découvert. Ils se rapprochaient, se rapprochaient... Des coups de feu sporadiques éclatèrent, tirés des positions voisines. Il vit les éclairs de la mitrailleuse et les bouffées de fumée de l'appareil de tête, qui ouvrait la voie à l'hélicoptère de sauvetage en répliquant balle pour balle.

Soudain, sa radio grésilla. C'était la voix pressante de Dénicheur :

— Ventilos ! Ventilos ! Virez à gauche ! Importante

activité artillerie dans le village à midi par rapport à vous. Virez à gauche.

La voix angoissée se transforma soudain en cri :

— A gauche, bordel, les ventilos ! A GAUCHE ! EVITEZ CE VILLAGE ! ÇA BRÛLE !

Hambleton, pétrifié, vit les hélicoptères obliquer brusquement pour s'éloigner du village. Puis, sous ses yeux, le second d'entre eux se transforma soudain en une boule de feu aveuglante. Aussitôt après, l'explosion du canon de DCA fit vibrer ses tympans.

Oh non ! Seigneur, NON !

Il secouait la tête, au comble de l'horreur.

— Ventilo touché ! cria Dénicheur. Il tombe... Il tombe...

Hambleton, muet d'angoisse, regarda l'appareil glisser derrière les arbres, ne laissant qu'un champignon de fumée dans le ciel. Il sentit autant qu'il entendit l'explosion sourde au moment où l'hélicoptère s'écrasa sur le village. Son estomac se souleva. Cependant qu'il regardait l'autre appareil rebrousser chemin et louvoyer vers la rivière.

Puis ce fut le silence. Et la voix de Dénicheur tomba comme du plomb.

— Bat Vingt et un. Nous avons dû battre en retraite.

— Compris.

Hambleton parvint à grand-peine à forcer ce mot hors de sa bouche ; il ne pouvait pas quitter des yeux le bûcher funéraire dont la fumée s'élevait au-dessus du village.

Il s'effondra dans son trou en proie à une peine indescriptible, doublée d'un affreux sentiment d'abandon.

— Tout l'équipage... effacé, murmura-t-il. Cinq hommes... qui essayaient de me sauver.

Il se laissa aller au désespoir.

— Cinq hommes... Cinq hommes...

SIXIÈME JOUR

SIXIÈME JOUR

Trente minutes après minuit. Au poste de commandement de la base aérienne de Korat, en Thaïlande, plusieurs officiers étaient en grande discussion avec le colonel Walker. Le capitaine Clark, furieux, les yeux rouges, jaillit de son siège comme un ressort.

— Mais, nom de dieu, colonel...

— Du calme, capitaine, l'interrompit Walker. Un peu de calme. Et je vous le dis pour la dernière fois. Personne n'a parlé d'abandonner Hambleton. Vous êtes à bout de nerfs, ivre de fatigue.

Clark se rassit.

— J'avais cru comprendre, colonel...

Walker se pencha vers le jeune officier et reprit :

— J'ai dit qu'il fallait *donner l'impression* que nous l'avions abandonné. Ce n'est pas du tout la même chose. Est-ce clair ?

— Non, colonel.

Exaspéré, Walker parcourut le groupe du regard.

125

— Je recommence. L'ennemi va nous mener une vie d'enfer dans le secteur d'Hambleton tant qu'il le croira vivant. D'accord, Clark ?

— C'est probable. Surtout après la mission d'aujourd'hui... Enfin d'hier, corrigea-t-il en regardant sa montre.

— Surtout après la mission d'hier, nous ne pourrons plus rien tenter avec les hélicoptères tant qu'ils resteront en alerte. D'accord ?

— Pas forcément, colonel...

— Forcément, si. Croyez-moi. Donc, l'état-major a mis au point une nouvelle tactique. Et je vais vous l'exposer si vous m'en laissez le temps. Elle fonctionnera ou ne fonctionnera pas. Mais le QG estime qu'elle mérite d'être essayée. Donc, si vous voulez bien me laisser parler...

Clark se détendit, l'air penaud.

— Désolé, colonel. Je me suis mépris. Quand vous avez prononcé le mot « abandon », j'ai pensé...

— Je sais ce que vous avez pensé. Mais croyez-le ou non, Clark, l'Armée de l'Air désire récupérer cet homme autant que vous. Dès la fin de la réunion, vous irez border Hambleton pour la nuit. Et ne faites aucune allusion à notre plan. Secret absolu. Pour des raisons que vous comprenez tous, nous ne voulons pas prendre le risque que les Niaks interceptent votre conversation.

— Bien, colonel.

— Ensuite, vous rendrez compte au PC de votre base. Et vous n'en bougerez pas pendant au moins huit heures. C'est un ordre !

— Bien colonel.

— Voici ce que nous allons faire...

Hambleton regarda sa montre. A en croire le cadran lumineux, il était près de deux heures du matin. Et le sommeil ne l'avait toujours pas emporté sur les pensées

126

qui trottaient dans sa tête. Il avait beau faire, rien ne parvenait à effacer l'image du nuage noir de métal pulvérisé suspendu dans le ciel. Et il ne pouvait pas non plus oublier les paroles de Dénicheur. Elles continuaient de résonner dans son cerveau.

Il essaya de revoir toute cette scène incroyable avec les yeux de la raison. Il savait qu'il n'aurait dû éprouver aucun sentiment de culpabilité. Ces hommes faisaient simplement le travail pour lequel on les avait entraînés. Comme les flics et les pompiers, les équipages des hélicoptères de sauvetage acceptaient les risques qu'ils prenaient lorsqu'ils s'engageaient dans cette unité. Ils recevaient le meilleur entraînement du monde. C'était une bande de gars qui y croyaient ; ils savaient que leurs efforts comptaient pour beaucoup dans le moral de tous les combattants de l'Armée de l'Air. Au long de leur histoire, jamais ils n'avaient renâclé devant le danger, ni abandonné un aviateur abattu tant qu'il était en vie. Même ce qui s'était passé hier ne les arrêterait pas. Ils reviendraient, d'une manière — n'importe laquelle — ou d'une autre. Et ils recommenceraient, aussi longtemps qu'il faudrait, jusqu'à ce que le boulot soit terminé. Pas de regrets, Hambleton. Ce qui est fait est fait.

Et pourtant si, nom de dieu !... Sans lui, cinq braves types n'auraient pas été fauchés au printemps de leur vie. Cinq hommes avaient payé le prix suprême pour un seul. Cinq hommes qui...

Tais-toi ! Coupe le contact, Hambleton ! Ce genre de gamberge ne peut aider personne. Oublie un peu ! Pense à autre chose. Au sexe, par exemple. Ou bien fais un truc constructif. Tu ne peux pas continuer à te ronger les tripes. Passe la main !

Il était sur le point d'entreprendre quelque chose — il ne savait pas encore exactement quoi —, quand il entendit Dénicheur bourdonner au-dessus de sa tête. Le bruit le surprit, il régnait un calme tellement inhabituel !

— A vous, Dénicheur. Ici, Bat Vingt et un.

— Cinq sur cinq, Bat. J'ai une mauvaise nouvelle. Pas de baby-sitter, cette nuit. Besoin de rien ?

Hambleton regarda fixement sa radio, incapable de répondre. Pas de baby-sitter cette nuit ? Que se passait-il donc ? Ce serait la première nuit entière où il resterait complètement seul. Il essaya de masquer son accablement sous une légèreté qu'il ne ressentait pas.

— J'espère qu'on préviendra le type des journaux. Si je n'ai pas mon canard tous les matins, je vais perdre le fil de la bande dessinée ?

— J'y penserai, Bat. N'oublie pas : quoi qu'il arrive, garde la foi. Dénicheur terminé. *Adios.*

— *Adios.*

Hambleton coupa sa radio, perdu dans ses pensées. *Adios ?* Etait-il vraiment abandonné ? L'Armée de l'Air avait-elle décidé qu'il était ridicule de risquer d'autres vies pour en sauver une seule ? Si tel était le cas, ils avaient raison. A un moment ou un autre, il fallait bien tirer un trait.

Il leva les yeux vers le ciel sans nuage. Depuis qu'il était dans son trou, la nouvelle lune était devenue premier quartier. Il ferma les yeux. Et puis, malgré tous ses efforts pour se reprendre, il sentit la tiédeur des larmes sur ses joues.

Le capitaine Dennis Clark essaya de rentrer dans ses quartiers sans bruit pour ne pas éveiller son camarade de chambre. Non qu'il se souciât outre mesure des heures de sommeil de Jake Campbell. Il voulait simplement éviter toute conversation inutile. Il était vanné, et puisqu'il devait renoncer à voler pendant le reste de la nuit, puisque le commandant de la base lui avait ordonné de se mettre au lit, il tenait à en tirer le meilleur parti.

Au diable la douche. Il la prendrait en se réveillant. A l'instant où il ôtait sa combinaison de vol pour se glisser dans les draps, la lampe de chevet de son ami s'alluma. Une voix ensommeillée lança :

— C'est toi, Denny ?

— Qui diable crois-tu que ce soit ?

— Sais pas. J'avais l'impression que tu ne vivais plus ici. Comment se fait-il que tu ne sois pas dans ton zinc ? (Il regarda sa montre.) Bon sang ! Il n'est que trois heures du matin... ajouta Campbell, ironique.

— Tous les avions du secteur restent au sol pendant les huit prochaines heures.

— Ah bon ?

Campbell tendit la main vers son paquet de cigarettes et demanda :

— Qu'est-ce qui se mijote ?

— Ultrasecret. Je te raconterai plus tard. Dors.

— J'ai appris qu'un équipage d'hélico s'est fait descendre. Un vrai coup dur.

— Ouais.

— Comment Hambleton l'a-t-il digéré ?

— Il tient le coup. Il a un sacré cran, le vieux.

— Dommage qu'ils n'aient pas pu le tirer de là. Ce soir tu serais en train de pincer les fesses de l'hôtesse, sur le 707 en partance pour les Etats-Unis.

— Ouais. Dors.

— Pendant combien de temps, je te le demande, tu penses continuer à faire le malin comme si tu étais indispensable au règlement du conflit dans l'Asie du Sud-Est ?

— Jusqu'à ce qu'on en sorte Hambleton.

— Au train où ça va, tu es là à perpète.

— Tant pis.

— J'ai déjà vu des cornichons dans cette putain de comédie humaine, mais à toi le pompon, l'ami.

— On en a déjà parlé. Dors.

— Tu as l'air à cran, vieux. Tu veux que j'aille te chercher une bière fraîche ? Ou un corps chaud ? Il y a deux ou trois infirmières en bas qui viennent d'être évacuées. Je parie qu'elles sont prêtes à se mettre sur le dos...

— Si tu veux vraiment me faire plaisir, Jake, offre-moi une grosse tranche de silence absolu. Et un peu de solitude pour l'assaisonner.

— D'accord, gueule d'empeigne. Mon petit doigt me dit que tu n'as pas envie de bavarder.

Campbell écrasa sa cigarette, éteignit sa lampe et s'enfonça dans ses draps.

— Alors, quelque chose de spécial se mijote, reprit-il. Assez spécial pour qu'on coupe le sifflet à toute l'action aérienne locale. Faut-il que je mette ma combinaison pare-balles brodée ?

— Ce ne sera pas nécessaire. Mais je donnerais fichtrement cher pour qu'Hambleton en ait une.

— Ah ? Pourquoi ? Raconte, merde !

— Parce que dans moins d'une heure, le pauvre diable va subir Armaggedon et le dernier carré de Waterloo en une seule et même séance.

Hambleton se laissa retomber dans son trou. Le cœur lui battait comme un marteau-piqueur dans la poitrine. C'était la fin des haricots. Quoi qu'il arrive, *jamais* il ne reprendrait le risque d'une autre balade jusqu'au jardin.

Au mieux, c'était à vous flanquer la tremblote. Cette fois, il s'en était fallu d'un cheveu. A peine avait-il ramassé plusieurs épis qu'il avait eu la peur de sa vie. Une patrouille vietcong avec des lampes-torches s'était arrêtée non loin de l'endroit où il se cachait, entre les pieds de maïs. Au moins une douzaine d'hommes. Ils s'étaient mis à croupetons pour allumer des cigarettes, et ils avaient discuté ; le bout de leurs mégots brillait quand ils aspiraient la fumée.

Il était demeuré raide comme un cadavre entre les rangs, sans quitter des yeux leurs visages, qui, à chaque bouffée, prenaient du relief comme des masques de carnaval. Puis ils avaient écrasé leurs mégots sous le talon de leurs bottes et s'étaient éloignés lentement, en battant buissons et fossés. Il était demeuré à plat ventre, paralysé, pendant une demi-heure. Merci, Seigneur, pour cette couronne de gravier. Les mines les avaient empêchés de venir dans sa direction. Mais même après leur départ, il avait dû faire appel à toute sa volonté et à toutes ses forces pour revenir dans son trou.

Jamais plus. Même pas si son estomac se mettait à lui ronger la colonne vertébrale. En tout cas, il avait maintenant plusieurs épis de maïs pour le soutenir. Il les sortit des poches de sa combinaison et commença à en manger un, en se forçant à ne pas réfléchir. Mais il avait beau croquer les grains sucrés, il ne parvenait pas à arrêter ses pensées.

Dénicheur ne plaisantait pas. Hambleton avait essayé de l'appeler juste avant d'aller au jardin, et personne n'avait répondu. Et maintenant le silence était étrangement irréel. En général, on entendait toujours le bruit d'un avion, quelque part au loin, même si ce n'était que Dénicheur, ou « Blue Chip », le C-130 du PC aéroporté, qui dirigeait d'en haut la guerre aérienne.

Mais ce soir, rien. Absolument rien. Un silence vide, si vide qu'il pouvait entendre l'air siffler dans ses bronches. Que se passait-il donc ?

Une minute... Il y avait un bruit. Il s'arrêta de mâcher pour écouter. Un son discordant, bizarre, indéfinissable, très loin. Un bruit qu'il n'avait pas entendu depuis qu'il était tapi dans ce trou. Il eut l'impression que dans ce décor, son sens de l'ouïe s'était peu à peu développé — c'était à lui qu'il avait dû le plus souvent avoir recours, puisque ses autres sens étaient tenus en échec. Il essaya de se concentrer sur le bruit, de le mettre au point. Il augmentait en puissance.

Au début, on aurait dit un train de marchandises dans le lointain. Maintenant cela croissait, pour devenir une sorte de padam-padam très sourd, rythmé. Oui, cela se rapprochait. Et très vite !

Son premier mouvement fut de saisir la radio et d'appeler le FAC. Puis il se souvint : pas de baby-sitter ce soir. La terre se mit à trembler. Puis le padam-padam lointain devint de plus en plus fort, de plus en plus grave.

Il s'élança hors de son trou.

Et il les vit. D'énormes boules de feu brun jaune fleurissant à mesure que les grosses explosives détonaient. Elles progressaient en une longue ligne, comme les pas d'un géant se dirigeant tout droit sur lui. Il comprit.

— Nom de Dieu ! Des B-52 ! *Ils bombardent ICI !*

Il se jeta dans son trou.

— *Mais qu'est-ce qu'ils foutent ?*

Il enfonça son casque sur sa tête, se roula en boule et serra les dents.

BA-A-ROU-OU-OUM ! La terre vibra. Le crescendo atteignit son paroxysme, et un cratère s'ouvrit à quelques centaines de mètres au sud de sa position.

— *Bande d'enculés !* hurla-t-il.

La secousse avait failli le jeter hors de son abri. Ses dents étaient si serrées que les os de la mâchoire lui faisaient mal. Il ferma les yeux, remonta les bras au-dessus de sa tête et attendit la bombe qui frapperait son trou et le réduirait en bouillie.

Mais elle ne vint pas. Les ondes de choc commencèrent à décroître cependant que les cratères géants poursuivaient leur avance vers le lointain.

Il se redressa, tremblant de tous ses membres, essuya la poussière de ses yeux, et se mit à ouvrir et à refermer la mâchoire pour soulager la pression du choc qui lui bloquait les tympans. Il passa les mains sur son corps. Hormis le bourdonnement déchirant dans ses oreilles, il avait l'air en bon état. Il avait traversé l'enfer.

Il jura et sortit de son trou pour regarder autour de lui. Aussitôt il l'entendit de nouveau. Le padam-padam. Venant d'une autre direction.

— Oh, mon Dieu !

Son esprit fit un rapide retour en arrière, comme un magnétophone en marche arrière accélérée. C'était donc ça ! C'était la raison pour laquelle il y avait dans la voix de Dénicheur un côté définitif lorsqu'il lui avait dit *Adios*. Ce dernier message était le baiser de la mort. Les adieux officiels de l'Armée de l'Air des Etats-Unis...

Les choses évoluaient-elles donc si mal, qu'ils aient été obligés de le sacrifier, afin de pouvoir bombarder efficacement les soldats et le matériel descendant du nord ? Etait-ce la seule manière de bloquer l'invasion ? Si c'était ça, nom de dieu ! Il n'allait pas rester les bras croisés, jouer les jobards et se faire éparpiller à travers le paysage. Il allait ramasser son .38 et tenter de se tirer de là. Il refusait de crever des mains même de ses propres camarades ! Même s'ils l'avaient abandonné. Il fallait qu'il se décide. Ou bien il empoignait son revolver et s'élançait au pas de gymnastique, ou bien il serait le dernier des lâches, qui se terrait dans un trou au moment où...

Il prit sa décision. Il replongea dans son trou et enfouit ses ongles dans la terre.

Revint le fracas épouvantable, et les explosions se

133

rapprochèrent — cette fois au nord-ouest de sa position. La terre frémit, se cabra sous lui, puis fit des sauts de mouton avant de l'arroser des débris d'un autre cratère qui venait de s'ouvrir à quelques centaines de mètres vers l'ouest.

L'onde de choc lui arracha son casque et ses lunettes lui retombèrent de travers sur le visage. Il écrasa ses poings contre ses oreilles, s'enfouit la tête entre les genoux et continua de chevaucher la terre qui ruait comme un taureau de rodéo. Puis, ainsi que l'autre fois, les explosions s'éloignèrent dans le lointain.

Hambleton s'assit, secoué de tremblements et tenta, mais en vain, de récupérer ses sens. Etre abandonné, soit. *Mais pourquoi diable s'efforçaient-ils de le faire passer dans un monde meilleur ?* Lentement ses yeux se réaccoutumèrent ; le bourdonnement commença à diminuer dans ses oreilles. Il regarda autour de lui en chassant la terre de ses yeux et vit quelque chose qui lui serra la gorge.

Une grosse branche, arrachée à un arbre voisin, s'était écrasée près de son trou — exactement à l'endroit où il avait posé la cage de Chester. Il s'élança pour déplacer la branche. Au-dessous, la cage était écrasée. Une frayeur irrationnelle se glissa en lui tandis qu'il soulevait doucement la petite maison et examinait son contenu.

Il ne vit qu'un cadavre broyé, aplati. Sa chenille...

Puis les tambours lointains se remirent à battre la charge, avançant inexorablement vers lui. D'une troisième direction cette fois. Et tandis que la destruction grondait, de plus en plus proche, il se redressa et brandit le poing vers le ciel noir.

— *Salopards ! Putains de salopards ! Vous avez tué mon ami ! Allez vous faire foutre !*

Puis il se jeta dans son trou et les échos incohérents de

sa voix furent noyés dans le fracas de plus en plus présent des bombes.

Dans la salle de conférences du PC, le colonel Walker et le major Piccard étudiaient des photos aériennes de reconnaissance prises à la suite du raid des B-52.

— Regardez ces cratères de bombes, dit Walker. Il faut le reconnaître à ces pilotes du SAC ! Ils ont piqué les chapelets de bombes autour d'Hambleton avec autant de précision qu'on brode une jupette.

— Qu'on brode une jupette, colonel ?

Walker poussa un grognement.

— J'ai assez de capitaines qui se croient marioles dans l'escadrille, sans que les majors essaient de leur faire la pige.

Piccard entoura le tuyau de sa pipe d'un large sourire.

— Oui, colonel. C'est le plus beau travail de broderie sur jupettes que j'aie jamais vu.

— Et dans la pratique ? Qu'est-ce que les spécialistes ont déduit de ces photos ?

L'officier de renseignements se mit à bourrer sa pipe à petits coups précis.

— Entre autres choses, nous avons une première pour le *Livre des Records*. C'est la première fois qu'on a utilisé un raid de B-52 en diversion pour une tentative de sauvetage aérien. Etant donné que la mission était double — essayer de convaincre l'ennemi que nous avions abandonné Hambleton en lançant une attaque aérienne massive sur son périmètre, et tenter de calmer un peu les choses dans un secteur très chaud — je dirais que nous avons presque certainement réalisé au moins le deuxième objectif.

« Ces photos montrent que nous avons créé une sacrée confusion. Nous avons touché plusieurs emplacements d'artillerie lourde, détruit le site de lancement des SAM et obtenu plusieurs explosions secondaires. Probablement des dépôts souterrains de munitions.

Le capitaine Clark entra à l'instant où Piccard ajoutait :

— Et nous avons peut-être convaincu l'ennemi que nous avons tiré un trait sur Hambleton.

— Je ne sais pas si nous avons convaincu l'ennemi que nous renoncions à sauver Hambleton, dit Clark, mais *lui*, il y croit dur comme fer !

Walker se tourna vers le pilote.

— Vous venez de lui parler ?

— Pas exactement, colonel. C'est surtout lui qui a fait la conversation. Il m'a dit entre autres que nous avions une façon très particulière de porter secours à un vieux copain.

— Il n'a pas compris notre stratégie ?

— Je crois que j'ai tout de même réussi à la lui faire avaler. Sans mettre les Niaks au courant. Ce qui l'a vraiment écœuré, c'est que les B-52 aient tué sa chenille.

Walker lança à Clark un regard incrédule.

— Sa *chenille* ?

— Oui. Le colonel Hambleton s'était lié d'amitié avec Chester. Depuis le premier jour.

— Laissez-moi le temps de comprendre. Vous dites une chenille. Au sens littéral du terme ? Un petit ver plein de poils ?

— Oui, colonel.

Walker tourna le regard vers le major Piccard.

— Sam, vous pensez comme moi, n'est-ce pas ?

Piccard tira sur sa pipe.

— Vous vous demandez si Hambleton n'est pas en train de craquer ? S'il ne commence pas à montrer des signes de déséquilibre mental ? Je ne crois pas. Pas forcément. Pas pour la seule raison qu'il a adopté une chenille. Un trou dans la terre peut difficilement être considéré comme un habitat humain normal. L'existence devient soudain un microcosme. Une personne, dans ces conditions, peut passer beaucoup de temps à étudier des petits détails de la vie qu'elle n'aurait même pas remarqués normalement. Une fois, j'ai parlé à un pilote qui avait été éjecté sur une île du Pacifique. Il y avait vécu plusieurs mois avant d'être récupéré. Il s'était pris d'affection pour une tarentule. Et il n'est pas impossible que la tarentule ait contribué à maintenir son équilibre mental.

— Je ne m'intéresse qu'à celui d'Hambleton, grogna Walker. Il faut qu'il garde sa raison pour que nous ayons une chance de le tirer de là-bas. Bon dieu, cela fait six jours qu'il est dans ce trou ! N'importe quel homme peut perdre les pédales, après ça.

— La nuit dernière n'a pas arrangé les choses, ajouta Clark. Vous imaginez l'enfer qu'il a dû vivre pendant ce bombardement ?

— J'aime mieux ne pas y penser, dit Walker. Je préfère me concentrer sur son sauvetage. Il *faut* que nous le tirions de là !

Il se pencha sur les photos.

— Sam, quelle est votre opinion personnelle ? Avons-nous suffisamment calmé le secteur pour tenter une autre sortie des hélicoptères ?

Piccard ralluma sa bouffarde.

— Les B-52 ont fait beaucoup de dégâts, colonel. Mais ils n'ont pas détruit tous les canons ennemis. Les Nord-Vietnamiens s'enterrent comme des taupes. Etant donné qu'Hambleton se trouve au voisinage immédiat de leur axe d'approvisionnement, ils peuvent remettre des canons en batterie presque aussi vite que nous les détruisons. Et il y a un autre problème...

Piccard montra l'une des photos avec le tuyau de sa pipe.

— Vous voyez ces villages ? A l'ouest de la position d'Hambleton ? Les spécialistes de l'interprétation des clichés ont repéré des batteries antiaériennes enterrées en plein milieu. Selon le rapport d'Hambleton, c'est le canon de ce bled qui a abattu l'équipage de l'hélico.

— Et merde !

— Avec tous les civils du village, les « spectateurs de guerre », comme les appelle Hambleton, les servants des canons communistes se croient en sécurité. Ils savent que l'Armée de l'Air s'est donné pour principe de ne pas massacrer les populations. Alors ils s'installent peinards au milieu des paysans et ils descendent nos avions comme sur un stand de foire.

Walker serra les mâchoires.

— D'accord, Sam. Vous avez analysé le problème. Maintenant attelons-nous à la solution. Nous ne pouvons pas ramasser Hambleton sans supprimer les canons. Et nous ne pouvons pas annihiler les canons parce qu'ils sont terrés au milieu d'un troupeau de civils. Il semble donc qu'il n'y ait qu'une seule formule : enlever les civils.

— Cela paraît tout à fait logique, dit Clark, mais c'est plus facile à dire qu'à faire.

— Pas forcément, répliqua Walker.

Il se tourna vers un sergent, assis au bureau voisin.

— Galotti, appelez-moi le colonel Black au téléphone.

Le sergent décrocha et composa le numéro.

— Qui est le colonel Black ? demanda le pilote.

Walker se dirigeait déjà vers l'appareil.

— Le commandant en chef des Semeurs de Craques, lança-t-il par-dessus son épaule.

— Dénicheur appelle Bat Vingt et un. A vous, Bat Vingt et un. *Répondez !*

Le visage de Clark se plissa d'inquiétude tandis qu'il virait sur l'aile pour faire un autre passage. C'était la troisième fois qu'il tournait au ralenti au-dessus du secteur, et il n'avait toujours pas établi le contact.

Hambleton avait toujours répondu immédiatement à ses appels, comme s'il bondissait sur sa radio à la seconde où Clark emballait son moteur. Mais cette fois, pas de réponse. Quelque chose avait-il mal tourné ? Etait-il malade ? Etait-il... Clark mit à pleins gaz et descendit en rase-mottes. Il entendit le crépitement discontinu de quelques armes légères. Sauf quelques soldats épars qui tentaient des cartons sur lui, les affaires semblaient très calmes dans la campagne ensoleillée.

— Bon dieu de merde, Bat Vingt et un, *répondez !*

— Salut, Dénicheur. Bat Vingt et un toujours là.

Clark poussa un soupir de soulagement.

— Bon dieu, Bat ! Tu m'as foutu une trouille bleue !

— Désolé, Dénicheur. J'avais un appel prioritaire de Mère Nature. Tu as déjà essayé de creuser des chiottes avec un couteau de chasse ?

Clark ne put s'empêcher de sourire.

— Pas encore.

— C'est pas facile. Je me suis dit que si je devais prendre pension ici un bout de temps, autant avoir un peu de confort. Et j'ai commencé à rationner le maïs.

— Magnifique. Mais nous espérons que tu n'en auras pas besoin. Nous avons un autre plan.

— Encore un ? J'espère qu'il est un peu moins dégueulasse que celui de l'autre nuit.

— Il est moins bruyant. Tiens le coup, le temps qu'on l'exécute.

— Allez-y, exécutez. En attendant, moi, j'essaie de ne

139

pas être exécuté par les Niaks. Je suppose que c'est un secret ?

— Bien sûr. On veut tenir les Niaks en haleine.

— Pigé.

— Besoin de rien ?

— Dans le prochain paquet-secours, n'oublie pas le papier-cul.

— Bien compris. Terminé, dit Clark en riant.

Hambleton avait l'air redevenu lui-même.

Le lieutenant-colonel coupa sa radio. Il se sentait mieux. Son vieux pote Dénicheur ne l'avait pas abandonné. Ni l'Armée de l'Air. Ils continuaient de turbiner pour lui. Il était soudain comme un orphelin qui vient de retrouver sa famille.

Il avait eu beaucoup de temps pour combler les trous de l'explication, forcément sommaire, que Dénicheur lui avait donnée du bombardement de la nuit précédente. Un cauchemar, mais il commençait à comprendre. C'était une première. Jamais, à sa connaissance, les unités de sauvetage n'avaient utilisé un raid de B-52 comme manœuvre de diversion. Les B-52 revenaient très cher. En tout cas, même si les Niaks ne croyaient pas que l'Aviation l'ait abandonné (ou peut-être écrasé comme Chester), les choses étaient incontestablement beaucoup plus calmes.

Il prit un épi de maïs dans sa réserve, ôta les enveloppes et se mit à ronger. Les choses étaient si tranquilles qu'il décida de s'asseoir sur le bord de son trou pour prendre son casse-croûte. Pourquoi ne pas jeter un coup d'œil et se dorer au soleil ?

Il le fit, et tandis qu'il mâchonnait, perché sur le rebord de son gîte, une certaine agitation aux abords du village le plus proche attira soudain son regard. Un groupe de

140

soldats s'étaient réunis autour d'un camion de deux tonnes cinq. Ils en sortaient quelque chose. Curieux, il avala sa bouchée et rampa sur le ventre jusqu'à l'orée du bois. Il regarda à travers le couvert et quand il reconnut l'équipement que l'on retirait du camion, son moral retomba à zéro.

Des détecteurs de mines.

Désormais ce n'était plus qu'une question de temps : la seule barrière le séparant de l'ennemi allait être balayée. Il poussa un gémissement. Pendant que l'Armée de l'Air distribuait les cartes, les communistes biseautaient tranquillement les as.

De nouveau, un sentiment de désespoir absolu l'envahit. Saisissant entre les dents son épi à demi rongé, il rampa vers son trou pour avertir Dénicheur.

Gwen Hambleton se tourna vers son amie.

— Marge, je crois vraiment que je ferais mieux de m'abstenir. Quelque chose me dit que je dois rester ici, près du téléphone...

— Ridicule ! C'est justement du téléphone qu'il faut que tu t'éloignes. Depuis une semaine, tu es assise devant lui nuit et jour. Tu as besoin de sortir.

— Mais s'il se passe quelque chose ? S'ils ont besoin de me parler ?

— Ecoute ! Ham est à quinze mille kilomètres. Et il a toute l'Armée de l'Air pour veiller sur lui. Que pourrais-tu faire, toi, s'il avait un problème, dis ?

Gwen hocha la tête.

— Tu as raison. Je ferais peut-être bien de sortir un peu.

— C'est évident, et tu le sais. Et puis, ajouta Marge avec un grand sourire, je n'ai pas besoin de te rappeler que tu as des obligations envers l'association féminine de

141

golf Davis-Monthan. Le tournoi débute la semaine prochaine. Si nous n'allons pas à Phoenix ramasser toutes les coupes, il nous faudra affronter la colère de trente femmes indignées. J'aimerais mieux mourir.

Gwen lui rendit son sourire.

— Je vais me préparer. Je te rejoins dans une seconde. Il y a du thé glacé dans le frigo.

— Je le trouverai. Grouille !

Marge était en train de se servir une tasse de thé quand le téléphone sonna. C'était une voix d'homme. Il se présenta comme appartenant au Centre des Disparus de l'Armée de l'Air, à San Antonio, et demanda Mme Hambleton.

— Elle ne peut pas venir à l'appareil en ce moment. Je suis Marge Wilson, une de ses amies intimes. Vous pouvez me laisser le message ?

L'homme accepta aimablement. A mesure qu'il parlait, les joues de Marge pâlissaient de plus en plus. Quand le message fut terminé, elle posa plusieurs questions, le remercia et raccrocha. Gwen entrait déjà dans la pièce.

— J'espère que je n'ai rien oublié. En ce moment, je ne suis pas mieux organisée qu'une chandelle romaine.

Elle remarqua le visage livide de son amie, accoudée au bar, comme figée sur place.

— Marge ? Qu'y a-t-il ?

— Un coup de fil du centre de San Antonio. Il vaut mieux que tu t'assoies.

— Ce n'est pas...

— Non. Ham va bien. Ham n'a rien. Ils ont fait une tentative de sauvetage et l'hélicoptère a été touché. Pas de survivants. Mais Ham n'y était pas. Il va très bien.

— Oh, mon Dieu...

Gwen s'effondra sur l'un des tabourets du bar et enfouit son visage dans ses mains.

— Je sais que c'est un coup terrible, lui dit Marge.

142

Mais ne te laisse pas abattre. L'officier m'a affirmé qu'ils continuaient à essayer de le récupérer. Ils sont toujours en liaison radio avec Ham. Ils le sortiront de là.

Gwen fouilla dans son sac, en sortit un mouchoir et se tamponna les yeux.

— Je sais bien. Je sais bien. Je ne pensais pas à Gene. (Elle releva un visage torturé et regarda son amie dans les yeux.) Je pensais à ces hommes dans l'hélicoptère... et à leurs familles. C'est tellement horrible !

Milieu de l'après-midi. Exténué d'avoir passé la majeure partie de la nuit sans dormir, Hambleton avait essayé de faire la sieste au soleil — puis il y avait renoncé. Chaque fois que le sommeil était sur le point de le prendre, une nouvelle explosion le réveillait. Les soldats qui manœuvraient les détecteurs faisaient leur travail en conscience. Chaque fois qu'ils trouvaient une mine, ils la détruisaient. Impossible de dormir. Il avait donc rampé jusqu'à son poste d'observation dominant les rizières et il regardait à présent les soldats grignoter le périmètre extérieur de sa ligne Maginot.

De temps à autre, un Sandy tombait du soleil, mitraillait le secteur et disparaissait dans les nuages avec un ululement sourd. Une tactique pour retarder l'échéance — un pis-aller. Au premier bruit annonciateur de l'attaque, les soldats couraient à l'abri, et dès que l'avion avait disparu, ils se remettaient à leur déminage comme si de rien n'était. Dans le courant de l'après-midi, les avions avaient largué deux autres cargaisons de gravier — de quoi augmenter la frustration de l'adversaire, mais sans résoudre pour autant le problème à longue échéance.

Et Hambleton ne perdait pas un seul de leurs gestes. A chaque nouvelle détonation, son moral baissait d'un cran. Soudain, il surprit un bruit insolite dans le ciel. Un bruit différent. Ni la plainte des réacteurs, ni le bourdonnement des moteurs à explosion. Il reconnut la tonalité caractéristique des turbopropulseurs. Un Hercules C-130 ?

Que pouvait bien faire un Spectre dans les parages ? Mitrailler le secteur avec ses canons Gatling ? Ce gros avion lent ferait une trop bonne cible en plein jour ! Risquer un C-130 pour lancer une bordée de mitraille alors que des chasseurs plus rapides pouvaient s'en charger plus efficacement n'avait aucun sens. Alors quoi ?

L'énorme avion camouflé jaillit de derrière une montagne basse. Escorté par deux Sandys, il avançait en rase-mottes, presque au niveau de la cime des arbres, au-dessous des radars ennemis et des systèmes d'interception. Quoi que fît cet appareil ici, il participait forcément au plan dont Dénicheur lui avait parlé...

Hambleton, fasciné, regarda l'Hercules glisser au-dessus du village, un Sandy au bout de chaque aile. Aucun bruit de riposte, hormis quelques coups de fusil épars, tirés par les soldats au sol. Juste au-dessus du village, un tourbillon blanc jaillit de la soute du C-130. Et au-dessus des autres villages, la même chose se produisit : un chapelet de nuages cotonneux naquit, qui papillonnaient vers la terre. Le gros avion acheva son dernier lâcher avant même que les canons antiaériens soient sortis de leurs cachettes, puis il s'éloigna en faisant des sauts de mouton au-dessus des collines, vers le nord, les Sandys sur les talons. Hambleton les perdit de vue. Ils n'avaient pas tiré un seul coup de feu.

Hambleton se gratta la tête. Qu'est-ce que tout ça voulait dire ? Quel genre de cartes venait-on de distribuer dans ce jeu de hasard faussé, aux enjeux illimités, qu'il jouait en aveugle contre les Nord-Vietnamiens ? Quel était l'objectif de ce Semeur de Craques ? Il regarda, songeur, les petits nuages tomber autour des villages.

Hambleton connaissait bien les méthodes du colonel Black. Il lui était même arrivé de prendre un verre avec ce génie excentrique et ronchonneur, qui commandait les services de la guerre psychologique. Le colonel Ed Black, grand bonhomme tiré à quatre épingles, avait une dégaine de professeur d'école de commerce. Une tornade de cheveux blancs frémissait constamment sur son regard furieux et il parlait par saccades comme un jeune diplômé de West Point. Avec leurs AC-130 et leurs U-10 équipés de haut-parleurs, ses hommes lâchaient des tracts de propagande et diffusaient les programmes sonores de la guerre psychologique.

Les Semeurs de Craques avaient remporté des succès. En lançant des tracts imprimés en vietnamien au-dessus des positions fortes de l'ennemi, ils avaient obtenu en moyenne une désertion vietcong par heure de vol. C'était, selon les termes de Black, « une méthode extrêmement bon marché de priver l'ennemi de deux divisions sur le champ de bataille ». Hambleton partageait son avis.

Black lui avait montré quelques tracts de propagande, et les lui avait traduits en anglais. Le premier était un « sauf-conduit ». Il promettait un traitement de faveur à tout soldat ennemi qui se rendrait aux autorités sud-vietnamiennes. L'autre était un simple prospectus disant qu'il allait y avoir une attaque massive dans un secteur donné, et prévenant tous les paysans et les civils de la zone pour qu'ils l'évacuent aussitôt avec femmes et enfants.

— Nous leur promettons également un bon repas chaud et un abri s'ils évacuent les secteurs des combats, lui avait expliqué Black. Quand on ne peut pas prendre quelqu'un par les couilles, il faut l'attirer par le ventre. Le cœur et l'esprit suivent toujours. J'aime bien mon genre de guerre. Très peu de sang versé.

— Et les Vietnamiens illettrés ?

145

— Nous y avons pensé. Nous survolons le coin avec nos « avions-parleurs » jusqu'au moment de l'attaque. Vous avez déjà entendu un de nos zincs ?

Bon dieu, oui, Hambleton les avait entendus ! On ne pouvait passer deux jours sur ce théâtre de la guerre sans entendre un de ces foutus machins ! A réveiller les morts ! les messages enregistrés étaient préparés par les spécialistes de la guerre psychologique, et agrémentés le cas échéant par des interviews en direct des Vietcongs de la région passés dans le camp du Sud. C'était étrangement efficace.

Et il était là, les yeux fixés sur les milliers de tracts qui tourbillonnaient comme le blizzard au-dessus des villages. Bientôt les civils allaient évacuer les lieux. Et certains soldats communistes ne manqueraient pas d'être ébranlés en apprenant que leurs positions n'étaient plus à l'abri de toute attaque.

Nom de dieu ! Les grosses têtes du QG devaient préparer une offensive à tout va. Une fois les civils évacués, ils attaqueraient les villages et neutraliseraient les canons de DCA une fois pour toutes. Ensuite... Ensuite, bon dieu, ils pourraient envoyer les hélicos. Peinards. Alléluia !

Puis il se rembrunit. Il se souvenait de ce que Black avait ajouté sur son programme de guerre psychologique — les missions de harcèlement. Fini le silence !

— Les missions de harcèlement sont très efficaces, lui avait dit Black. Nous les lançons souvent en complément de nos lâchers de tracts. Vous avez déjà entendu nos bandes de chants funèbres ?

— Non, avait répondu Hambleton.

Black l'avait félicité de sa chance. Rien n'était aussi désespérant qu'un hymne funèbre bouddhiste joué au niveau sonore où les tympans éclatent. Ils avaient aussi des enregistrements de bébés en train de pleurer ; de femmes passionnées qui se lamentaient sur la mort de leurs maris et de leurs amants ; des petits sketches en un acte, joués par des acteurs professionnels, qui évoquaient le mal du pays et les dangers liés à la séparation des familles.

— Si cela ne sert à rien d'autre, avait conclu Black, le boucan empêche les Vietcongs de dormir la nuit.

Donc, si tout se passait selon les normes, Hambleton allait avoir droit à une autre nuit sans sommeil. Et les choses semblaient bien se dérouler selon les normes, car l'Hercules jaillit de nouveau de derrière les collines du nord, hélices turbopropulsées mordant l'air humide. Cette fois, il était seul. Les Sandys d'escorte veillaient sur lui de très haut, pour que leur grondement ne masque pas le message des haut-parleurs. Même de l'endroit où il se trouvait, Hambleton dut se boucher les oreilles tandis que les haut-parleurs, déversant Dieu sait combien de décibels, braillaient sur tout le paysage. Le message était en vietnamien, mais Hambleton n'eut aucun mal à en deviner le contenu. Avec les accents plaintifs du dialecte de la région, il avertissait tous ceux qui n'avaient pas pu lire les tracts d'évacuer le village et de partir vers le sud le plus vite possible.

L'avion diffusa son message, puis fila aussi rapidement qu'il était venu, avant que les artilleurs aient pu pointer leurs pièces lourdes.

Hambleton supposa que les Semeurs de Craques reviendraient pendant la nuit. Sous le couvert des ténèbres, ils pourraient tourner au-dessus des villages presque sans être dérangés, en crachant leurs enregistrements et leurs chants funèbres jusqu'à ce que tout le monde en devienne presque cinglé.

Il ne se plaindrait pas. Il savait que l'avion-parleur travaillait pour lui. Et si ça marchait, les chasseurs pourraient intervenir et détruire la puissance de feu qui tenait ses sauveteurs en échec.

Ses yeux se posèrent de nouveau sur les soldats qui manœuvraient les détecteurs de mines. Ils avaient à peine interrompu leurs activités, sauf pour tenter quelques cartons sur les avions à basse altitude. Ils traçaient une allée. Au train où ils avançaient, le champ de mines serait neutralisé dans vingt-quatre heures — en tout cas un couloir permettant de parvenir jusqu'à lui. Les Sandys largueraient d'autre gravier, bien entendu, et continueraient de les harceler. Mais tant que les paysans n'auraient pas évacué les villages, l'Armée de l'Air ne pourrait pas faire intervenir la puissance de feu capable de détruire les canons dissimulés. La course allait être serrée, à qui lui mettrait la main dessus le premier : les Vietcongs ou ses camarades, aussi résolus les uns que les autres ? Quelle que soit la manière d'envisager les choses, il était bougrement fatigué d'être pris pour un pion dans ce jeu d'échecs diabolique.

Les pions ont trop tendance à être sacrifiés.

SEPTIÈME JOUR

La nuit avait été mouvementée. Times Square la veille du Jour de l'An. Le grand rodéo de Calgary, Mardi-Gras à La Nouvelle-Orléans.

L'Hercules de la guerre psychologique, avec ses haut-parleurs à vous briser les nerfs, n'avait pas été la seule compagnie d'Hambleton. Le bombardier BS avait un frère jumeau, beaucoup plus dangereux. Et c'était ce proche parent, l'AC-130 Spectre, qui avait fait une entrée spectaculaire sur la scène de la guerre privée d'Hambleton. Ce dernier avait accueilli cette apparition à bras ouverts. Il lui était arrivé de partir en mission avec ce gros avion lourd et il s'était pris d'une sorte d'amitié pour lui.

Le AC-130 était la dernière version du modèle original, dit « *Puff the Magic Dragon* ». Il avait remplacé le vieux C-47 « *Gooney Bird* », puis les AC-119 « *Stingers* ». C'était un véritable arsenal volant. Des rangées de mitrailleuses et de canons Gatling de 20 mm à culasses tournantes, capables de cracher six mille cartouches par minute, chacun avec une précision absolue, pointaient des sabords de son énorme ventre. Et il transportait suffisamment de munitions pour les alimenter sans arrêt. Parmi les autres armes essayées sur cet appareil, on comptait aussi le canon automatique de 40 mm Bofors et même un obusier de campagne spécial de 105 mm, dont le recul faisait hoqueter le gros avion.

La nuit précédente, depuis son poste d'observation au sol, Hambleton avait été émerveillé. Les feux d'artifice avaient débuté peu après le crépuscule. L'ennemi, au courant de l'attaque imminente depuis le lancement des tracts, avait accéléré ses efforts pour s'emparer de lui. On avait apporté d'autres détecteurs de mines, une demi-douzaine au total, pour forcer le passage à travers la couronne minée.

Ne voulant pas être en reste, le FAC avait envoyé des Sandys pour mitrailler et larguer des soutes entières de gravier. Au crépuscule, le match nul était acquis. Hambleton demeurait protégé... Mais son optimisme s'était effrité avec la disparition du soleil derrière l'horizon. L'obscurité jouait incontestablement en faveur de l'ennemi.

Par bonheur, l'Aviation avait un autre as dans sa manche. Grâce aux Hercules, la nuit put rarement baisser son rideau noir. Volant très bas, au-dessous du balayage des radars, les AC-130 lançaient leurs puissantes fusées d'un million de bougies qui transformaient instantanément la nuit en plein midi. Dissimulé par l'éclat aveuglant du magnésium dans le ciel et restant au-dessous du niveau de détection électronique, le Spectre était virtuellement invulnérable pour les pièces lourdes de DCA. Quand il volait tous feux éteints, le seul moyen de le repérer était au cours des brefs instants où il déchargeait ses canons Gatling. A ce moment-là, ses langues de feu rouges dardaient vers le sol comme celles d'un dragon géant, léchant les vies des hommes qui déminaient.

Au fur et à mesure que la nuit s'étirait, Hambleton commença à respirer un peu mieux. L'Armée de l'Air gagnait du terrain. Elle tenait les Vietcongs en échec, malgré leur nombre croissant. Peu après minuit, les soldats avaient quitté les abords du champ de mines. Après une attaque des Sandys et des AC-130, pour la première fois, ils n'avaient pas repris leur travail.

Et Hambleton vit aussitôt pourquoi.

Dès que les fusées au magnésium se rallumèrent, il aperçut la colonne de réfugiés.

C'était un groupe disparate de vieillards, de femmes, de paysans et d'enfants — des non-combattants qui se conformaient aux conseils des tracts largués par l'avion des Semeurs de Craques. Ils sortaient des villages en longues files et se dirigeaient vers le sud. Ils avaient entassé leurs affaires sur des charrettes à bœufs, des carrioles, des vélos, des brouettes — tous les moyens de transport imaginables. Ils poussaient devant eux toute sorte de bétail et d'animaux de basse-cour dont les bêlements, les braiements et les caquetages ajoutaient à la cacophonie de la guerre.

Hambleton sentit son estomac se nouer. Une demi-douzaine de villages déracinés et des familles entières dépossédées ! Pour que le jeu de la guerre continue ! Etait-il également responsable de cela ? Sans lui, ces paysans ne seraient-ils pas restés travailler leurs champs et vivre leur vie en paix sous le joug communiste ? Peut-être, mais...

Eh merde, Hambleton, tu n'en sais rien ! En tout cas, les soldats laissaient les gens des villages s'en aller sans leur faire obstacle. Puis, tandis qu'il observait la scène tragique qui se déroulait sous ses yeux, il comprit.

On laissait partir les réfugiés, d'accord, mais les soldats avaient soigneusement choisi leur itinéraire. Ils guidaient la colonne le long du périmètre extérieur du champ de mines, le plus près possible de l'endroit où les détecteurs de mines avaient opéré. La raison en était très claire. La retraite de l'ennemi s'expliquait. Les Niaks avaient organisé la colonne de réfugiés de façon à ce qu'elle traverse la zone de feu, tout contre les mines. Ils savaient que l'Armée de l'Air y réfléchirait à deux fois avant de mitrailler si près de femmes et d'enfants.

— Bonté divine ! murmura Hambleton. Quels enculés !

Il ouvrit sa radio, appela Dénicheur et lui expliqua la situation.

— Bien compris, Bat, répondit Dénicheur. La mayonnaise s'épaissit. Il va falloir que nous attendions le départ des réfugiés. Garde le contact.

— Bien compris.

Il allait être difficile à présent, d'arrêter les Nord-Vietnamiens qui s'étaient remis à travailler dans le champ de mines. Sans se soucier de la présence des réfugiés au milieu du chemin quand une des mines détectées explosait, les soldats, inexorablement, nettoyaient un passage. A la vitesse où ils allaient, ils disposeraient d'un corridor au lever du jour — et l'Armée de l'Air ne pouvait rien faire pour les arrêter. En tout cas tant que le dernier réfugié n'aurait pas défilé hors de la zone.

Hambleton regarda sa montre. Presque trois heures du matin. Encore quelques bonnes heures avant l'aube. Si seulement les réfugiés foutaient le camp de là ! Il dut se retenir pour ne pas leur crier de se magner, de mettre la vapeur ! Combien de temps encore pour vider les villages ? Une heure ? Deux ? Davantage ? L'attaque n'était pas prévue avant le lever du jour ; ils avaient donc tout leur temps, ils le savaient, et ils n'étaient pas pressés.

154

Et pour nettoyer un passage suffisant à travers le champ de mines ? Combien d'heures ? A en juger par la fréquence croissante des explosions, les Niaks mettaient les bouchées doubles. Une seule pensée réconfortante : les Sandys pourraient saupoudrer d'autre gravier sans risquer de tuer des civils. En visant bien, il leur serait possible de réensemencer les zones nettoyées aussi vite que l'ennemi les déminait. Mais tout bien considéré, ce serait malgré tout de justesse.

Hambleton se sentait abominablement fatigué. Plusieurs fois, tandis qu'il observait la scène, il s'aperçut qu'il somnolait les yeux grands ouverts. Il fallait qu'il demeure éveillé. Et attentif. Les Niaks se rapprochaient. Mieux valait commander une resucée de gravier à Dénicheur. Tant que le bon vieux Spectre, là-haut, semait ses fusées et que la visibilité était bonne, les Sandys pourraient repérer leur cible et larguer leurs mines avec précision. Il fallait empêcher les autres d'avancer.

Puis il vit l'épais tapis de grisaille se dérouler vers lui à travers les rizières. Il jura. Le brouillard du matin, venu de l'est, montait très vite.

Visibilité nulle. Plus de Spectre, plus de Sandys, plus de chasseurs à réaction. Plus de protection.

La partie était terminée.

Sa tête tomba sur ses bras. Drogué par le manque de sommeil, vidé de toute émotion, il n'était plus capable de penser juste. Pourquoi s'inquiéter de ce qui arriverait ? Cela ne l'intéressait plus. Du tout. Il ne voulait plus jouer. Plus servir de premier prix pour la tombola du Carnaval. Et merde !

De toute façon, s'attendait-on qu'un vieux pépère tînt le coup indéfiniment ? Tout homme a son point de rupture. Et il venait d'atteindre le sien. La partie était perdue. Ils avaient joué le jeu fichtrement serré, mais ils

155

avaient été battus. Et après ? Qu'ils aillent se faire foutre. Fini de lutter.

Douloureusement, il rampa de nouveau dans son trou et s'y laissa tomber. Avant même qu'il ait terminé de tirer au-dessus de lui sa couverture de feuilles et de branches, son esprit fut totalement englouti par le sommeil sans rêve de l'épuisement extrême. Même les détonations sporadiques des mines ne parvinrent pas à le troubler.

— Eh, mon pote, dit Jake Campbell, jamais je n'ai vu les mains d'un pilote crispées comme ça sur le manche à balai. Je croyais que vous étiez tous des fonceurs insouciants et « calmos »...

De son siège dans le cockpit, Clark lui lança un coup d'œil en biais.

— Tu as voulu venir comme observateur, alors observe. Mais épargne-moi tes salades, sinon je fais demi-tour et je te balance dans ton bureau de comptable.

— On devient susceptible ! Un peu tendu ?... Nerveux ?

Clark inclina le O-2 sur l'aile et lui fit décrire un S allongé en long hurlement vers le sol :

— Oui, je *suis* nerveux, Jake ! Tendu à craquer. Et je le resterai tant que je ne saurai pas ce qui se passe sous ce brouillard.

Il se laissa tomber en piqué, tout droit au-dessus de la position d'Hambleton — autant qu'il puisse la déterminer au juger, sous la couche de brume qui commençait à perdre de l'épaisseur. Il accéléra à fond puis cabra l'appareil et remonta à la verticale.

— Tu es obligé de faire ça ? cria Campbell.

— Faire quoi ?

— Ces acrobaties. Je viens d'avaler ma pomme d'Adam.

156

— Ah, les officiers de la solde ! dit Clark avec dédain. Tu t'attendais à quoi ? A une place au concert ?

— J'ai remarqué que tu ne me lances jamais ce genre de vanne, le jour de la paye.

Clark appuya sur le bouton de son émetteur.

— Bat Vingt et un, Bat Vingt et un. Ici Dénicheur. Répondez, Bat. *Répondez !*

Silence.

— Jake, dit Clark en redressant l'appareil avant de faire demi-tour. Je suis inquiet. Hambleton a toujours répondu. Sauf une fois. Il roupille avec sa radio allumée. Je vais descendre plus bas au-dessus du champ de mines. Regarde bien. Essaie de repérer ce que font les Niaks.

— Obligé ?

— Obligé.

Il plongea brusquement et ne reprit l'horizontale qu'à l'instant où ses roues effleurèrent le brouillard près du sol. Les remous de l'hélice firent tourbillonner les traînées de vapeur, et le paysage apparut par plaques.

Campbell regarda derrière lui et poussa un cri.

— Je les vois ! L'hélice a dégagé la brume. J'ai vu plusieurs soldats.

— Ils sont en train de déminer ?

— Peux pas dire.

— On va faire un autre passage.

La brume, dissipée rapidement par le soleil et troublée par les remous des hélices, avait dégagé un vaste segment de la zone minée. Au deuxième passage, le sol était déjà plus visible.

— Banzaï ! cria Campbell. Je les ai vus. Ils ont des détecteurs de mines. Enfin, je crois que c'est ça — de longs bidules fourchus...

— Magnifique ! Ça veut dire qu'ils ne sont pas encore parvenus jusqu'à lui. A quelle distance sont-ils de la ligne d'arbres ?

157

— Je ne sais pas.

Campbell hésita, pris entre ses haut-le-cœur à chacune des « feuille morte » du O-2 et le frisson de l'aventure.

— Redescendons, dit-il.

L'avion vira de nouveau sur l'aile et plongea. Les soldats étaient très près de la ligne d'arbres.

— Tu les vois ? cria Campbell.

— Affirmatif, répondit Clark. La brume doit avoir ralenti les Niaks. Dieu merci, nous n'arrivons pas trop...

— Eh, Clark !

Un petit trou venait de se former dans le verre du cockpit.

— Mais ces salopards nous canardent !

— Qu'est-ce que tu croyais ?

— Foutons le camp d'ici, bordel !

— Le boulot ne fait que commencer. Cramponne tes hémorroïdes et serre les dents.

Clark régla son émetteur sur une autre longueur d'onde.

— Dénicheur appelle Pataugas. A vous.

— Bien reçu, Dénicheur. Ici Pataugas. A vous, répondit la voix du chef de groupe des Sandys.

— Les Niaks n'ont pas atteint Hambleton. Pas encore, mais ça ne va pas tarder. Je vais vous peindre une cible. Juste en limite de la tache de brouillard. Rappliquez *fissa*. Terminé.

— Affirmatif, Dénicheur. Tu marques, je crache.

De nouveau, Clark se mit sur l'aile et piqua. Il prit dans sa ligne de mire les soldats à peine visibles entre les traînées de buée, et lâcha deux fusées de marquage. A peine avait-il ouvert les gaz pour remonter à la verticale que les Sandys entraient dans la danse et que leurs canons de 20 mm aboyaient. Quand Clark reprit son vol horizontal, les soldats fuyaient déjà vers le village, talonnés par le feu du ciel.

158

De sa main gantée, Clark essuya son front en sueur.

— C'était ric-rac. Une demi-heure de plus et les Niaks passaient.

— Nom de Dieu, Clark ! *Attention !*

Clark se tourna vers son ami, qui tendait le bras comme un forcené vers la vitre. Les Sandys, après leur premier passage, étaient remontés pour faire demi-tour et recommencer à mitrailler. Ils passèrent si près du petit Dénicheur que, pendant une fraction de seconde, leur image fugitive emplit le pare-brise. Quand il rencontra le remous des chasseurs, le O-2 faillit basculer, le ventre en l'air.

— Quel est le problème ? demanda Clark en redressant l'appareil.

— Le *problème !* Mais, nom de dieu, ces abrutis nous ont manqué d'un cheveu ! Qu'est-ce que...

— C'est Speedy-Gonzalez. Le chef de groupe. Il croit que son passage est raté s'il ne coupe pas mon antenne en deux. Un brave mec.

— Seigneur ! Toutes les missions sont comme ça ?

— Non. Pas toutes. Des fois, ça devient vraiment dangereux.

Clark posa l'index sur ses lèvres et remonta le niveau sonore de sa radio.

— Bat Vingt et un, c'est toi ? Ici Dénicheur. Répondez.

La voix endormie d'Hambleton se mit à grésiller.

— Ici Bat Vingt et un. Qu'est-ce que c'est que tout ce boucan ?

— Merde, Bat. Tu veux ma mort ou quoi ? Je n'arrivais pas à te faire lever.

— Je crois que je me suis effondré pour le compte. Trop de javas du soir au matin. Ça m'a lessivé.

— Je comprends. On est en train de rafistoler ta clôture. Tous les réfugiés ont déguerpi ?

— Ne quitte pas. Je jette un œil.

Clark se tourna vers son copain et lui lança une claque dans le dos.

— Il va bien. Tu as entendu ça ?

— J'en suis ravi. Sincèrement. Je voudrais pouvoir en dire autant de moi. Je crois que je vais gerber.

— Pas de temps pour ça. On va faire quelques petits passages en rase-mottes sur les villages. Regarde si tu peux repérer des civils.

— On ne va tout de même pas redescendre !

— C'est parti, vieux.

Clark se mit sur l'aile, donna des gaz au petit O-2 et descendit vers le plancher de brume. Ils rasèrent les villages en suivant les rues de terre, si bas qu'ils pouvaient voir à l'intérieur des cabanes, tandis que le remous des hélices aspergeait de poussière les toits de chaume.

Les villages semblaient déserts — en dehors des soldats. On n'apercevait même pas un cochon ou une volaille. Dès le second passage, ils essuyèrent quelques coups de fusil dispersés.

Clark reprit de l'altitude.

— Vu quelque chose ?

— Toute ma vie défiler sous mes yeux.

— Des réfugiés ? Des civils ?

— Non.

— Parfait. Tu as repéré les gros canons ? Cachés dans le village du nord.

— Non.

— Il y a aussi une batterie dans le vieux temple.

— Ils ont tiré sur nous ?

— Pas les gros. Seulement les petits.

— Une consolation. Rentrons.

La radio grésilla.

— Bat Vingt et un appelle Dénicheur. Répondez.

Clark appuya sur le bouton.

— Parlez, Bat.

160

— De là où je suis, aucun réfugié ou spectateur en vue. On dirait qu'ils se sont tous tirés.

— Affirmatif, Bat. Nous n'avons pas vu de soldats non plus.

— Ravi de savoir que les Niaks ont battu en retraite. J'ai vu l'endroit où ils ont laissé tomber leurs détecteurs ; ils étaient salement près. Je m'attendais à me réveiller ce matin avec la gorge tranchée.

— Beaucoup trop près. Le brouillard a dû les retarder. C'est du boulot, de nettoyer un champ de mines dans le cirage. En tout cas, les Sandys viennent de leur accrocher des cactus à la queue. Maintenant que les villages sont libres, on va pouvoir faire entrer en scène les gros oiseaux. Et réduire la DCA au silence une fois pour toutes.

— Je paierai la tournée.

— Entendu, Bat. Reste au sous-sol, hein ? Dénicheur terminé.

Clark passa sur une autre fréquence.

— Dénicheur à tous les chefs d'escadrille. Plus de civils dans le secteur. Tout ce qui bouge en bas est Niak. Aucun changement sur les objectifs assignés. Préparez-vous à tourner autour du poteau. Les gros en tête. Bilk Quatorze, vous me recevez ?

— Cinq sur cinq, Dénicheur, répondit la voix du chef de l'escadrille des F-4.

— Compris. Définissez votre position.

— En orbite au-dessus de la cible. Seize mille pieds.

— Armement ?

— Deux mille quatre cents de vingt mic-mics. Quarante-huit CBU-cinquante-deux.

— Des CBU-cinquante-deux ? Magnifique. Le seul ami du secteur, c'est moi. En orbite à quatre mille pieds au sud-ouest de la cible. Attention, hein ? Je sais que vous vous foutez de moi comme d'une guigne, mais l'officier qui établit la solde est à mon bord.

161

— Le jour de paye approche. Dis lui qu'il est en sécurité. Bilk Quatorze approche.

— D'accord, Bilk. A toi la balle.

Clark mit pleins gaz pour gagner sa position. Tandis qu'il commençait de monter, il remarqua l'air interrogateur de son camarade.

— Un problème, vieux ?

Campbell secoua la tête d'un air ahuri.

— Pas de problème. Je n'ai aucun problème, moi. Ce sont ces pilotes qui ont des problèmes. Qu'est-ce que vous avez contre votre langue maternelle ? Vous ne pouvez pas parler clairement ? Qu'est-ce qu'il va se passer ?

— Tu vas le découvrir. Tu vois ce village à l'est ? Là. L'éclair qui vient de briller en plein milieu ?

— Je le vois.

— C'est le canon qui a descendu l'hélicoptère. Nous allons le mettre hors de course. Voici les F-4.

Campbell regarda, épouvanté, les quatre chasseurs bombardiers fondre sur le village en groupes de deux, le soleil dans le dos.

— Et tu n'as peut-être pas compris, ajouta Clark tandis que la guerre aérienne se déclenchait tout autour d'eux, mais il a été décidé qu'après cette mission, l'officier de la solde payait la tournée à tous les pilotes.

Le regard de Campbell croisa celui de Clark.

— Sors-moi d'ici en un seul morceau, mon pote, et je paierai la tournée à toute cette putain d'armée du Sud-Vietnam.

Le major général Daniel O'Hearn, commandant en second de la Septième Flotte Aérienne, était assis devant le bureau du colonel John Walker. Les deux officiers étudiaient les dernières photos de reconnaissance de la mission du matin. Le major Sam Piccard regardait par-dessus leurs épaules.

— Les hommes ont fait un sacré travail sur ces villages, non ? dit O'Hearn en passant une main noueuse dans ses cheveux blancs.

— Une attaque très réussie, dit Piccard. Presque tous les objectifs primaires définis ont été rasés.

O'Hearn se pencha davantage pour examiner une des photos à la loupe.

— Les positions que vous avez encerclées sur ces collines, autour du village, major... Vous êtes sûr que ce sont des emplacements d'artillerie ?

— Oui, général. Selon nos experts analystes. Ainsi que ceux-ci, dans les bananiers, au nord de la rivière.

— Pourquoi ne les avons-nous pas détruits au cours de la mission de ce matin ?

— Ils n'étaient pas sur la liste des cibles, général. C'est tout nouveau. Ils ont probablement été mis en batterie au cours des dernières vingt-quatre heures.

— Mais comment diable ont-ils pu prendre position sans que nous les repérions ?

— Le brouillard, général. Les Niaks adorent le brouillard. Dès que le temps se gâte, ils se faufilent partout comme des taupes. Ils creusent, et remplacent les canons plus vite que nous ne parvenons à les détruire.

— A ce que je vois, nous n'avons pas encore assaini le secteur. Malgré l'opération d'aujourd'hui.

— Non, général. C'est à cause de cette route, là, qui descend de la DMZ. Le matériel arrive du nord le long de cette grande artère en un flot ininterrompu.

— Et nous n'avons pas le droit de voler au nord de la DMZ pour couper leurs approvisionnements à la source... Drôle de façon de faire la guerre !

— Hambleton n'aurait pas pu choisir plus mauvais

endroit pour tomber sur toute la ligne de front, dit Walker.

O'Hearn se pencha davantage sur une des photos et plissa les yeux :

— Major, qu'est-ce que c'est que ça ? On dirait des caisses entassées près de la zone boisée où se trouve Hambleton.

Piccard regarda l'endroit que le général lui montrait.

— Un tas de cercueils, général. Des cercueils de bois.

O'Hearn leva les yeux vers l'officier de renseignements.

— Des cercueils ? Un tas de cette taille ?

— Oui, général. Rien ne vaut un cercueil pour remonter le moral des Nord-Vietnamiens. S'ils sont sûrs d'aller dans leur Kamavachara éternel dans une jolie caisse en bois toute neuve, ils combattent littéralement jusqu'à la mort. Et ils ont déjà sacrifié pas mal d'hommes dans leur opération pour ramasser le colonel Hambleton.

— A ce que je vois, ils sont prêts à en sacrifier davantage. Faut-il qu'ils aient envie de le cueillir !

— Les Nord-Viets, général, je ne sais pas, répondit Piccard. Mais leurs copains russes, certainement. Comme vous le savez, nous dépensons parfois des millions pour récupérer un missile sous-marin russe coulé au fond de l'océan, à seule fin d'obtenir des informations sur les systèmes soviétiques de verrouillage sur les cibles. Je suis sûr qu'ils ont pressé leurs amis viets de se saigner à blanc pour prendre vivant notre colonel et tous les renseignements sur les systèmes de verrouillage du SAC qu'il a dans la tête.

— Le Pentagone confirme que les Nord-Vietnamiens savent probablement qui est Hambleton.

— Je n'en ai jamais douté un seul instant, général, répondit Piccard. Avec l'aide de leurs amis russes, je serais surpris qu'ils ne possèdent pas son dossier com-

164

plet. Ils ont des fiches sur tous nos officiers clés. Surtout sur ceux qui ont touché aux missiles.

O'Hearn poussa un soupir.

— Nom de dieu ! Quel panier de crabes !

Walker se rencogna dans son fauteuil.

— Je suis ravi que vous soyez venu, général. Cela facilitera notre coordination avec le haut commandement. Les équipages des hélicoptères sont en alerte au sol. Les ordres de sortie sont prêts. Donnez le feu vert, et nous nous lançons.

O'Hearn fixa Walker, puis Piccard.

— Major, faites-moi votre analyse. Nous savons qu'il y a plusieurs canons autour de la position d'Hambleton. N'est-il pas possible qu'il en existe d'autres enterrés ou camouflés ? Des canons que nous ne pouvons pas distinguer sur ces clichés ? Des canons que nous n'avons jamais repérés ? Et même des pièces mises en batterie depuis que ces photos ont été prises ?

Piccard tira sur sa pipe et regarda Walker.

— C'est exact, général. Surtout si près de leur axe d'approvisionnement.

— Et l'ennemi tient absolument à récupérer notre aviateur. Il fera donc tout pour l'avoir, et tentera l'impossible pour nous empêcher de le cueillir avant lui.

— C'est exact, général.

— Dans ce cas, messieurs, poursuivit O'Hearn, je crains que nous ne soyons obligés d'annuler toute nouvelle tentative de sauvetage par hélicoptère.

Le colonel Walker fronça les sourcils.

— Dan, avez-vous bien dit ce que j'ai cru entendre ?

— Oui, John. Une nouvelle tentative des hélicoptères est à exclure.

— Un instant, dit Walker les yeux soudain étrécis. Hambleton vit dans ce trou depuis *une semaine*. Avec rien à manger ou presque, et sans eau. Et ce n'est pas un petit

165

jeunot, Dan. Il est presque de notre âge, bon sang ! Il a sûrement atteint la limite de l'endurance. Les doutes, l'angoisse constante sont en train de le ronger à mort. Et par-dessus le marché, nous avons déchaîné l'enfer autour de lui. Pendant combien de temps encore croyez-vous qu'un homme puisse tenir dans ces conditions ?

— Inutile de me dire tout cela, John. Nous sommes parfaitement au courant, au QG. Et le Pentagone ne cesse de nous tanner pour que nous le récupérions. C'est une des raisons de ma présence.

— Alors vous comprenez que nous ne pouvons pas rester les bras croisés pendant que...

— Ecoutez-moi, John. On ne peut pas dire que perdre un hélicoptère de sauvetage et lancer une attaque de B-52 équivaille à « rester bras croisés ». Pour votre information, sachez que pour obtenir des B-52 en soutien d'une mission de sauvetage, nous avons dû passer pas mal de pommade. C'est le général Abrams en personne qui s'est déplacé pour emporter le morceau.

— J'y suis très sensible, général. Mais ce que vous ne semblez pas comprendre, c'est qu'un de mes hommes est au sol. Jamais dans l'histoire de l'Armée de l'Air, nous n'avons tiré un trait sur un aviateur tombé derrière les lignes ennemies tant qu'il respirait encore.

— Bonté divine, nous ne renonçons pas à Hambleton ! Mais nous devons mesurer les risques. Vous êtes un excellent chef d'unité, John. Un de nos meilleurs. Vous savez que nous ne pouvons pas permettre à nos sentiments personnels de nous dicter une ligne de conduite.

— Tout ce que je demande, Dan, c'est une nouvelle tentative de sauvetage. Pendant que l'ennemi est aux cent coups après le dernier pilonnage. Ils ont sacrément bien failli avoir Hambleton la nuit dernière, grâce au brouillard. Si la brume ne s'était pas éclaircie à temps pour que les Sandys interviennent, toute notre conversation serait académique. Avec leurs détecteurs de mines, ils réussissent à nettoyer notre gravier plus vite que nous n'arrivons à le semer. Le temps presse. Un équipage de ventilo s'est porté volontaire pour un autre essai. Nous n'avons besoin que de votre feu vert. Eh bien, général ?

— C'est non, John.

Walker le regarda puis lança un coup de poing sur la table.

— Mais, général... Pourquoi ?... *Pourquoi ?*

O'Hearn se leva :

— Parce que j'ai écrit hier cinq lettres de condoléances à cinq familles en deuil. Comment justifier à cinq veuves ou fiancées que leurs hommes ont donné leur vie pour tenter contre tout espoir de sauver un seul de leurs camarades ?

— Mais c'est la règle du jeu ! C'est le principe même des unités de sauvetage aérien. Ils sont impatients de se mettre en route ! Bon Dieu, général, *c'est leur devoir.*

— Je n'ai pas besoin que vous me fassiez un topo sur la mission des unités de sauvetage. Dans une situation normale, les hélicoptères auraient cueilli Hambleton depuis longtemps. Mais il ne *s'agit pas* d'une situation normale. Vous demandez aux hélicoptères de sauvetage de pénétrer dans l'un des secteurs les plus chauds du Vietnam. Vous savez à quel point un hélicoptère est vulnérable. Bon sang de bonsoir ! il suffit de lui balancer une pierre pour le descendre. J'ai un devoir, moi aussi, colonel. Celui d'évaluer très sérieusement la situation militaire avant d'engager des hommes et du matériel. Eh bien, j'ai évalué cette situation et les risques ne me plaisent pas du tout. Je n'autoriserai pas une autre mission héliportée dans cette zone de combats. Surtout dans la mesure où nous avons déjà essayé et échoué.

— Et dans votre évaluation, général, avez-vous tenu compte du fait que notre aviateur est un ancien officier d'état-major du SAC ? Que les communistes ne renonce-ront jamais à l'avoir ? Et qu'avec leur système de torture, ils le feront craquer comme une noisette ?

— Oui... Je comprends très bien que nous devons tirer Hambleton de là-bas. Et vite. Mais je ne crois pas qu'autoriser une nouvelle mission-suicide arrangera les choses le moins du monde. Et je pense sincèrement, d'après nos derniers rapports, que c'est une nouvelle mission-suicide que vous me demandez d'avaliser.

Walker se renfonça dans son fauteuil. La décision avait du mal à passer.

— Très bien, général. Si je comprends bien, c'est définitif.

O'Hearn répondit à mi-voix :

— C'est définitif, John. Je sais que vous estimez que je choisis la ligne la plus dure. Et c'est peut-être vrai. Je ne veux pas gâcher inutilement d'autres vies dans ce mer-dier de guerre où tout se joue selon des règles faussées.

— Nous sommes en tout cas d'accord sur un point : il faut sortir Hambleton de là, dit Walker. Comment ? Vous avez une idée ?

— Au QG, nous avons travaillé sur plusieurs idées. Certaines sont assez tirées par les cheveux. Je vous propose de réunir votre propre état-major et de faire une séance de presse-citron.

— Tout de suite. Si tout le monde se creuse la cervelle, il en sortira bien quelque chose. Il le faut.

— Je vais également exciter le Pentagone. Peut-être que les grosses têtes, là-haut, proposeront quelque chose de neuf.

O'Hearn se leva, se dirigea vers la fenêtre et regarda le ciel sans nuages.

— Je sais exactement ce que vous ressentez, John. Croyez-moi, je le sais.

Walker ne répondit pas. Piccard alluma sa pipe

d'écume avec une allumette de cuisine. La fumée lui fit plisser les yeux, et il dit :

— Sherman avait raison, dit-il. Les guerres n'ont plus rien d'une partie de rigolade.

HUITIÈME JOUR

HUITIÈME JOUR

Peu après minuit. Dans la salle de conférences du poste de commandement, le colonel Walker s'adressa à ses officiers d'état-major.

— Messieurs, voici la situation. Le colonel Hambleton confirme que d'autres canons mobiles ont été mis en place dans le secteur depuis que nous l'avons pilonné, hier. Les Viets sont déjà au travail et tout est aussi animé que d'habitude. C'est la raison pour laquelle le quartier général a écarté l'éventualité d'une autre tentative de sauvetage par hélicoptère. Le secteur est trop chaud. Nous devons trouver un moyen de sortir Hambleton de là bas.

« Mettez-vous à l'aise, messieurs. Nous avons prévu des sandwichs et du café. Nous ne quitterons ce poste de commandement qu'après avoir défini un plan de sauve-age ne faisant pas appel aux ventilateurs. Au travail !

Il se tourna vers l'officier de renseignements.

— Sam, donnez le coup d'envoi.

Piccard s'avança vers la carte murale indiquant la position d'Hambleton, et brandit le tuyau de sa pipe.

— La Song Cam Lo coule ici, à environ trois kilomètres au sud de la position d'Hambleton. Près de cette rivière, il serait à l'écart des principaux axes routiers utilisés par l'ennemi. Et en se laissant porter par le courant... La rivière oblique vers l'est et sort de la zone de feu. Nous aurions alors une bien meilleure chance de réussir un sauvetage. Les ventilos pourront accéder à ce secteur sans pépins.

Walker étudia la carte.

— Cela ne manque pas de sens. Une seule difficulté : entre Hambleton et la rivière, il y a un champ de mines, des villages hostiles et des canons retranchés. Sans parler des hordes de soldats vietnamiens. Comment proposez-vous de lui faire gagner la rivière ? Et sans mettre l'ennemi au courant ?

— C'est le problème.

Walker se tourna vers les officiers réunis.

— Très bien, messieurs. Tel est l'objectif. Nous devons trouver un plan permettant à Hambleton de gagner la rivière. Sans perdre une minute.

Hambleton, assis dans son trou, écoutait le bourdonnement du matériel lourd qui descendait sur la route, protégé par le voile de brume.

Il passa en revue les événements des vingt-quatre heures précédentes. Une longue journée. Après l'attaque fulgurante orchestrée par Dénicheur, tout était resté assez calme.

Il avait cru que l'attaque serait aussitôt suivie par l'arrivée des hélicoptères. Puis la matinée s'étant écoulée sans un mot de Dénicheur, sans un battement de rotor, il avait compris qu'ils ne viendraient pas. Son optimisme s'était lentement mué en dépression. Malgré le départ des villageois, qui avait permis aux avions d'attaquer et de raser les villages, à peine les échos de la dernière bombe larguée par les F-4 s'étaient-ils perdus dans les collines que les Niaks mettaient en batterie des canons mobiles pour remplacer ceux qui avaient été détruits. De toute évidence, il n'y aurait aucun répit. Tant qu'il resterait là, le secteur serait un point chaud de la guerre. Jamais l'aviation ne pourrait suffisamment l'assainir pour que les hélicoptères de sauvetage interviennent. C'était impossible.

Il avait probablement signé son propre arrêt de mort en signalant à Dénicheur la mise en place de batteries mobiles dès la fin de l'attaque. Pour peu que le quartier général ait été en train de peser les risques d'une nouvelle mission de sauvetage héliportée, il avait certainement fait pencher la balance en sa défaveur au moment de la décision... Et bien sûr, au milieu de l'après-midi, Dénicheur était venu lui apprendre que les hélicoptères ne sortiraient pas — mais que l'on étudiait un nouveau plan.

Un nouveau plan ! Quel genre de nouveau plan ! Que pouvait-on inventer dans une situation pareille ? Des rêveurs ! Par-dessus le marché, pour arranger encore son problème, il avait bu sa dernière goutte d'eau... Le pire, c'était d'être ballotté en tous sens comme dans une essoreuse. Cela vous met un homme à plat. Il en était aussi à son dernier épi de maïs. Et pour couronner le tout, un de ces salauds de pilotes de F-4 avait cassé ses œufs trop près et volatilisé son potager. Indigne des normes de précision de rigueur. Il avait l'intention d'en toucher deux mots à Dénicheur.

Mais il y avait un aspect positif — bougrement positif, même. L'attaque avait occupé les Niaks. Ils enterraient leurs morts, soignaient leurs blessés, remettaient leurs batteries en ordre de tir et recreusaient leurs trous. Cela

175

leur avait pris trop de temps pour qu'ils songent à relancer leur opération de déminage. Mais ils recommenceraient, bien qu'ils fussent obligés de repartir à zéro. Entre-temps, les Sandys avaient dûment largué plusieurs autres cargaisons de gravier pour renforcer les points faibles de sa barrière protectrice.

Mais maintenant, à près d'une heure du matin, Hambleton était au bout du rouleau. Il avait faim et soif et décida de manger son dernier bout de maïs. Il l'éplucha et le mâcha très lentement, presque grain à grain, écrasant entre ses dents les petites boules et savourant le liquide qui lui glissait dans la gorge.

Ils allaient donc mettre au point un nouveau plan. Pourquoi n'abandonnaient-ils pas, tout simplement ? Il mobilisait la moitié de l'Armée de l'Air et exposait les vies de ses camarades ! Pourquoi ne rentraient-ils pas à la base, en le laissant tirer le couvercle par-dessus sa fosse ? Ils n'avaient qu'à laisser tomber toute cette affaire qui leur causait beaucoup plus d'ennuis qu'il n'en valait ! Et il était si fatigué...

L'appel de Dénicheur le tira de ses pensées. Il alluma sa radio.

— A vous, Dénicheur. Ici Bat Vingt et un.

— Cinq sur cinq, Bat. J'ai une affaire à te proposer.

— J'accepte toutes les conditions. Je ne suis pas dans la meilleure position du monde pour discuter.

— Nous allons essayer un truc différent.

— De toute façon, ça ne peut pas être pire.

— Tu sais exactement où tu es, sur la carte, c'est bien d'accord ?

— Affirmatif.

— Magnifique. Les grosses têtes ont décidé que tu devais faire comme Flipper.

Hambleton leva les yeux au ciel. Qu'est-ce que c'était que cette salade ?

— Bien reçu, Bat ? demanda Dénicheur.

— Bien reçu. J'essaie de comprendre. Tu as bien dit « Flipper » ?

— Affirmatif.

— Accorde-moi une minute.

— Deux.

Hambleton essaya de passer son cerveau épuisé en prise directe. Flipper ? Quel flipper ? Un nom de code pour quelque chose, mais quoi ? Puis il se souvint. L'émission de télévision. Il se gratta la barbe. Flipper le Dauphin. L'ami de l'homme qui vit dans l'eau. L'eau. La rivière. C'était sûrement ça. Ils voulaient qu'il se dirige vers la rivière.

— Je pense avoir compris ton message, dit-il. Je crois que je te suis.

— Bon. Mais pour être sûr...

Le pilote entonna une chanson, reconnaissable malgré sa voix nasillarde.

— Suwannee, je t'aime, oh comme je t'aime, ma vieille Suwannee...

Il chantait très faux. Hambleton grinça des dents mais le sens ne faisait aucun doute. La rivière Suwannee. D'accord, il fallait qu'il gagne la rivière ! Et Flipper le Dauphin ? Ils voulaient qu'il aille *dans* la rivière. Jamais les Niaks qui écoutaient ne pourraient percer ce code-là.

— D'accord, Dénicheur. Bien compris.

— Magnifique.

— Ne quitte pas.

Hambleton prit sa carte plastifiée et l'étala sur ses genoux. Pour autant qu'il puisse en juger, la rivière était à plus de trois kilomètres au sud de sa position. Il jeta un coup d'œil à travers les branches. Il aperçut un groupe de soldats autour d'un feu de camp, dans les restes de l'un des villages. Pendant l'attaque, il avait vu les éclairs de coups de fusil tirés depuis le bosquet d'arbres sur sa droite, dans la direction de la rivière. Il connaissait la position approximative d'au moins trois des nouveaux canons qu'ils avaient amenés et camouflés. Sans parler de tous les autres pièges qu'il rencontrerait avant de parvenir à la rivière. Bon dieu, ce ne serait pas du gâteau !

— C'est à toi de décider, répondit Dénicheur. Tu peux rester sur place et nous ferons de notre mieux pour te sortir de là plus tard. Mais ce serait plus rapide si tu pouvais te rendre dans un endroit plus calme.

— Compris.

— Ce sera du sport, inutile de te le préciser.

— Inutile, en effet.

— Réfléchis. Prends ton temps avant de te décider.

— Entendu.

Hambleton sentit sa tête se mettre à tourner. Il compta les encoches qu'il avait taillées sur son bâton-calendrier. Sept. Cela faisait à présent une semaine entière qu'il vivait dans un trou. Cinq hommes avaient trouvé la mort en tentant de le sauver, des centaines d'heures de vol avaient été dépensées pour lui. L'ennemi allait se remettre à déminer sans tarder. Une seule journée de brouillard, et ils parviendraient sûrement jusqu'à son repaire. Le temps était de leur côté. C'étaient eux qui avaient les atouts en main. Il n'avait plus ni nourriture ni eau. Il était peu probable que l'aviation puisse éliminer les canons pour un sauvetage par hélicoptère, et il ne voulait plus que l'on fasse de tentatives tant que les chances demeureraient aussi faibles. Il ne se sentait pas du tout en bonne forme. Plus il resterait, plus sa résistance physique et mentale se dégraderait. Il prit sa décision.

— Je suis d'accord avec toi, Dénicheur. Il nous faut faire quelque chose, même si ce n'est pas la gloire.

— Bien compris, Bat. Nous travaillons sur une idée.

— J'espère qu'elle sera bonne.

— Quand peux-tu commencer ?

— N'importe quand. Le temps de laisser un petit mot au laitier.

— Magnifique. Je reviens avec le plan. En attendant, repose-toi autant que tu pourras. Tu vas en avoir besoin.

— Bien compris. Une chose, Dénicheur. J'aime voyager de nuit. Ni la journée, ni au crépuscule.

— Compris, Bat. Je reviens de suite. Terminé.

Hambleton s'était engagé. Les dés étaient lancés. Il s'allongea sur le dos dans son trou. Le plan de sortie avait-il une seule chance de réussir ? Peu importait ! Ce n'était pas très excitant, mais il n'y avait pas mieux.

De toute façon, quelles étaient les autres solutions ? Il n'y en avait pas des masses. La protection par les mines, point final. C'était tout. Non, non... Il avait fait le bon choix. N'importe quoi plutôt que de rester à pourrir dans un trou.

Il rampa avec précaution jusqu'à son poste d'observation. Il étudia le terrain, que balayait de temps à autre la lumière d'une lune de cire jouant à cache-cache avec des altostratus. De la brume rampait sur le ventre, épousant le sol, mais la visibilité était légèrement meilleure qu'à l'habitude. Tout était assez calme. En dehors du grondement de la circulation et du cliquetis des chenilles des chars sur la route, on aurait pu croire à un clair de lune sur l'Arizona. A l'est, près du village, il distingua un petit groupe de soldats en train de décharger un camion, tous feux éteints. Probablement d'autres détecteurs de mines pour remplacer ceux que l'attaque aérienne avait détruits.

Il ressentit un pincement d'angoisse. Ces mines ! Comment allaient-ils se débrouiller pour lui faire traverser le gravier ? Bon sang, oui, comment ? Il faudrait un hélicoptère, ou une grosse grue articulée qui puisse tendre le bras et le cueillir dans son trou. Il n'existait pas d'autre moyen. La couronne défensive qui avait tenu l'ennemi en échec allait sûrement le garder prisonnier dans sa petite réserve...

Malgré la sueur, il frissonnait. A eux de jouer, merde ! Les grosses têtes du QG devaient avoir leur petite idée. Dénicheur avait dit qu'ils travaillaient sur un plan. Il leur faisait confiance, c'est tout ce qu'il pouvait faire. Mais de toute façon, s'il devait traverser ce champ de mines, autant essayer de mémoriser le terrain.

Juste à l'ouest, se trouvaient des rizières de plusieurs ares, entourées de petits fossés. Les labours venant d'être terminés, le riz n'était pas encore planté et il n'y avait pas d'eau dans les fossés. Un sentier étroit courait sur la petite butte séparant les fossés de chaque rizière. De loin en loin, sur ces levées, se dressaient de petites touffes d'arbustes susceptibles d'offrir une vague protection s'il était obligé de plonger dans l'un d'eux.

La terre labourée depuis peu présentait un inconvénient majeur qu'il ne devait pas oublier. L'empreinte de ses bottes équivaudrait à son arrêt de mort. Rares sont les soldats vietnamiens chaussant du quarante-six. Toute personne qui découvrirait ses traces saurait aussitôt dans quelle direction il allait. Il ne serait pas plus difficile à suivre qu'un ours ivre. Il allait être obligé de jouer serré. Et de garder la tête froide.

Et de l'autre côté du village, que trouverait-il ? Dans quel piège imprévisible allait-il tomber ? En plus des Niaks en uniforme et sans uniforme... que dire des serpents, des insectes venimeux et autres prédateurs qui cherchaient asile dans les mêmes cachettes que lui ? Et s'il...

Allons, du calme, vieux ! Ne traverse donc qu'un pont à la fois. Commence par passer ce champ de mines, ensuite tu aborderas les problèmes au fur et à mesure qu'ils se présenteront. Un à la fois.

180

De retour dans son trou, il commença ses préparatifs de départ. Il prit le gilet de survie et fit son inventaire. Mieux valait être équipé aussi léger que possible. Numéro un : les fusées-crayons. Elles étaient petites mais lourdes. Dénicheur lui avait dit qu'elles ne seraient probablement pas nécessaires. A abandonner. Quelques billets en argent thaï. Il n'aurait probablement pas l'occasion de faire son marché avant d'atteindre la rivière. A enterrer. De même pour le masque à oxygène — à quoi pourrait lui servir un masque à oxygène dans la rivière, surtout sans oxygène. Le casque ? Le débat mental dura un peu plus longtemps. Le casque l'avait bien protégé, et lui avait servi d'oreiller pendant une semaine. Mais il était trop lourd, trop facilement repérable. Non sans hésitation, il préféra l'abandonner aussi.

Il emporterait le couteau, le revolver, la trousse de secours, la radio, l'autre type de fusées, les gants et les bottes. Et, bien entendu, ses lunettes. Elles étaient devenues pour lui une sorte de fétiche, son armure et son bouclier. Tant qu'il aurait ses binocles, il avait l'impression que, d'une manière ou d'une autre, il se débrouillerait. En plus, frapper un homme muni de lunettes était contraire aux règles du fair-play, n'est-ce pas ?

Il fourra les objets qu'il abandonnait à l'intérieur de son casque. Puis il mit le tout au fond du trou et le recouvrit avec la terre qu'il avait sortie, allant jusqu'à repiquer une petite fougère dans le sol meuble, pour que l'endroit ne soit pas identifiable dans un jour ou deux quand les feuilles des branchages sécheraient. Puis, avec une branche brisée, il effaça ses empreintes, lança un dernier regard à l'endroit où il avait passé la semaine la plus longue de sa vie, et non sans appréhension, rampa jusqu'au bord de la clairière.

Il alluma sa radio et attendit le message de Dénicheur.

181

Le capitaine Clark entra dans le poste de commandement. La lumière vive et le nuage de fumée bleue qui emplissait la pièce le fit cligner des yeux. Il se dirigea vers une table proche de l'estrade, où se trouvaient une grande machine à café et un plateau garni de sandwichs. Il se versa une tasse de café, prit un jambon-pain de seigle, et passa au milieu des petits groupes d'officiers en sueur pour gagner la carte murale que ne quittaient pas des yeux Walker et un autre colonel d'aviation, que Clark ne connaissait pas.

Walker leva les sourcils en apercevant Clark, et lui montra du doigt la dernière photo de reconnaissance du secteur où Hambleton se cachait, agrandie presque à la dimension du mur. L'autre colonel travaillait sur la carte : il dessinait un itinéraire en zigzag de la position d'Hambleton jusqu'à la rivière. Clark observa pendant un moment en silence. Dès qu'il eut terminé de dévorer son sandwich, Walker le prit par le bras.

— Capitaine Clark, voici le colonel Ott.

— Mes respects, colonel.

— Ravi de vous connaître, dit Ott. C'est vous, le FAC d'Hambleton, si j'ai bien compris ?

— L'un d'eux, colonel.

— Son ange gardien, plutôt, dit Walker. Comment va-t-il ?

— Difficile à dire, colonel. La façade a l'air bonne. Il conserve son sens de l'humour. Quand je lui ai demandé s'il voulait partir, il m'a dit : « Le temps de laisser un petit mot pour le laitier. »

Ott sourit.

— Ça ne m'étonne pas de ce salopard.

— Le colonel Ott est un vieux camarade de golf d'Hambleton, dit Walker. C'est lui qui a mis au point le plan pour faire passer Hambleton jusqu'à la rivière.

— Magnifique, dit Clark. Il est prêt à se lancer.

— Je ne sais pas encore si le plan est réellement « magnifique », répondit Walker. Mais l'état-major de l'unité est enfermé dans cette pièce depuis hier midi, dès après que nous avons reçu l'ordre d'écarter toute nouvelle tentative de sauvetage par héliportage. Nous avons vraiment tout envisagé, depuis creuser un tunnel pour le cueillir jusqu'à lui parachuter un ballon et de l'hélium sous pression pour qu'il s'envole tout seul. Je ne vous parlerai pas de certaines autres perles. La nuit a été longue.

— Mais vous avez défini un plan ?

Walker se frotta les paupières du bout des doigts.

— Il faut bien l'appeler ainsi. Il est complètement farfelu, mais l'état-major estime qu'il mérite un essai. Dieu veuille qu'il marche. Frank, montrez à Clark ce à quoi nous avons abouti.

— Comme le colonel Walker vient de vous le dire, Clark, je suis un vieux copain de golf d'Hambleton. Nous avons joué de sacrées parties, tous les deux. Partout dans le monde. Je ne sais pas si on vous l'a dit, mais Hambleton est l'un des meilleurs golfeurs de l'Armée de l'Air. Handicap cinq, vous vous rendez compte ? Il me dégoûte, ce salopard ! Bref, rapprochez-vous de la carte, je vais vous expliquer le projet.

Clark écouta, étudiant les lignes en zigzag qui avaient été tracées sur la feuille de plastique. Quand Ott eut terminé, il referma la bouche — sa mâchoire inférieure s'était affaissée peu à peu —, puis il avala sa salive.

— Je crois que c'est le truc le plus tordu que j'aie jamais entendu.

Hambleton, allongé dans les buissons, somnolait en luttant contre le sommeil pour ne pas manquer l'appel de

Dénicheur. Il attendait depuis si longtemps ! Dans deux heures, l'aube naîtrait. Ne ferait-il pas mieux de revenir vers son trou et de se terrer à nouveau avant le lever du jour ? Ne ferait-il pas mieux de... Mais ça y était ! Le bruit des moteurs de Dénicheur... Allah est grand !

Il essaya de maîtriser le tremblement de sa voix.

— Dénicheur ? Ici Bat Vingt et un.

— Bien reçu, Bat. Bascule sur fréquence Delta.

Il se mit sur la longueur d'ondes D.

— Sur Delta.

— Cinq sur cinq, Bat. Les Niaks vont chercher cette fréquence, taille tes messages au plus court.

— Bien compris.

— Prêt à déployer tes ailes ?

— Avec l'aide de Dieu.

— Magnifique. Tu connais ta destination ?

— Affirmatif.

— Bon. Et nous allons t'y mener, tu vas voir. Si j'ai bien compris, tu es un sacré joueur de golf ?

Hambleton fronça les sourcils et fixa sa radio.

— Répétez, Dénicheur.

— Golf, Bat. Tu joues au golf, non ?

— Oui, bien sûr.

— Et tu as joué sur beaucoup de grands parcours.

Qu'est-ce que c'était que cette histoire ?

— Je connais beaucoup de terrains de golf, oui.

— J'espère que tu t'en souviens.

— Oui.

Il s'était toujours appliqué à mémoriser les parcours et les trous. Comme un bon voyageur de commerce, un golfeur doit connaître son territoire.

— Magnifique. Parce que nous allons jouer un joyeux dix-huit trous.

Et puis quoi encore ? Hambleton regarda sa radio sans y croire. N'était-il pas en train de rêver ? Le pilote FAC

184

était fou. A force de tension nerveuse, il arrive des drôles de trucs aux pilotes qui asticotent un peu trop leur tapin.

— Une partie de golf ? dit-il.

— Affirmatif. Avec ton vieux pote le colonel Frank Ott.

Frank Ott ! Ce vieux saligaud ! Qu'est-ce que ça voulait dire, bon dieu ? Ott n'était même pas dans le secteur des opérations.

— Tu piges, Bat ?

— Compris. Je vais jouer dix-huit trous avec Frank Ott. Je prépare mes clubs.

— Plus tôt tu démarreras du tertre de départ et mieux ce sera. Nous pourrons peut-être faire plusieurs trous avant le lever du jour. Préviens-moi quand tu seras prêt.

Les yeux d'Hambleton parcoururent le ciel en quête d'assistance. Bonté divine ! De toute évidence, le jeune pilote avait craqué. Il fit cliqueter sa radio : affirmatif.

— Notre premier trou est le numéro un du National de Tucson, dit Dénicheur.

Une minute ! La voix du pilote n'avait pas l'air de dérailler.

— Tu dis que je vais commencer par le trou numéro un du terrain de golf de Tucson ?...

— Affirmatif. Avant de prendre ton élan, assure-toi que tu es bien en ligne. Il y a de très mauvais pièges sur ce trou.

— Une seconde, Dénicheur. Je discute ce coup avec mon caddy.

— Prends ton temps, Bat.

— Parfait.

Voyons un peu. Il fallait aborder le problème rationnellement. Il était censé gagner la rivière. S'il pouvait se laisser dériver sur une certaine distance, il sortirait de cette fournaise. Et pour parvenir sur les berges de la « Suwannee », il allait jouer dix-huit trous de golf. Enfin,

185

le premier trou devait être le numéro un du National de Tucson. Pourquoi le numéro un de Tucson ?

Il se remémora le beau terrain, au nord-ouest de la ville, semblable à un plaid vert jeté sur les genoux des montagnes roses et pourpres. Il avait joué sur ce parcours des centaines de fois avec le vieux Frank Ott. Mais pourquoi ce terrain de Tucson ? Et pourquoi le trou numéro un ?

Une seconde ! Ce trou était en longueur et en droite ligne. Plusieurs centaines de mètres de longueur — 430 mètres exactement. Et avec des « pièges » de sable. Pourquoi pas le septième trou ? Il avait à peu près la même longueur. Pourquoi pas... Puis l'idée lui vint. La direction ! C'était ça : la *direction !* Le numéro un de Tucson était orienté au sud-est. Et la rivière se trouvait en gros au sud-est de sa position. Bon Dieu ! C'est ça ! Dénicheur n'était pas cinglé. Il était génial !

Quel plan ! Probablement inspiré par Frank Ott ou un autre de ses vieux copains de golf. Tel était le code qu'ils utiliseraient pour ne pas le trahir si l'ennemi écoutait. Les Niaks ne connaissaient pas plus la direction du premier trou du National de Tucson que Hambleton l'itinéraire d'une course de sampans à Haïphong.

Son moral yo-yo remonta à toute allure. Dieu merci, il était navigateur. L'appréciation des orientations était devenue pour lui une seconde nature. Quand il jouait au golf, il portait toujours une petite boussole en sautoir. Et il était capable de dessiner de mémoire une bonne demi-douzaine de terrains, en déterminant la position des trous à quelques degrés près.

— Bat Vingt et un à Dénicheur. Je suis prêt à jouer.

La réponse de Dénicheur semblait chanter.

— Au ton de ta voix, je vois que tu sais ce que nous essayons de faire.

— Je crois, oui.

— Magnifique. Un petit conseil. Vérifie bien le trou numéro un. Il traverse une zone de gravillons. La dernière attaque des F-4 a creusé un couloir étroit dans le champ de tulipes.

— Bien compris.

Un silence, puis :

— Bonne chance, Bat Vingt et un.

— Merci, Dénicheur. La balle est sur le tee.

— En avant ! répliqua la voix aussitôt.

Hambleton se redressa près de l'un des arbres bordant son refuge. Toute une gamme d'émotions tourbillonnaient dans sa tête : la crainte de quitter son sanctuaire ; le soulagement de se lancer dans un projet positif susceptible d'aboutir à la liberté ; une bouffée d'euphorie d'être debout, en train d'agir en être humain et non plus en animal traqué comme depuis sept jours.

Il regarda autour de lui. La lune était étouffée par des nuages d'altitude et le terrain devant lui ressemblait à une flaque d'encre de Chine émaillée de taches grises de brouillard. Unique trou dans les ténèbres, une lueur orange vers le sud-ouest, à l'endroit où, dans la nuit, les avions avaient mis le feu aux longs ponts de bois. Un des sept cercles de l'enfer, irréel, à la fois sinistre et attirant.

Il sortit sa boussole. Il connaissait la direction du premier trou et il avait compris l'allusion de Dénicheur au champ de tulipes. Dans le noir, il avait du mal à distinguer le cap de 135 degrés sud-est. Il fit sa visée et s'aligna sur le contour un peu plus sombre d'une touffe de buissons au loin. Il prit son maintien de golfeur — un sourire timide erra sur ses lèvres — et fléchit les jambes. Tous ses muscles étaient raides, mais il se concentra sur sa posture... Les pieds solidement plantés... Le bras tendu... Puis amorçant une rotation des hanches, mains bien serrées sur un club imaginaire, il frappa l'invisible.

En plein dans l'axe.

— Et maintenant, il faut suivre, murmura-t-il. Chaud devant ! Mon vieux Ham, allons-y !

Il se lança. Vers le no man's land. Doucement, avec précaution, il posa un pied, tâtant son chemin plus qu'il ne le voyait, bloquant son haleine dans sa poitrine par crainte de faire du bruit... Chaque contact avec le sol devenant une petite éternité. Il pria pour que ses amis, là-haut, aient bien repéré l'axe du couloir dans le gravier, et il continua d'avancer, douloureusement, en luttant contre ses muscles et ses os qui protestaient après s'être imprégnés pendant une semaine d'humidité. Il avait arpenté assez de gazon de golf pour savoir que sa foulée normale était d'environ un mètre, et il comptait ses pas, s'arrêtant souvent pour vérifier sa boussole.

Sa vue s'adapta à l'obscurité, mais il avait du mal à distinguer le buisson qui lui servait de repère. « Ne quitte pas cette touffe des yeux, et avance tout droit », ne cessait-il de se dire en essayant de chasser les mines de ses pensées. Ce n'était pas facile : le spectacle des soldats déchiquetés par ces explosifs trompeurs continuait de lui flotter dans l'esprit. Oui, les F-4 étaient excellents, mais avaient-ils détruit toutes les mines du corridor ? Rien n'était moins sûr. Cette sacrée ligne droite comportait peut-être des pièges cachés.

Il s'arrêtait souvent, écoutait, reniflait le vent... Il repéra un mouvement vers le sud. Les soldats avaient eu le temps de récupérer depuis l'attaque et ils se préparaient à reprendre leur déminage. Ils étaient à des centaines de mètres de lui, mais il hâta le pas malgré tout.

Au bout de trente minutes, il sentit qu'il se fatiguait très vite. L'exercice inhabituel, la tension constante à cause du gravier et des Niaks, commençaient à le marquer sérieusement. Il serait très vite obligé de se reposer. Il était à peu près arrivé au nombre de mètres qu'aurait dû offrir le premier trou lorsqu'il tomba sur l'embranchement d'un sentier qui partait en deux directions. La touffe d'arbustes était juste à l'embranchement. Il s'enfouit à l'intérieur et se figea, à l'affût du moindre bruit révélateur. Puis il alluma sa radio et se mit à chuchoter.

— Bat Vingt et un à Dénicheur. Estime premier trou joué.

— Bien compris, Bat Vingt et un. Près de la fourche ?

— Affirmatif.

— Félicitations. Je n'ai pas aperçu d'explosions. Tu as dû éviter les pièges de sable. Certains des trous que tu vas jouer n'auront peut-être aucun sens pour toi. Mais ils ont tous une raison. En premier lieu, nous essayons de te maintenir à l'écart des terrains mous. Pour que tes chaussures de golf ne s'enfoncent pas dans la terre. Alors, attention !

Hambleton d'un coup d'index sur le bouton, indiqua qu'il avait compris.

— Prêt pour le prochain trou ?

Nouveau coup d'index.

— Parfait. Il s'agit du numéro cinq de Davis-Monthan.

Hambleton réfléchit un instant. Le cinquième trou à la base aérienne Davis-Monthan était orienté plein est. Environ quatre cents mètres. Un trou facile. Il vérifia sa boussole, respira à fond et partit sur un cap de quatre-vingt-dix degrés. Il distingua la silhouette d'un bosquet dans le lointain et se mit à compter ses pas.

Ses yeux s'habituaient mieux à la nuit. Il voyait nettement la sente étroite et les petits buissons de chaque côté. Il était certain d'avoir quitté la zone de gravier. Il respira un peu mieux. Environ quarante minutes plus tard, le nombre de pas était atteint. Il regarda autour de lui. Le petit bouquet d'arbres était à quelques enjambées. Il s'y précipita.

Il ne s'était pas rendu compte de son degré de faiblesse.

Il s'assit un moment, attendant que ses poumons se calment. Puis il rendit compte de sa progression à Dénicheur.

— Magnifique, dit le pilote. Un autre trou en un seul coup ?

— Crois-tu qu'on pourrait le faire en quatre coups ?

— C'est vrai, tu n'es pas Jack Nicklaus. Mais tu as tout de même une chance d'améliorer ton score. Le prochain trou est le numéro cinq de la base aérienne de Shaw.

— Bien compris. Le numéro cinq de Shaw.

Tout en reprenant son souffle, Hambleton se concentra. Le numéro cinq de la base aérienne était légèrement incurvé vers le nord-est. Il regarda sa boussole pour prendre son alignement. Il vérifia deux fois, déconcerté. Ce cap le conduirait vers le village est, — celui que l'ennemi avait fortifié. Bien entendu, la dernière attaque des chasseurs l'avait dûment pilonné, mais c'était le village dont les canons avaient abattu l'hélicoptère. Mieux valait croire qu'il était déserté, à présent. Dénicheur et les grosses têtes devaient en savoir plus long que lui. A moins qu'il n'ait fait une erreur de calcul en jouant l'un des trous.

Non. Dénicheur contrôlait sa progression, et jusqu'ici il était tombé en plein sur sa cible. S'il s'en était écarté, le pilote l'aurait averti. Il fallait qu'il joue leur jeu ! Dénicheur suivait sa position exacte par triangulation, grâce aux clics de sa radio. Pourvu que les Niaks ne soient pas justement en train d'en faire autant !

Il se mit en mouvement pour faire ce troisième trou. Il se dirigeait vraiment vers ce village ! Après deux cents mètres de marche, il dut s'arrêter pour se reposer. Son rendement moyen chiffré en kilomètres à l'épi de maïs était très faible. Il s'accroupit au milieu du sentier et étudia la ligne des cabanes. Sans aucun doute, le *green* de la fin de ce trou était juste à l'orée du village. Le prochain trou allait probablement le contourner.

Il se releva, serra les dents et partit ; se rasant très bas, il décompta chaque mètre d'un clic de sa radio. Ce qu'il considérait comme le *green* de son troisième trou était une grosse touffe de buissons dans une rizière, légèrement sur sa gauche. Il se mit à quatre pattes et rampa jusque-là, pour ne pas laisser d'empreintes sur le sol mou. Une fois à l'abri, il demeura un instant immobile, l'oreille tendue. Etrange. Pas un bruit. C'était irréel. Tout le monde dormait-il ou bien le gros des soldats s'était-il déplacé vers le sud, avec la ligne du front ? Jusqu'ici, tout avait été facile. Peut-être trop facile.

Il appela Dénicheur.

— Bien reçu, Bat. Comment ça se passe ?

— Il fait noir, ici. Je ne cesse de perdre mes balles.

— Ce n'est pas le moment. Tu vas en avoir besoin. Prêt pour le quatrième trou ?

— Presque.

— Parfait. Tu te souviens du quatorzième des Masters ?

Comment aurait-il pu oublier ce trou ? C'était toujours celui qu'on montrait à la télévision pendant le tournoi. Combien de fois Hambleton avait-il suivi les Masters, une bière à la main et le nez collé à l'écran. Le quatorzième trou, entre tous, était difficile.

— Je m'en souviens très bien, Dénicheur. Il est mauvais. Des tas de pièges.

— Affirmatif. N'oublie pas. Un tas de pièges.

Hambleton recomposa le parcours dans sa tête. Le trou quatorze du Club national de Golf d'Augusta est axé... voyons... est-nord-est. Avec un petit coude sur la gauche. A ne pas oublier ; vérifier les caps à la boussole. Un trou assorti d'un parr quatre, distant de plus de quatre cents mètres. Quatre cent vingt, pour être exact. Il définit la direction de base à la boussole. Impossible ! *Cela le faisait passer au beau milieu du village !*

Dénicheur ne s'était-il pas trompé, cette fois ? Bon sang, si seulement il pouvait discuter du village avec lui ! Mais c'était exclu. Si un Niak écoutait, cela lui donnerait immédiatement sa position.

— Dénicheur, je demande confirmation. Le quatorzième trou des Masters ?

Il y eut un silence. De toute évidence, Dénicheur vérifiait sur sa carte.

— Affirmatif, Bat. Je répète : attention aux pièges.

Il ne s'était donc pas trompé. Les grosses têtes avaient décidé de lui faire traverser le village. Mais pourquoi ? Il eût été aussi facile de le contourner. D'un côté ou de l'autre. Plus long, certes, mais beaucoup plus sûr. A moins qu'il y ait des obstacles de part et d'autre du village.

Ma foi, ils devaient le savoir. Ils avaient leurs tuyaux. Et il avait vu l'avion des photographes passer à plusieurs reprises au-dessus de son trou, si haut parfois dans le ciel qu'on avait du mal à le distinguer à l'œil nu. Avec les progrès de la photographie aérienne, l'altitude n'était pas un problème. Il avait lui-même déjà vu des clichés saisissants de sa base, pris à plus de neuf mille mètres. Avec les objectifs haute définition et les émulsions à grain très fin, on parvenait à agrandir la photo au point de distinguer la main victorieuse au sein d'un groupe de mécaniciens en train de jouer au poker près de l'un des hangars. Oui, les analystes devaient avoir étudié les photos de reconnaissance les plus récentes en les confrontant aux renseignements provenant d'autres sources. Ils connaissaient mieux le terrain que lui.

Cependant, il ne faut jamais sous-estimer les Niaks ! L'armée régulière était composée essentiellement de Nord-Vietnamiens — des types coriaces, tapant fort, rusés et bien entraînés. Et passés maîtres dans l'art du camouflage. Il avait vu des soldats ennemis se déguiser avec des branchages de façon si trompeuse qu'ils ressemblaient davantage à des buissons que les vrais buissons. Et certains camouflages ne pouvaient être percés à jour, même sur les photos prises à l'infrarouge. Comme le canon qui avait descendu l'hélicoptère. Et comme le...

Et merde, entrons dans le jeu de Dénicheur. Dans une équipe, il n'y a de place que pour un seul capitaine. Faisons-lui confiance... Il était épuisé, à bout de nerfs et déshydraté. Au point de bousiller n'importe quoi. Il fallait qu'il écoute Dénicheur, là-haut, point final. De plus, il jouait sa partie avec le vieux Frank Ott, et Ott ne le laisserait jamais tomber.

Malgré tout, il murmura dans sa radio :

— Une chose, Dénicheur. S'il y a trop de monde sur le parcours, je ne pourrai peut-être pas utiliser la radio. Si je suis pris dans un *bunker*, je me servirai du bip, sans paroles. Si je ne peux pas sortir la balle du sable, je t'enverrai un long bip avant de détruire mon émetteur.

— Bien compris, Bat Vingt et un.

La voix de Dénicheur lui parut accablée.

Détruire sa radio ! Quelle connerie ! Les Niaks en avaient des stocks, récupérées sur des aviateurs abattus. Mais bon sang de bougre, il ne leur en laisserait pas une de plus — sans compter l'ajout à leurs listes des fréquences utilisées par l'Armée de l'Air. Il appliquerait strictement les règles : résister à la capture et détruire sa radio.

Pendant un quart d'heure, Hambleton observa le village sans bouger, l'oreille aux aguets. Aucun bruit. Pas le moindre mouvement. Pas même un grognement de porc ou le caquetage d'un poulet. Pas de feu, pas d'odeur de cuisine. Un véritable caveau. La Cité du Silence.

Les premières lueurs de l'aube coloraient déjà l'horizon. D'accord, il était grand temps de partir. Impossible de perdre une précieuse seconde de plus. C'était un des trous les plus délicats. Peut-être celui où se perdrait ou se gagnerait toute la partie. Souviens-toi : ne lève pas la tête et surveille le swing de ton club. Accompagne le mouvement avec tout ton corps...

Finie la théorie, passe aux actes, mon vieux.

— Bat Vingt et un appelle Dénicheur. Je pose la balle sur le dé.

— Bien compris, Bat Vingt et un.

NEUVIÈME JOUR

NEUVIÈME JOUR

Au Pentagone, le président de l'Etat-major général Interarmes fit claquer son crayon à bille sur la table.

— Attendez. Une minute, colonel. Voulez-vous reprendre, je vous prie.

L'officier de renseignements s'arrêta au milieu de la lecture de son exposé.

— Oui, amiral. A partir d'où, amiral ?

— Quelques phrases plus haut. Ai-je bien compris ? Vous avez dit qu'Hambleton se dirige vers la rivière *en jouant au golf* ?

— Oui, amiral. J'ai fait vérifier. C'est exact.

— Pourriez-vous préciser ?

— En fait, l'idée a été mise au point à l'état-major de la 388e escadrille. Et approuvée par la 7e Flotte aérienne. On a superposé un terrain de golf imaginaire de dix-huit trous à la dernière photo de reconnaissance du secteur d'Hambleton. Il s'agissait de déterminer le meilleur itinéraire possible pour éviter les camps ennemis, les emplacements d'artillerie et les villages hostiles. Les neuf premiers trous doivent le conduire à la Song Cam Lo. Pour les neuf autres, il les fera en se laissant flotter le long de la rivière.

— C'est à ne pas croire, dit le président.

— C'est vrai, amiral. A l'aube, heure du Vietnam, Hambleton a terminé les quatre premiers trous sans incident. Il va se reposer jusqu'à la tombée de la nuit afin de continuer la partie.

— Je suppose que le pilote FAC lui fournit les indications.

— Oui, amiral. Trou par trou. Il est improbable que les Nord-Vietnamiens comprennent le jargon des golfeurs, même s'ils repèrent la fréquence utilisée.

L'amiral Moorer se tourna vers le chef d'état-major de l'Air.

— John, c'est la chose la plus tordue que j'aie jamais entendue ! Qui a conçu le scénario ? Alfred Hitchcock ?

Le général Ryan sourit.

— Quand l'idée a commencé à se cristalliser, quelques-uns des anciens partenaires de golf du colonel Hambleton ont été contactés. Ils ont tous participé. Outre ses camarades de club à Tucson et au Vietnam, on a fait appel à l'un de ses amis, à Hawaii, et au colonel Don Buchholz, ici au Pentagone. Hambleton est, paraît-il, un sacré joueur.

Moorer secoua la tête.

— Il a intérêt ! C'est très astucieux. Trouvez-moi une photographie de ce parcours. Je veux suivre sa progression personnellement.

— Tout de suite, amiral, répondit l'officier de renseignements.

— Bien. Et que cette affaire-là soit entourée de toutes les précautions de sécurité. Si cela marche, nous serons peut-être amenés à réutiliser cette technique.

— Oui, amiral.

Moorer poussa un soupir.

— Pourquoi pas une partie de golf cinglée au milieu d'une guerre démente ? C'est logique, après tout.

Hambleton regarda sa montre. Minuit passé. Bientôt le moment. Il s'étira sans bruit et cambra son dos courbatu. Une journée impossible, presque sans sommeil.

La nuit était si calme et la journée si animée ! La veille, pendant la traversée du village — son quatrième trou — les bâtiments éventrés évoquaient le décor en carton-pâte d'un film abandonné. Pas une âme. Un seul petit incident avait entravé sa marche. Il avait trébuché dans le noir sur quelque chose qui s'était révélé être un cochon mort. Cela lui avait remonté le moral. S'il y avait eu quelqu'un dans les parages, l'animal serait sûrement en train de rôtir sur un feu de camp au lieu de pourrir dans la rue.

Il avait compté le nombre de pas du quatorzième trou des Masters et s'était retrouvé près d'une grange, de l'autre côté du village. C'était là qu'il se trouvait encore, sous un tas de foin, attendant la protection de la nuit pour dissimuler la suite de ses mouvements.

Après le silence absolu de la nuit, la journée avait été surprenante. Il avait encore dans les oreilles le grondement sourd du matériel de guerre se dirigeant vers le sud, sur la route voisine. Vers midi, l'odeur de la cuisine vietcong l'avait réveillé en sursaut. L'arôme agréable du thé flottait jusqu'à lui depuis une cabane toute proche, maintenant occupée par une douzaine de soldats. Peut-être les servants de l'une des pièces d'artillerie antiaérienne qui venaient d'arriver. Dieu merci, songea-t-il, l'Armée de l'Air avait opté contre l'envoi d'autres hélicoptères. La DCA que les Vietcongs avaient enterrée dans le secteur les aurait pulvérisés.

Au fur et à mesure que la fin d'après-midi et que le jour finissant se muaient en ténèbres, le village s'était de nouveau enseveli dans le silence. Après les repas du soir, il avait entendu les soldats rire et bavarder pendant quelque temps. Mais ils avaient peu de lampes (aucune lumière électrique) et pas grand-chose à faire, aussi s'étaient-ils couchés tôt. L'un après l'autre, les feux de camp s'étaient éteints. Les ronflements avaient très vite remplacé les bavardages.

Aucun avion ne vint interrompre leurs rêves. En dehors de quelques bruits au loin — Hambleton estima qu'il s'agissait des soldats qui manœuvraient les détecteurs de mines — tout était calme sur le front du nord. Presque la paix.

De toute évidence, les Niaks n'avaient pas encore trouvé l'axe du trou numéro un, ni franchi la couronne de mines et découvert son absence. Sinon, l'endroit grouillerait de patrouilles lancées à sa poursuite. Mais ils y parviendraient sans conteste, et à ce moment-là, plus il serait loin de son ancienne bauge, plus il serait en sécurité. Il était temps de se secouer un peu.

Il se dégagea du foin et s'arrêta pour écouter. Sa bouche avait le goût d'une feuille de papier journal qui a protégé pendant huit jours le fond de la cage d'une perruche. Bon Dieu, qu'il avait soif ! Depuis combien de temps était-il tombé à court d'eau ? Il ramassa un brin de paille et se mit à le mâcher pour faire monter la salive. Il avait tellement faim qu'il aurait mangé un cheval. Il tapota son ventre creux. En tout cas, Gwen serait fière de lui ; il lui serait permis d'oublier les Taillefine pendant un sacré bon bout de temps. Il regarda de nouveau sa montre. Minuit vingt. L'heure prévue pour son contact avec Dénicheur. Il alluma sa radio, et Dénicheur répondit aussitôt.

— Comment va, Bat Vingt et un ?

— Acceptable. Soif et faim. Mon estomac est persuadé qu'on m'a coupé la gorge.

— Je comprends, Bat. Nous avons aussi un plan pour ça. Prêt à démarrer ?

— La balle est déjà sur le tee.

— Magnifique. Cette fois, nous allons jouer un trou très intéressant. Le Country-Club d'Abilene. Trou numéro quatre. Ça te dit quelque chose ?

A travers la brume de l'esprit d'Hambleton, le souvenir fit surface et explosa comme une torpille.

— Si ça me dit quelque chose ? Tu rigoles !

— Je m'en doutais.

— J'ai fait ce trou en un coup !

— Je sais.

— Il y avait une petite brise d'ouest. C'était tôt le matin. J'avais choisi un bois numéro cinq et...

— Peu importe, coupa Dénicheur en riant. Je me fous des commentaires. Ce que je veux, c'est que tu recommences.

— Compris.

Comment Dénicheur pouvait-il être au courant de ce coup d'Abilene ? Frank Ott ? Il n'était pas présent. *Qui* était avec lui, ce jour-là ? Il fouilla dans sa mémoire. Gwen ? Qui d'autre ? Wilson ? Allison ? Bonté divine, ils avaient dû traquer tous les vieux copains de golf qu'il avait jamais eus ! Bénis soient-ils !

— J'attends, Bat. Tu veux peut-être que je joue à ta place ?

— Entendu, Dénicheur. Je frappe.

Assez ruminé. Il fallait qu'il se concentre sur son jeu. Le numéro quatre à Abilene était plein est, droit comme une flèche, 195 mètres. Il prit sa boussole et fit sa visée. Le parcours s'étendait à travers les abords du village puis dans le noir, vers la rivière. Il éprouva un pincement de crainte. Les quatre premiers trous traversaient un territoire connu. Il avait eu toute une semaine pour étudier le terrain dans son trou. Mais maintenant, c'était une tout autre aventure. Il partait vers l'inconnu et n'avait pas la moindre idée de la situation au-delà du village.

Le moment était venu de la découvrir. Il sortit de la grange avec mille précautions, en scrutant le sol pour éviter les branches ou les brindilles qui, en craquant sous ses pas, risquaient d'alerter les soldats tout proches. Aussi silencieux qu'un léopard, il se pencha en avant, vérifia son cap et se mit à compter ses enjambées. Il parvint bientôt au bout de la grand-rue traversant le village, et le sol devint mou. Il chercha un terrain plus ferme.

Attention aux empreintes. Reste sur le sentier battu. Probablement la raison pour laquelle on lui avait fait traverser le village au lieu de le contourner. Ou peut-être y avait-il deux raisons : la grand-rue, avec toutes ses traces de pas et de véhicules ne trahirait pas son passage ; et le village serait le dernier endroit où ils le chercheraient s'ils découvraient son trou vide. Malins, les Yankees, dans le hangar des grosses têtes !

Il avait compté cent mètres. Le moment était venu de se reposer un peu, d'écouter et de reconnaître le terrain. Il y avait une petite cabane un peu plus loin. Il allait s'y rendre et se mêler aux ombres indécises que projetait la lune, déjà au premier quartier ou presque. La cabane avait été éventrée, son toit tombait ; visiblement, elle était déserte. Il se glissa vers la porte et il allait se faufiler à l'intérieur lorsqu'un mouvement violent éclata dans le noir.

Un poulet s'envola dehors avec des caquètements furieux. Hambleton tomba à genoux, le pouls battant à tout rompre. Merde ! De quoi vous donner une crise d'apoplexie. L'oiseau poussa deux ou trois cris de plus et atterrit dans la rue. Hambleton regarda, tentant désespérément de recouvrer sa respiration semi-normale.

Puis soudain, sa peur disparut, effacée par quelque chose de plus fort : la faim. Bon Dieu ! Un poulet ! De la viande ! A manger ! Quel délice ! Même s'il fallait le dévorer cru !

Tapi dans les ombres du seuil, il observa l'animal. Une fois calmé, le volatile s'était mis à picorer dans le gravier du fossé, sur le même côté de la route. Son long cou se détendait vers le sol spasmodiquement. Il se rapprochait. Quand il fut à deux mètres, Hambleton vit, dans la lumière faible, son chapon se transformer en vieux coq famélique, grand oiseau décharné dont la crête pendait bizarrement sur un œil. Il serait aussi coriace qu'une semelle de savate. Tant pis. Hambleton était, lui, infiniment plus coriace encore ! Il sortit son couteau et se prépara à bondir.

Allons ! Petit, petit, petit... Un peu plus près ! Allons ! Il fallait que le premier coup soit le bon. Il allait lui régler son compte d'une main infaillible. Et avec le minimum de bruit.

Il bondit ! Mais au même instant, une autre ombre jaillit des ténèbres. Concentré sur l'oiseau, Hambleton sentit plus qu'il ne vit la silhouette humaine faire irruption hors de la cabane. Leurs trajectoires allaient les amener à la collision. Le coq s'enfuit en hurlant au meurtre tandis qu'Hambleton luttait déjà avec le corps qui s'était écrasé contre lui. Puis son œil entrevit l'éclair d'un couteau sous la lune et il sentit une douleur vive à l'épaule gauche.

Hambleton décrocha et se remit sur ses pieds, tandis que l'adrénaline rechargeait d'électricité ses membres épuisés. Il s'accroupit, le couteau à la main. La silhouette bondit de nouveau sur lui, la lame haute. Hambleton plongea en avant, le couteau tendu, visant la partie supérieure du corps qui le chargeait. Il toucha. Malgré l'obscurité, il vit l'expression de surprise qui se peignit sur le visage aux yeux bridés à l'instant où la forme bondissante se figea soudain en plein vol. Il y eut un *ou-ouff* assourdi puis la main levée, encore crispée sur le couteau, tomba lentement.

Un instant, ils demeurèrent face à face. Hambleton eut l'impression de nager dans la puanteur d'huile de poisson qui s'exhalait de cette bouche, à quelques centimètres de ses narines. Puis, comme au ralenti, le corps glissa contre le buste raidi d'Hambleton et forma une sorte de tas confus à ses pieds.

Paralysé par le choc, Hambleton contempla, muet d'horreur, la silhouette inerte sur le sol. Une nausée le submergea. Puis ce fut la panique ! Tout se mit à tourner dans sa tête. Il regarda en tous sens comme un fou, et se lança tête baissée sur la route, succombant à l'espoir irrationnel que la distance supprimerait sa terreur.

Il courait, courait. La peur propulsait un corps qui n'avait déjà que trop subi d'épreuves... Ses muscles protestèrent contre l'effort, ses poumons se rebellèrent, la douleur devint insupportable. Pourtant il continuait de courir, de trébucher, de tomber, de rouler dans la poussière et de se relever, aiguillonnant ses membres tremblants pour qu'ils le portent plus loin — le plus loin possible de l'horreur indicible qu'il venait de vivre.

« *Arrête ! Arrête-toi ! Tu vas tout gâcher et ce n'est pas le moment. Du calme. Calme-toi.* »

Il continua, trébuchant, puis ralentit. Son corps le lâchait. Complètement fourbu, il s'arrêta. Il tomba sur les genoux, puis roula sur le dos, écartelé, et ne bougea plus. La panique, peu à peu, diminua. Il voulut écouter, mais le râle de ses poumons et le battement de son cœur étaient trop violents dans sa tête. Sans raison, des images de Gwen se mirent à danser dans son cerveau épuisé.

Il leva les yeux vers le ciel, essayant de voir la lune bien nette...

Gwen Hambleton se pencha pour ramasser sa balle dans le trou.

— Marge, tu imagines ? Un six pour ce trou...
Marge sourit.

— Voyons. Six divisé par deux font trois. Nous faisons vraiment des progrès.

— Inscris tout de même six, hein ?

— Va pour six.

Marge remit la carte de score dans sa poche et prit ses clubs. Elles s'éloignèrent ensemble vers la position de départ du trou suivant.

— Tu ne regrettes pas d'être venue, Gwen, n'est-ce pas ?

— Non, Marge. J'en suis heureuse. Cela m'a fait du bien de sortir de cette maison.

— Tu commences à voir des punaises grimper sur les murs, non ?

— Marge, tu crois en la perception extrasensorielle ?
Marge se tourna vers son amie.

— Tu sais, je suis du genre qui ne croit à rien. Et tous ces trucs occultes, moi... Mais il m'est arrivé des choses étranges, c'est certain, comme à tout le monde. Pourquoi cette question ?

— Oh, rien. J'aurais mieux fait de me taire.

— C'est stupide. Raconte ! Il faut discuter de ces choses-là.

— Eh bien... Je sais que ça a l'air dément. Mais pendant le trou que nous venons de jouer... Oh, peu importe ! C'est ridicule.

— Rien n'est ridicule entre amies. Raconte tout à Mama Wilson... dit Marge en lui prenant la main.

— Tu vas en rire.

— Eh bien, je rirai. Et après ?

— Ecoute, c'était là-bas. Quand ma balle a dévié dans le sable... Au moment où je me mettais en place pour le coup suivant, je jurerais que j'ai entendu Gene m'appeler. De ce bois, là-bas, près du trou. C'était... comme s'il avait des ennuis.

— Vraiment ?

Gwen hocha la tête.

— Et puis... tellement réel ! J'ai eu vraiment envie de lui répondre. On aurait dit qu'il avait besoin d'aide.

Marge réfléchit.

— C'est la première fois que cela t'arrive ?

— Non.

— Et en fait, les autres fois, quelque chose de grave s'est produit ?

— Pas vraiment, non.

— Là, tu vois bien ? Je dois t'avouer que cela m'est arrivé, à moi aussi. Je me suis réveillée en sursaut, au milieu de la nuit, certaine que Dick était en danger. (Elle sourit à son amie.) Peut-être est-ce classique quand on est mariée à un homme exerçant une profession pleine de risques. Ah, la folie des avions ! Peut-être le danger constant rapproche-t-il les couples comme les nôtres.

Gwen fouilla dans son sac de golf, à la recherche d'un Kleenex.

— C'est cette guerre insensée ! Toute cette folie meurtrière. (Elle regarda Marge dans les yeux.) Je n'en ai parlé à personne, mais j'ai reçu hier une lettre affreuse. Une lettre de haine. L'auteur se félicitait que mon mari ait été abattu derrière les lignes : bien fait pour lui, puisqu'il était allé là-bas ! Comme si Gene était responsable de toute cette affaire...

— Oh, mon Dieu !

— Je ne comprends pas. Gene est l'un des hommes les

plus doux de la terre. Il chasse les mouches par la fenêtre avant de passer l'insecticide. Etre ainsi traité de tous les noms...

— Qui a envoyé la lettre ?

— Elle n'était pas signée, bien sûr. Postée à San Francisco.

— Gwen, chasse cette méchante bêtise de ta tête. Déchire ce torchon de papier et n'y pense plus.

— Oh, j'ai déjà détruit la lettre. Si seulement je pouvais l'effacer de ma mémoire !

Marge hocha la tête.

— C'est tellement invraisemblable ! J'ai lu dans les journaux que des veuves et des femmes de prisonniers reçoivent ce genre de saleté. Comment peut-il exister des esprits assez dépravés pour concevoir une campagne de haine comme celle-là ?

— Je suis désolée d'y avoir fait allusion. Je n'en avais pas l'intention. (Elle se tamponna les yeux.) C'est parce que nous parlions de Gene et du pressentiment étrange que je viens d'avoir.

Elle se redressa et enfouit le Kleenex dans sa poche.

— Ne laissons pas tout cela gâcher ta matinée.

— *Notre* matinée, corrigea Marge en reprenant ses clubs. A propos de cette « perception extrasensorielle », tu avais l'impression que Gene était là, près de toi, n'est-ce pas ? Eh bien sais-tu à quoi je pense ?

— Oui.

— Si j'ai bien compris, ce genre de communication fonctionne dans les deux sens...

Le visage de Gwen s'éclaira.

— Voilà une pensée réconfortante ! Gene et moi avons toujours été si proches... Oui. C'est une pensée très douce.

— Très bien, dit Marge en souriant. Et maintenant, jouons au golf, veux-tu ?

207

Dans le hangar des services d'entretien, le capitaine Clark se versa une tasse de café et se laissa tomber sur le divan en loques. Il était en train d'allumer une cigarette lorsque le colonel Walker entra.

— Bonjour, colonel, dit Clark en essayant de se lever.

— Ne bougez pas. Je peux prendre un café avec vous ?

— Faites comme chez vous.

Walker se servit une tasse de café et revint s'asseoir près de Clark. Il regarda sa montre.

— Quatre heures du matin. C'est ce qui me plaît dans l'Armée de l'Air : les horaires agréables.

Clark renfonça un ressort qui jaillissait entre deux coussins du vieux divan.

— Sans parler du luxe, ajouta-t-il. Alors, vous profitez bien de votre perme ?

— La fête !

— Quel endroit fantastique pour les vacances ! Vous prenez bien votre repos réglementaire, Clark ? ajouta-t-il en fixant le pilote dans les yeux.

— Oui, colonel. Je roupille toute la journée. Dès que le colonel Hambleton se planque et cesse de progresser.

Walker se racla la gorge.

— Je viens d'avoir un rapport très laconique d'Apache Control sur Hambleton. Vous pouvez combler les vides ?

Clark tira à fond sur sa cigarette.

— Il va me donner des cheveux blancs. Il m'a vraiment foutu une sacrée trouille, au cinquième trou.

— Au cinquième ? A la sortie du village ?

— C'est ça. Pendant plus d'une heure après le moment prévu pour qu'il finisse le parcours, je n'ai pas pu entrer en liaison. De quoi récolter un ulcère. C'est à ce moment-là que j'ai alerté Apache Control.

— Continuez.

— Enfin, je l'ai reçu. On aurait vraiment dit un

fantôme — complètement à plat, à zéro pour la première fois. Comme s'il venait de recevoir un coup de pied dans le plexus solaire. Ça ne ressemblait pas du tout à ce vieux zigue.

— Il a donc eu un problème sur ce trou. Vous avez pu découvrir ce qui s'était passé ?

— Dans les grandes lignes, à cause des consignes de sécurité. Il m'a dit qu'il avait été bousculé par un autre joueur. L'autre joueur a perdu.

— Vous croyez qu'il est tombé sur l'ennemi ? Qu'il s'est battu ?

— C'est ce que j'en ai conclu.

— Des blessures ?

— Un peu de viande percée. Rien de grave.

— Pauvre bougre !

Clark poussa un soupir.

— Il a eu plus que sa part. C'est certain.

— Où est-il, en ce moment ?

— Il vient de finir le septième. Le *green* de ce trou-là est une porcherie derrière une ferme abandonnée. Il se cache sous une auge renversée.

— Une auge renversée ?

— C'est ce que j'ai compris. Il a dit : où les oink-oink picolent. Il a préféré ça au tas de fumier.

— Quel choix, bon Dieu !

— N'est-ce pas ?

Walker avala une gorgée de café.

— Condition physique ?

— Franchement, colonel, je suis inquiet. Il avait l'air au bout du rouleau. Il essaye toujours de le masquer en prenant un ton bravache, mais sa voix était faible.

— Et son moral ?

— Pire qu'il ne le laisse voir, j'en suis sûr. Il a très soif. Il est sans eau depuis plusieurs jours, et avec la fatigue... Cela commence à se sentir.

— C'est tellement rageant !

Le poing de Walker tomba sur la table à café de fortune.

— Tellement *rageant !* répéta-t-il. Ce brave vieux type est en train de crever de soif, les dents serrées dans son étable à cochons, et nous sommes impuissants...

— On ne pourrait pas risquer un parachutage ? Un paquet secours ?

— Non. Impossible. Les Fouinards viennent de m'apprendre que les Niaks ont traversé le champ de mines. Je crois que nous avons fait une erreur. Nous aurions dû ordonner aux Sandys de continuer à lâcher du gravier. Dès qu'ils découvriront que l'oiseau a quitté le nid, ils vont remuer ciel et terre pour le retrouver. Parachuter un colis dans ces conditions, c'est leur indiquer sa position exacte. Nous ne pouvons pas prendre ce risque.

— Effectivement, non.

— Si seulement il peut gagner le huitième trou, il aura une chance réelle. Sait-il ce qu'est ce huitième trou ?

— Je n'ai pas osé. Je n'ai fait qu'une vague allusion. Pour ne pas donner d'indications à l'ennemi.

— Bien sûr. Vous ne sauriez être trop prudent à la radio.

Walker prit une autre gorgée puis fixa Clark.

— A propos, Denny, êtes-vous un homme religieux ?

— Si l'on veut. A ma façon — plutôt étrange d'ailleurs.

— Moi, je le suis, Denny. Dans ce boulot, c'est un atout. On a besoin d'un appui. Mon aumônier est protestant. Mais j'ai également mis dans le coup ce vieux bagarreur de père O'Flynn. Et si j'avais pu trouver un rabbin, je l'aurais sollicité comme les autres.

— Excusez-moi, capitaine, intervint une autre voix. Votre avion est vérifié. Prêt à décoller.

Les deux hommes levèrent les yeux vers le sergent dans l'embrasure de la porte.

— Merci, Hank, répondit Clark en écrasant son mégot avant de prendre une dernière gorgée de café. Eh bien, colonel, je repars sur les *links*. Si jamais je me mets au golf un jour, vous saurez pourquoi. A plus tard...

Il se dirigea vers la porte.

— Une simple suggestion, Denny.

— Oui, colonel ?

— Peu importe à qui vont vos prières et comment vous priez, mais vous ne pourriez pas en réserver une, depuis là-haut, pour le vieil Hambleton ?

— Trop tard, colonel.

— Trop tard ?

— Affirmatif. Voilà une semaine que j'ai commencé.

Hambleton regarda sa montre. Presque le moment d'entrer en contact avec Dénicheur. Il rampa hors de son auge à cochons, s'assit et tenta de percer l'obscurité.

Pour la première fois, il prit vraiment conscience de la puanteur suffocante de la porcherie. Quand il s'y était effondré, quelques heures plus tôt, il était si épuisé que ses sens n'avaient même pas enregistré l'odeur. Peut-être, après tout, était-il légèrement plus vivant que mort, à présent ?

Il ouvrit la fermeture Eclair de sa combinaison de vol jusqu'à la taille et baissa la manche du côté de son épaule blessée. La plaie avait cessé de saigner. Ce n'était pas une entaille profonde — probablement grâce à l'épaisseur de nylon de son gilet de survie, qui avait fait dévier le couteau de son agresseur. Pendant un certain temps, il avait souffert toutes les douleurs de l'enfer, mais maintenant, la blessure le démangeait plus qu'elle ne le lançait. Il sortit sa trousse de premiers soins et pansa de son mieux la blessure.

Malgré tous ses efforts, il ne parvenait pas à chasser de

son esprit l'horreur du cinquième trou. Tuer un homme ainsi, face à face, était la chose la plus terrifiante qu'il ait faite dans toute sa vie. Qui était ce type ? Ce zigue qui avait bondi sur lui dans le noir ? Un soldat nord-vietnamien, plus que probablement. Mais alors, où se trouvaient ses camarades ? Etait-ce un soldat isolé en patrouille ? Ou bien — Dieu l'en préserve ! — un fugitif comme lui-même ? Peut-être un villageois sympathisant avec le Sud qui avait préféré ne pas fuir avec les évacués, pour pouvoir harceler les communistes à l'arrière de leurs lignes, en essayant de vivre sur le pays ? C'était cette pensée qui l'accablait. Il faisait trop sombre pour qu'il ait pu distinguer les vêtements de l'homme.

Tout n'était peut-être qu'une malheureuse coïncidence : deux types affamés et épuisés à l'affût du même poulet et entrant en collision dans le noir. Et il avait tué l'homme, il avait effacé une vie humaine. Bien sûr, il était en état de légitime défense. S'il ne s'était pas montré le plus rapide, l'autre l'aurait certainement liquidé, c'était évident. Mais étrangement, cela ne lui rendait pas les choses plus faciles.

Par-dessus le marché, il avait rompu la règle numéro un de sa formation de survie. Il s'était laissé aller à la panique. Pour la première fois, la peur l'avait emporté. Il avait envoyé promener sa raison aux quatre vents, s'était mis à galoper comme un imbécile, dépensant une énergie précieuse et perdant complètement son orientation. A tel point qu'une fois son calme revenu, il avait dû rebrousser chemin pour reprendre son cap. Ce n'était pas seulement inexcusable, c'était très risqué.

Cela l'inquiétait. Il s'était toujours considéré comme un garçon froid et pondéré. Il était navigateur — poste crucial au sein d'un équipage — et le succès d'une opération reposait souvent sur lui. Tout le monde comptait sur son calme. On savait qu'il gardait la tête froide en

212

toutes circonstances et qu'il pensait juste et de façon analytique sous les pires tensions. Et dans toute sa carrière, jamais il n'avait fait faux bond à ses camarades.

Voilà qu'il avait commis un acte d'une irrationalité totale, il n'y avait pas d'autre mot. Il méritait les circonstances atténuantes, mais rien, absolument rien, ne justifiait ce qu'il avait fait. Surtout que sa vie même en dépendait. Il fallait qu'il se reprenne. D'une main de fer. Et tout de suite !

Il se força à se concentrer. Tout d'abord, il y avait le cadavre. Il serait certainement découvert à l'aube, sinon plus tôt. Et si les Niaks avaient franchi le champ de mines et découvert qu'il était parti, ils auraient vite fait leur compte, et se mettraient à ratisser le secteur. Il était complètement vanné après les deux derniers trous, mais il lui fallait se tirer, et à toute vitesse, encore. Plus il mettrait d'espace entre lui et le cadavre, et mieux ce serait.

Il referma sa trousse de secours, la rangea dans son gilet de survie et alluma sa radio. Dénicheur répondit immédiatement.

— Comment va, Bat Vingt et un ?

— Je me suis déjà senti mieux ! Mais la sieste m'a fait du bien. Très déshydraté.

— Je comprends. Nous allons faire quelque chose à ce sujet. Ce trou comporte une buvette. C'est un trou court ; le parr normal est de trois. Il s'agit du numéro quatre du Corona de Tucson. Pas de problème pour un vieux professionnel.

Il connaissait bien ce terrain, au sud de Tucson.

— Une buvette ?

— Tu comprendras quand tu arriveras. Mais souviens-toi : il faudra que tu mettes ton tonneau en perce.

Oh, merde ! Hambleton s'essuya le front d'une main lasse. Une buvette à son huitième trou. Et il faudrait qu'il mette son tonneau en perce. Il était trop fatigué à présent pour jouer encore à ce jeu de quitte ou double...

— Bien compris, Dénicheur. Je démarre.

— Désolé pour l'état du *green* de ce trou que tu viens de jouer. Mais le prochain te plaira.

— Bien compris. Terminé.

Hambleton fit sa visée avec la boussole et partit en comptant ses pas. Mettre un pied devant l'autre exigeait de lui un effort énorme. Mais il avait deux nouveaux atouts, deux points de référence qui l'aidaient à s'orienter : les lumières de Dang Ha au nord et celles de Quang Tri au sud-est. Leurs reflets sur les nuages à moyenne altitude lui redonnaient quelque peu de cœur à l'ouvrage, et il avait moins souvent besoin de s'abîmer les yeux sur sa boussole dans le noir.

Il traîna des pieds pendant un siècle, toujours sur le sol dur, louvoyant comme un ivrogne qui tente de passer un test de sobriété. Tout en marchant, il remarqua pour la première fois qu'il souffrait probablement d'un trouble fonctionnel qu'il ne parvenait pas à identifier. Son corps ne cessait de vouloir basculer en arrière. Pour compenser, il devait marcher la tête penchée en avant. Il avait l'impression d'être devenu un de ces coucous des sables de l'Arizona qui courent sur les routes sans être capables de voler. Mais en tout cas, il gardait son équilibre.

Au cours des deux ou trois derniers jours dans sa tanière, il s'était aperçu qu'il avait du mal à lever la tête au-dessus du sol lorsqu'il se trouvait à plat ventre. Cela ne l'avait pas inquiété outre mesure. Sûrement l'inaction, s'était-il dit : et il n'y avait plus songé. Mais maintenant, dans le noir, le problème le tourmentait. Avait-il quelque chose aux vertèbres cervicales ? A la colonne vertébrale ? N'avait-il pas subi un choc au moment de sa projection hors de l'avion, dans son siège éjectable ? Et puis merde ! Le mal, quel qu'il soit, devrait bien attendre et mitonner doucement pour le moment. Il avait trop soif pour s'y attarder. Il ne pouvait même plus cracher.

Encore cinquante mètres et il serait sur le *green*. Le sol devint irrégulier sous ses pas. Il s'arrêta pour reprendre son souffle, vérifier son cap et étudier le terrain. Il arrivait à une zone boisée, droit devant. Le *green* du huitième trou devait être au milieu de ce bosquet. Il repartit, luttant de plus en plus pour conserver son équilibre. Il trébuchait, tombait, se relevait. Il se dégoûtait lui-même de ne pouvoir parvenir à contrôler son corps pour franchir cet espace accidenté.

Enfin il arriva dans le sous-bois. C'était un bosquet dense de bananiers, aux feuilles épaisses. Il s'y enfonça, comptant les cent derniers mètres, puis il s'accota contre le tronc d'un gros bananier et se laissa glisser à terre. Il regarda autour de lui, essayant de percer de ses yeux fatigués l'obscurité du sous-bois. C'était donc ça le trou avec buvette? Eh bien, il avait des nouvelles pour Dénicheur! Le camion de livraison n'était pas arrivé. Il n'y avait pas d'eau ici. Il n'y avait rien. Pas même des bananes. Ou bien ce n'était pas la saison, ou la récolte avait déjà été ramassée.

Il appuya la tête contre l'arbre et ferma les yeux. Il se demanda si Dénicheur ne lui avait pas joué un tour. Ne lui avait-il pas menti simplement pour qu'il continue d'avancer? Pour qu'il franchisse encore un mètre? Et encore un mètre? Pour le convaincre de tenter d'atteindre un objectif de plus. Eh bien, qu'il aille se faire foutre! Quoi que Dénicheur puisse inventer, jamais lui, Hambleton ne parviendrait au prochain trou. De cela, il était sûr.

De nouveau il gambergeait dans le vide. Déshydraté comme il l'était, ses oreilles ne cessaient de bourdonner. Il secoua la tête pour chasser le bruit, mais un chuintement persista. Une seconde! S'il s'agissait d'un abus de son imagination, il semblait très proche de la réalité! Il colla étroitement l'oreille contre le bananier. De nouveau, il l'entendit...

Hambleton, roi des corniauds ! Il faut que tu mettes ton tonneau en perce ! Bien sûr ! Il était appuyé contre un tonneau empli de l'eau la plus douce de la terre. Tous les élèves des stages de survie savent cela !

Il sortit son couteau. La leçon du stage remontait instinctivement dans son cerveau engourdi. Dans un bananier, la sève monte dans le tronc tôt le matin et redescend vers la terre le soir. Il avait donc réellement entendu de l'eau couler. Il enfonça son poignard jusqu'à la garde dans le tronc mou par trois fois. Puis il retira un long bouchon triangulaire. Un filet d'eau s'écoula. Il se laissa tomber sur le dos, la bouche sous le trou, et se mit à avaler à grandes lampées, lèvres béantes comme une carpe tirée au sec sur la rive.

Sainte mère de Dieu, que c'était bon ! Le nectar frais du paradis tombait en cascade dans sa gorge desséchée, éclaboussant son visage couvert de crasse. Jamais rien ne lui avait paru aussi délicieux ! Il but longuement. Il sentait presque le liquide vivifiant passer dans ses cellules rétrécies et ses organes racornis pour irriguer tout son corps déshydraté. L'eau semblait même ranimer ses facultés d'analyse. Il reboucha le trou, prit les cachets de sel dans sa trousse de secours, en avala deux, puis se remit à boire.

Quand l'eau s'arrêta de couler, il alla s'asseoir près d'un autre bananier, le mit en perce comme un tonneau et mouilla son mouchoir sous le filet d'eau qui tombait. Il ouvrit la fermeture Eclair de sa combinaison et s'offrit un bain du pauvre — il essuya la sueur et la crasse de son corps avec le tissu humide et frais. C'était le Nirvâna. Le petit Jésus en culotte de velours. Une tranche de paradis...

Au milieu de ses ablutions, le bourdonnement des

moteurs de Dénicheur au-dessus de sa tête lui rappela qu'il fallait entrer en liaison. Il tendit le bras vers sa radio et appuya sur le bouton.

— Dénicheur ? Ici Bat Vingt et un. Pourquoi le téléphone se met-il toujours à sonner quand on est dans son bain ?

— Eh, Bat ! Tu as l'air de bon poil. Tu as trouvé la buvette ?

— Affirmatif, Dénicheur. Rien ne vaut plusieurs bonnes tournées pour lubrifier le moral d'un homme.

— Magnifique. Je ne crois pas que nous ayons le temps de jouer un autre trou avant le lever du soleil. Pourquoi ne pas t'enterrer là pour la journée ?

— D'accord. Peut-être vais-je m'installer et ne plus repartir.

Dénicheur éclata de rire.

— Vieux, ça fait plaisir d'entendre que tu te sens mieux. Nous finirons la première moitié du parcours demain, et nous commencerons les neuf derniers trous.

Il y eut un silence, puis :

— Nous allons réussir, Bat.

— Je n'en ai jamais douté, mentit Hambleton.

— Dors bien... Terminé.

— Bonne nuit, Dénicheur.

Hambleton acheva de prendre son bain et se rhabilla. Puis il prit son couteau et coupa sans bruit une douzaine de grandes feuilles de bananier. Avec la moitié, il se fit un nid sur le sol, près d'un gros tronc. Puis il rampa à l'intérieur et tira le reste des feuilles sur lui. Quand il eut fini d'arranger son cocon, rien ne dépassait, pas même son nez. Si quelqu'un le trouvait au cours de la journée, ce serait en trébuchant sur lui.

Il se détendit. Une pensée fugitive lui traversa l'esprit. Il ferma les yeux et son corps se raidit. Les bananeraies abritaient souvent des scorpions, des araignées et des

217

scolopendres. Peut-être partageait-il son logis avec un certain nombre de ces insectes antisociaux. Il se racla la gorge et poussa un soupir. Tant pis pour eux. S'ils n'étaient pas contents, qu'ils aillent se faire foutre ailleurs !

Très vite, un raz de marée de fatigue absolue le submergea. Il eut l'impression de tomber en tournoyant et de s'enfoncer de plus en plus profond. Puis vint l'oubli total, le tréfonds du sommeil.

DIXIÈME JOUR

DIXIÈME JOUR

Campbell entra dans la salle de bains. Dennis Clark était sous la douche. Il essuya le savon qui lui piquait un œil, tira le rideau et regarda son ami.

— Quoi de neuf, sac à pognon ?

— Tu viens de te lever ?

— Affirmatif.

Clark sortit de la douche et prit une serviette.

— Rien ne vaut une douche brûlante pour renflouer le monde tout droit sur sa quille. Ah, si je pouvais en envelopper une dans du papier cadeau et la balancer à Hambleton ! Après dix jours, il donnerait sûrement très cher pour un bon bain chaud.

— Il doit être juste à point ! Et le moral ?

— Il tient bon. Il est planqué au huitième trou. En tout cas, il a de l'eau. Il était vraiment de bonne humeur ce matin très tôt, quand je l'ai quitté.

— Je lui tire mon chapeau ! Ce ne doit pas être marrant pour un petit vieux...

221

— Non. Ni pour un petit jeune. Nous n'avons pas réussi à cueillir le lieutenant Clark non plus. Les Niaks deviennent vraiment coriaces.

— Mais pourquoi cela prend-il autant de temps ? Je croyais que les types du Sauvetage ramassaient les aviateurs en carafe avant que leur parachute ne touche le sol.

— Ce n'est pas la faute des ventilateurs. Les équipages ne demandent qu'à repartir. Mais les communistes ont attaqué sur quatre fronts. Pour ta gouverne, sac à pognon, il s'agit de la Grande Offensive. Ces salauds ont décidé de lancer une invasion massive et rapide pour écraser les Sud-Vietnamiens avant même qu'ils puissent déployer leur appareil militaire. Crois-moi, les Rouges exercent une pression terrible. Et ils ne sont pas venus pour rigoler.

— Eh bien, depuis le fauteuil où trône le pacifiste que je suis, je crois qu'ils sont en train de réussir leur coup.

— Jusqu'ici, oui. Ils ont mis la gomme, et ça cogne dur. Jamais le sauvetage d'un aviateur abattu n'a pris si longtemps. Je crois qu'Hambleton et Clark sont bien partis pour battre tous les records de séjour au sol. Cela fait dix jours pour Hambleton, et ces messieurs du Sauvetage Aérien font une crise cardiaque. Ils sont furax. Ils ont déjà sorti près de deux mille aviateurs de ce merdier. Parfois je me demande si dans cette guerre pourrie, ils ne sont pas les seuls dont la mission ait un sens.

— Tu oublies l'officier de la solde.

— Non, je n'oublie pas ce précieux gazier.

Campbell se laissa tomber sur le lit et s'étira.

— Et que crois-tu donc qui aurait un sens ?

— Moi, tout ce que je dis, c'est : lâchez la bride et laissez-nous faire le boulot correctement.

— Quelle bride ?

Clark enfila ses bottes.

— Par exemple, la semaine dernière, un de nos pilotes part en patrouille. Il repère quelques tanks des Niaks qui avancent vers le sud. Alors il pique du nez pour les dérouiller. Il essuie un paquet de mitraille mais il les aplatit comme il faut. En atterrissant à sa base, il espérait au moins une claque dans le dos pour travail bien fait. Pas du tout. Tu sais ce qu'il a récolté ? Une amende de cent cinquante dollars pour violation des réglementations en vol. Il s'était écarté de son corridor aérien !

— Tu plaisantes ?

Clark leva la main droite.

— Dieu m'est témoin ! Voilà où nous en sommes, au beau milieu d'une offensive générale de l'ennemi. Les Niaks descendent par fournées entières pour passer les Sud-Vietnamiens au rouleau compresseur, en nous lançant n'importe quoi sur la gueule hormis des couronnes de fleurs, mais si l'un de nos pilotes donne un coup de main, il se fait coller une amende pour sa peine. Tu veux un autre exemple de la façon dont nous livrons cette guerre ?

— Ça me suffit. Je suis avec toi, vieux. Mais en dernière analyse, y a-t-il eu une seule guerre qui ait vraiment un sens ?

Clark se leva et enfila son gilet de survie.

— Bon Dieu, non. Toutes les guerres devraient être strictement interdites. Mais ce que je dis, c'est que si la guerre est inévitable et que nous sommes dans le coup, faisons-la à fond la gomme et écrasons le foyer une fois pour toutes. Au lieu de faire du vent autour des flammes. Qu'un pays se lance dans une guerre est peut-être stupide, mais le comble de la stupidité c'est, une fois la guerre engagée, de ne pas la gagner.

— Je m'en souviendrai.

223

— J'y compte.

Clark vérifia son .38, le rangea dans son étui et ramassa son casque.

— En attendant, murmura-t-il, j'ai rendez-vous avec une vieille tige victime de ta foutue guerre.

Il prit son sac de vol. A l'instant où il franchissait la porte, le téléphone sonna. Il s'arrêta. Campbell décrocha, puis tendit l'appareil au pilote.

Clark retraversa la pièce.

— Clark ? Le colonel Walker. Ravi de vous parler avant votre décollage. Pouvez-vous passer au PC en allant au terrain ?

— Oui, colonel. Des problèmes ?

— Des problèmes. Un rapport des services de renseignements. Je vous expliquerai au bureau.

— Bien, colonel. J'arrive.

— Un os dans le pâté ? demanda Campbell.

— Un problème. Je ne sais pas à quel point c'est grave. Je l'apprendrai au PC.

Le poste de commandement bourdonnait comme une ruche excitée. On préparait des ordres d'opérations et des plans d'urgence en vue de l'exécution du blocus — très contesté — au cas où le Président déciderait de l'imposer.

Le colonel Walker était débordé. Dès qu'il aperçut Clark qui s'avançait, il lui lança :

— Je suis à vous tout de suite.

Clark hocha la tête, et s'appuya contre un bureau tandis que Walker terminait un entretien avec un groupe d'officiers d'état-major. Aussitôt après, il appela le pilote FAC d'un geste.

— Clark, nous venons de recevoir plusieurs photos prises au cours d'une mission de reconnaissance au-dessus du secteur d'Hambleton. Les types des renseignements ont repéré une demi-douzaine de transports de troupe blindés dans le coin. Ils estiment que les commu-

224

nistes ont réussi à traverser le champ de mines, cherché Hambleton et constaté sa disparition. C'est pour cette raison qu'ils auraient amené un nouveau contingent d'hommes. Ils se proposent probablement de lancer un ratissage dans les règles. Ça va être ric-rac. Plus tôt vous lui aurez fait gagner la rivière, mieux ce sera.

— Très bien, colonel. Je le ferai partir dès la tombée de la nuit.

— C'est indispensable. Je sais qu'il doit être sur les genoux, et que ce sera dur de le bousculer. Mais c'est notre seule chance.

— Une question, colonel. Ces préparatifs pour les ordres éventuels du Président ? N'y a-t-il pas un risque que le sauvetage du colonel Hambleton soit noyé, pour ainsi dire, dans le remue-ménage ? Qu'il passe au second plan, quoi...

— Clark, votre question est stupide. Je crois que vous connaissez nos priorités.

— Je suis ravi que ma question soit stupide, colonel. Mais je ne pouvais pas le savoir sans la poser.

— Nous récupérerons ces deux hommes, même si je dois me porter déserteur et aller les cueillir en personne.

— Voilà qui est parler et j'aime entendre ce discours-là.

— Mais si le blocus prend effet, nous allons avoir beaucoup d'hommes et de matériel dans le coup. L'état-major travaillera vingt-quatre heures sur vingt-quatre, donc plus tôt nous sortirons Hambleton et Clark de là, mieux ce sera.

— Vous êtes content, à présent, que je sois resté dans le secteur ! C'est bien, non, d'avoir une paire de bras en supplément au moment de la moisson ?

— Je vous serais reconnaissant de monter en selle et de vous hisser le cul dans l'azur au plus vite.

— Oui, colonel. Je suis parti, colonel. Mais vous savez : tous ces préparatifs, la lampe allumée après minuit...

— Oui ?

— C'est purement académique. La guerre va se terminer très vite.

— Vous m'en voyez ravi... Et d'où tenez-vous la nouvelle ?

— Je viens d'apprendre que Jane Fonda va se rendre au Nord-Vietnam. Vous verrez, elle va très vite remettre de l'ordre dans ce sordide gâchis.

— *Foutez le camp !*

— Oui, colonel.

La traversée de la bananeraie fut très lente. C'était la première moitié de son neuvième trou. Hambleton vérifia sa boussole. Il comprit qu'il quitterait bientôt la petite plantation pour pénétrer dans un taillis plus épais. En tout cas, pour ce trou, il serait protégé. Et c'était une bonne chose. Un bruit de voix, dans le lointain, soulignait l'urgence de ses problèmes. Avaient-ils trouvé sa trace ? Tout à fait possible.

Ah ! L'orée du bosquet était à quelques pas. Cent mètres de plus et il arriverait sur le *green*. Il s'arrêta près du dernier bananier pour se reposer un instant et reconnaître le terrain devant lui. Tout avait l'air calme. Le seul inconvénient était un chemin pas très large qui le séparait du taillis. Il devait servir à la récolte des bananes. Il faudrait qu'il traverse le passage découvert très vite.

Il respira à fond et bondit. L'instant suivant il était en train de basculer cul par-dessus tête.

Il atterrit avec un gémissement de souffrance. Il souffla les chandelles qui lui dansaient devant les yeux et regarda autour de lui. Une clôture de barbelés ! Il ne l'avait pas vue dans le noir, et il s'était pris le pied, passant l'obstacle le nez le premier. Il jura, remit en place ses lunettes — désarçonnées de son nez — et recula en rampant pour se mettre sous le couvert des arbres.

Il se tâta, cherchant des blessures. Une chance qu'il soit tombé la tête la première, sans quoi il aurait pu se casser quelque chose. Il fouilla ses poches. Sa radio ! Ses mains se mirent à trembler. Sa radio n'était plus là. Elle avait jailli pendant sa chute. Oh, mon Dieu ! Pas sa radio ! Pas son seul lien avec ses sauveteurs ! Pas son seul espoir de survie !

Comme un fou, il tomba à genoux et se mit à chercher sur le sol tout autour de lui. L'obscurité le gênait, mais il se pencha pour fouiller parmi les feuilles de bananier tombées, tâtonnant comme un fou le sol dur. Il sentit sa bouche s'emplir du goût métallique, amer, de la peur. Il continua de gratter, s'écorchant les mains aux aspérités du sol, s'épuisant les yeux pour mieux voir dans l'obscurité, dépensant ses forces en vain.

Puis il s'arrêta brusquement. Ne pas recommencer à se laisser prendre par la panique. Une fois suffit. Il allait jouer le jeu peinard. S'asseoir, se détendre, réfléchir. La radio était forcément tout près. Sauter à l'aveuglette comme un diable à ressort, en faisant un boucan de tous les diables, c'était faire signe aux Niaks d'accourir...

Il s'assit sur ses talons et respira à fond plusieurs fois. Puis la lune perça l'épaisseur d'un nuage en fuite, le temps de lancer vers lui un reflet terne : c'était l'antenne. La radio était tombée en plein milieu du chemin. Il vida ses poumons et murmura une brève prière d'action de grâces.

Mais son sentiment de gratitude fut vite remplacé par une pensée affreuse. Et si la radio s'était cassée en heurtant le sol ? Elle était robuste, mais sûrement pas conçue pour subir ce genre d'avanies.

Il regarda autour de lui, à l'affût du moindre signe d'activité. Il y avait encore des voix dans le lointain. Ne semblaient-elles pas un peu plus proches ? Autant qu'il puisse voir, devant lui et de chaque côté du chemin, tout était immobile et silencieux. De toute façon, pour continuer le parcours, il fallait qu'il traverse cette route. Il allait foncer au plus vite, en cueillant la radio au passage.

Il banda ses muscles rétifs, puis s'élança. Le temps d'un éclair, il était de l'autre côté du chemin, sa radio à la main. Aussitôt, il se glissa dans les buissons qui bordaient la route et s'accroupit. Il attendit que son cœur s'arrête de marteler. Il écouta. L'avait-on repéré ?... Rien.

Les mains tremblantes, il retourna la radio entre ses paumes et il l'examina — davantage par le toucher que par la vue. Il conclut que le boîtier rigide n'était pas abîmé. Mais est-ce qu'à l'intérieur, elle fonctionnait encore ? Il fallait qu'il appelle Dénicheur pour s'en assurer. Il appuya sur le bouton d'émission et se mit à chuchoter dans le micro.

— Bat Vingt et un appelle Dénicheur. Bat Vingt et un appelle Dénicheur.

Il s'assit, essuya la sueur qui lui ruisselait du front et attendit. Dix secondes. Vingt secondes. Est-ce qu'il émettait ? Et s'il émettait et que quelque chose soit arrivé à son récepteur ?

— Dénicheur, ici Bat Vingt et un. Répondez ! *Je vous en supplie !*

Pas de réponse. Dénicheur répondait toujours aussitôt quand il était là au-dessus. Sa radio ne marchait plus, c'était *forcé*. Il fit jouer la petite antenne télescopique. Elle avait l'air impeccable. Il actionna le sélecteur de fréquences, passant d'une longueur d'ondes à une autre. Il avait l'air de marcher. Il cogna plusieurs fois le boîtier contre la paume de sa main. La sueur lui coulait maintenant sur les joues et tombait goutte à goutte de son menton. Il fallait qu'il essaye sur une autre longueur d'ondes. Peut-être était-ce uniquement la fréquence D qui ne marchait pas. Il passa en fréquence de veille et appela de nouveau.

— Bat Vingt et un appelle Dénicheur. Est-ce que tu reçois sur fréquence Veille ?

— Ici Dénicheur. Coupe-moi cette fréquence, bordel !

Hambleton se détendit d'un seul coup. Jamais de toute son existence une voix ne lui avait paru si belle. Il se remit sur la fréquence Delta.

— Bien compris, Dénicheur. Je faisais des essais avec ma radio. Je suis tombé. J'ai cru que j'avais cassé un truc.

— Je te reçois cinq sur cinq, Bat. Mais tu m'as surpris en train de me verser une tasse de café.

— Veux-tu m'en servir une ? Avec un cognac dégustation à côté. Je suis pris de frissons.

— Plus tard, Bat. Pour l'instant tu as intérêt à te grouiller. Comment avances-tu ?

— Disons cent mètres de plus pour atteindre le *green*.

— Alors prends ton fer cinq. N'amuse pas le terrain. Tu as une autre équipe qui te talonne. Et ils ont des gros clubs.

— Compris.

Il ne s'était donc pas trompé. C'étaient les hommes des patrouilles de recherche qu'il avait entendu parler en battant les buissons.

— Je file.

— D'accord, Bat. Appelle-moi dès ton arrivée au *green*.

— Bien compris.

Hambleton repartit. La végétation dense du taillis ne présentait pas que des avantages. Elle offrait une bonne protection, mais la progression y était lente et pénible. Et il avait du mal à bien rester dans l'axe du trou. Il devait s'arrêter souvent, vérifier sa boussole, compter ses pas...

Dans sa condition physique, il lui fallut près d'une heure pour couvrir la distance qui le séparait de l'endroit où aurait dû se trouver le *green* du neuvième trou. Il

229

compta son dernier pas, s'arrêta et regarda autour de lui. Il était à la bordure est du taillis. Il y avait un grand arbre non loin. Il s'en rapprocha lentement et s'assit.

Il avait du mal à mettre au point sur le décor ses yeux fatigués. Il ôta ses lunettes, les frotta avec son mouchoir et les remit en place. Ou bien ses yeux lui jouaient des tours, ou bien son cerveau s'était liquéfié. Là, juste après l'orée du bois, s'étendait comme un grand banc de sable. Il le regarda mieux, essayant de trouver un sens à cette grosse tache claire qui aurait pu être une rizière mais n'en était pas une. Oui, cela ressemblait davantage à du sable. Il s'en voulut de ne pas pouvoir le distinguer plus nettement.

S'il s'allongeait, s'il fermait les yeux et s'il se détendait une minute, son cerveau épuisé enregistrerait peut-être une meilleure image. C'est ce qu'il fit. Il se mit sur le ventre, ferma les paupières pendant un instant, puis les ouvrit. C'était un peu plus net. Puis la lune perça pendant quelques secondes. Lentement, il se hissa sur un coude, puis se mit à quatre pattes et commença à bredouiller à mi-voix. Quel idiot il était ! Ce n'était pas une rizière, c'était la rivière, la bon Dieu de putain de merde de rivière !

Il se leva, s'adossa à l'arbre, et regarda intensément l'eau.

Puis il commit une grave erreur tactique. Sans réfléchir, il se mit à marcher aussi vite que ses jambes pouvaient le porter vers la Lorelei qui lui faisait signe. Il s'élança, de plus en plus vite, tête baissée comme un taureau en colère. Soudain, son pied gauche tomba dans le vide : il n'y avait plus de sol.

Pendant ses stages de survie, on l'avait mis en garde contre les pentes abruptes et les falaises dans cette partie du pays. Mais quand il avait vu l'eau devant lui, tout s'était brouillé dans sa tête. L'instant suivant, il roulait, tombait, rebondissait le long de la berge escarpée. S'il n'avait pu l'empêcher de marcher dans le vide, son entraînement lui avait en tout cas donné le réflexe de se rouler en boule, les mains autour de sa tête, pour amortir sa chute tandis qu'il dévalait la pente...

Il s'arrêta contre un arbre avec un bruit sourd. Il avait mal.

Les poumons vidés par le choc, il lutta pour ne pas perdre conscience. Ce n'est pas le moment de tomber dans les pommes, mon vieux Ham ! Ce serait ta mort. Il demeura immobile, étourdi, pendant plusieurs minutes. Plus humilié par sa stupidité que meurtri par la douleur physique de sa chute, il se traita de tous les noms.

Il vérifia aussitôt ses extrémités : ses doigts, ses mains, puis ses bras et ses jambes. Bien qu'avec réticence, tout semblait répondre. Il roula sur le ventre et ses yeux tombèrent sur la rivière. Il la voyait, et pourtant il n'y croyait pas encore. Il n'y avait qu'un moyen de s'en assurer. Faisant taire la douleur de sa chute, il se tortilla sur le ventre comme un serpent jusqu'à la berge et enfonça les mains dans l'eau noire. Ce n'était pas un mirage. Malgré sa sottise, il était parvenu à son objectif. Avec une sincérité absolue, il murmura : « Merci, Jésus. Merci. »

Il plongea son visage dans l'eau et prit une longue lampée. Polluée ou non, elle était délicieuse. Il but une autre gorgée puis roula sur le dos. Un sentiment d'allégresse monta en lui. Il était arrivé au bout des neuf premiers trous de sa partie de golf. Maintenant, le sauvetage était au coin de la rue. Il fallait qu'il fasse part de la bonne nouvelle au FAC. Dénicheur serait ravi d'apprendre qu'il avait atteint la Suwannee.

Il remonta sur la berge, pour se mettre à l'abri de l'arbre qui avait arrêté sa chute. Il sortit sa radio. Merveille des merveilles, l'appareil était sorti indemne de la dernière calamité. Si cette guerre n'avait prouvé qu'une chose, c'était que le bon vieil Oncle Sam était capable de fabriquer des radios solides. Ou bien étaient-elles *made in Japan* ?

— Félicitations, Bat. Maintiens cette cadence et tu gagnes le tournoi. Comment te sens-tu ?

— Lessivé. Mais content.

— Magnifique. Physiquement ?

— A nous deux, Joe Louis !

Il savait que Dénicheur n'en croirait pas un mot, mais à quoi bon lui dire la vérité ? Il était claqué jusqu'aux os, et la chute du haut de la falaise n'avait rien arrangé. Une de ses épaules lui faisait tout drôle — pas celle qui avait reçu le coup de couteau, l'autre. Mais il eût préféré crever plutôt que de se plaindre maintenant.

— Bien. Parce que tu es dans une zone très chaude. Des casse-pieds en colère rappliquent vers toi. Il va falloir que tu joues les Esther Williams.

— Esther Williams ?

— Affirmatif. Si cela ne te dit rien, essaie Johnny Weissmuller.

— Et que faut-il que je fasse, comme Esther Williams ?

— Ce qu'elle fera lorsqu'elle ira chercher sa récompense suprême.

Au diable toutes ces conneries ! Que ferait Esther Williams quand elle irait chercher sa récompense suprême ? Elle ne tomberait pas d'une falaise comme lui ! Non ! Peut-être quitterait-elle la berge ? Non, elle plongerait !... Non... Cela ne résoudrait rien. Et merde !

— Je ne reçois pas, Dénicheur.

— Le mot Styx signifie-t-il quelque chose pour toi ? Sugar, Tango, Yankee, Xray ?

Styx. La rivière Styx. L'ancien mythe. On traversait le Styx pour atteindre l'au-delà. Quand Esther Williams irait chercher sa récompense finale, il faudrait qu'elle traverse le Styx. Ce qui signifie qu'il devait traverser la rivière. Mais qui diable avait pu gamberger cette petite perle ? C'était sûrement signé par la blanche main de Frank Ott...

— D'accord, Dénicheur. Maintenant, je comprends.

— Bien. Il faut démarrer tout de suite. Pas de temps à perdre. Tu pourras ?

— J'essaierai.

— J'ai parié gros sur cette partie, Bat. Ne me laisse pas tomber. Appelle après avoir touché ta récompense suprême.

— Je n'aime pas ce genre d'allusion, Dénicheur ! Bat Vingt et un, terminé.

Hambleton coupa sa radio et regarda vers l'autre côté de la rivière. Ce qui lui avait paru un présent de Dieu quelques instants plus tôt, semblait à présent un abîme infranchissable. A première vue, il y avait quelques vingtaines de mètres de large à franchir, mais pour lui c'était comme le golfe du Mexique. Il sentit le désespoir l'envahir. Il fallait qu'il le chasse ! Pense de façon positive, Hambleton. Jusqu'ici, tu as accompli des miracles. Tu as survécu pendant dix jours. Tu as franchi un champ de mines, contourné les servants de canons ennemis, traversé un village hostile, combattu au corps à corps pour ta vie. Si le jeune Clark peut le faire, tu le peux aussi. Quelqu'un, là-haut, veille sur toi. Il n'y a pas de raison qu'Il te laisse tomber à présent.

Le bruit de broussailles écrasées au loin le tira brusquement de sa rêverie. Il fallait qu'il s'attaque au problème tout de suite. Pour traverser à la nage, il lui fallait ne conserver que le strict essentiel. Il fit un inventaire rapide. Il ne prendrait que la radio, les fusées et le couteau. Le revolver, la trousse de secours, et les autres accessoires, y compris son gilet de survie, resteraient sur cette rive.

Il ôta le gilet, presque avec le sentiment de se séparer d'un vieil ami. Il remonta sur la berge vers un endroit où il avait repéré une petite crevasse, et il laissa tomber les objets à l'intérieur. Il la recouvrit avec du limon de la berge, puis se tourna vers l'eau.

Il entendait distinctement le bruit de buissons que l'on écrase, au nord et au sud de sa position. Son cœur battit plus vite à la vue de l'étendue d'eau, peu engageante, qu'il avait à traverser. Il se risqua. Bientôt il en eut jusqu'au genou. L'imbécile! Il avait oublié quelque chose. Jamais il ne pourrait traverser cette rivière à la nage avec ses bottes et ses chaussettes. Il était temps qu'il pense un peu avec sa tête! Il revint sur la berge, s'assit et ôta ses chaussures. Il cacha tout sous un vieil arbre déraciné et se glissa de nouveau dans l'eau.

Le fond tomba brusquement sous ses pieds. Un trou. De l'eau par-dessus la tête. Il refit surface en crachant et toussant, tenant toujours la radio au-dessus de sa tête, autant que possible au sec.

S'il devait nager sur toute la largeur, ce serait très dur. Le courant était faible mais ne l'aiderait pas. A dix mètres du départ, il devait déjà lutter contre l'épuisement. Il fallait qu'il se repose.

Il laissa tomber ses pieds vers le bas. A sa vive surprise ils touchèrent le fond. Des rochers. Il se mit debout; l'eau lui arrivait à la poitrine. Il avait cru la rivière beaucoup plus profonde. Bon Dieu, il allait pouvoir la traverser *en marchant!* Il essaya d'avancer. Quelques mètres. C'était lent mais l'eau ne dépassait pas ses épaules. Puis il comprit qu'il avait commis une seconde erreur tactique.

Le fond de la rivière était tapissé de rochers irréguliers aux arêtes vives, qui lui coupaient la plante des pieds. Il se tordit l'orteil au pas suivant, et la douleur explosa dans tout son corps. Jamais il ne pourrait traverser cette rivière pieds nus. Et il était trop épuisé pour la franchir à la nage.

De nouveau il rebroussa chemin vers la berge pour ramasser ses bottes. Tantôt nageant, tantôt pataugeant, il regagna l'arbre mort où il les avait cachées. Une chance, la silhouette noire de l'arbre se détachait nettement. Il s'assit sur le tronc et enfila ses chaussettes trempées. Puis il glissa ses pieds endoloris dans ses bonnes vieilles godasses et remonta la fermeture Eclair.

Malgré l'humidité, le nylon et le caoutchouc de ses bottes étaient rassurants. Elles étaient presque devenues une partie de lui-même. Elles étaient conçues pour l'eau et la jungle, et il se maudit d'avoir songé un seul instant à se séparer de vieilles amies comme elles. Peut-être commettait-il également une erreur en abandonnant son gilet de survie. Peut-être ferait-il mieux d'aller le rechercher. Ainsi que son arme.

Il hésita un instant. Puis il entrevit l'auréole d'une lampe électrique dans les fourrés qu'il venait de quitter. La décision ne lui appartenait plus. Il repartit vers la rivière.

Il nagea par-dessus le trou où il était tombé la première fois, puis posa les pieds sur le sol rocheux. Il se mit à marcher. Très lentement. Il ne voulait pas glisser dans un autre trou et couler. Enfin, moins il avancerait vite, moins il ferait de vaguelettes et de bruit. En silence, un pas après l'autre, il négocia le fond glissant de la rivière. Il eut de la chance. En dehors du premier trou, près de la berge ouest, il ne tomba sur aucun endroit où l'eau montait plus haut que son menton.

Au bout de ce qui lui parut une éternité, il atteignit l'autre rive. Il s'allongea un instant sur la berge pour rassembler ses forces. Puis il rampa à quatre pattes dans les buissons qui bordaient la rivière. De nouveau il se trouvait en sécurité — en tout cas pour l'instant — mais, bon Dieu ! il était vanné. Il parvint tout juste à tirer au-dessus de lui les grosses feuilles noires des arbustes, puis il sombra...

Il fallut les appels impatients de Dénicheur pour lui donner la force de brancher son émetteur.

— A vous, Dénicheur.

— Ça fait plaisir d'entendre ta voix, Bat Vingt et un. Comment va ?

Manifestement, le pilote FAC était soulagé.

— Esther Williams vient de recevoir sa récompense suprême.

— Magnifique. Prêt pour les neuf derniers ?

— Un peu de repos ne me ferait pas de mal.

— Négatif. Je répète : négatif. Beaucoup trop de vers luisants sur le parcours. Impératif de jouer au moins un trou de plus.

Des vers luisants ? Hambleton s'assit et jeta un coup d'œil hors de sa cachette. Oui, on aurait dit des vers luisants. Des ombres pourvues de lampes électriques se découpaient sur la rive ouest, pas très loin de l'endroit où il était entré dans l'eau. Bon dieu ! Allaient-ils traverser la rivière ?

— Compris, Dénicheur. Je me prépare à partir.

— Je sais que c'est dur, Bat. Mais chaque trou t'éloignera davantage des vers luisants.

— Bien reçu.

— Pour les neuf derniers trous, tu vas jouer les Flipper. Tourne à gauche et suis la Suwannee. Tu te rappelles la Suwannee ? La longueur du trou est très importante, pour que nous sachions exactement où tu es. Nous jouons sur le terrain d'entraînement du National de Tucson. Tu t'en souviens ?

— Affirmatif.

Hambleton connaissait les longueurs de tous les parcours de Tucson, au centimètre près. Même avec sa cervelle en capilotade :

— Bien. A toi de jouer. Fais signe dès que tu es sur le *green* du dixième.

— Affirmatif.

— Et fais attention, Bat.

— Merci. Bat Vingt et un, terminé.

Il fallait donc qu'il replonge dans la rivière et qu'il descende dans le courant. Cette perspective ne lui souriait guère. Il y aurait les trous, les faux pas, les rochers glissants, le souci constant de ne pas tremper sa radio. Mais il le fallait et il n'y avait pas de temps à perdre. Plus il pourrait mettre de terrain entre lui-même et les Niaks, mieux ce serait.

Sans bruit, il rampa jusqu'au bord de l'eau. Le moindre de ses gestes était devenu un calvaire. Son corps épuisé envoyait sans cesse des messages de protestation à son cerveau annihilé ; chaque effort ressemblait à la dernière foulée d'un mille mètres parcouru en deux minutes quarante. Il se laissa glisser dans l'eau et partit vers l'aval, essayant de rester près de la berge où il y avait moins de fond, tout en serrant de près l'ombre du surplomb. Par endroits, l'eau ne lui arrivait qu'au genou. L'instant suivant, il en avait par-dessus la tête et devait se débattre pour remonter à la surface, craignant toujours que ses mouvements brusques n'attirent l'ennemi. L'obscurité gênait aussi sa marche. Il trébuchait contre des troncs immergés, se faisait gifler par des branches invisibles. Et il fallait qu'il garde un compte précis des mètres qu'il parcourait, mesurant sa progression de son mieux en foulées glissantes et trébuchantes.

Au bout d'une heure, il dut se reposer. Il roula, autant qu'il rampa, sur une tache d'herbe qui bordait la rivière.

237

Il n'avait parcouru que les trois cents premiers mètres de ce dixième trou. Encore cent vingt mètres avant le *green*. Il s'allongea et resta immobile comme un cadavre, essayant de ne pas haleter trop fort...

Il entendit soudain comme un plongeon dans l'eau. Très près, semblait-il. Il s'assit brusquement, tous nerfs à vif. L'ennemi avait-il traversé la rivière ? Il saisit son couteau et banda tous ses muscles.

Puis il distingua une sorte de bosse qui trouait la surface de la rivière : une énorme tortue de vase nageant vers l'aval ! Il l'avait dérangée de son gîte et elle était partie à la recherche d'un endroit moins fréquenté. Il avala le nœud qui s'était formé dans sa gorge et s'assit à nouveau dans la boue, tremblant de la tête aux pieds.

Il regarda vers l'amont. Les lampes torches étaient à peine visibles à présent, et il semblait être hors de portée de voix. Bizarre qu'ils n'aient pas traversé la rivière. Ou bien était-ce déjà fait ? Il se leva pour mieux voir. S'il y avait des Niaks sur la même berge que lui, on ne pouvait ni les voir, ni les entendre. Peut-être sa taille était-elle un avantage décisif ? En moyenne, il avait toujours eu de l'eau jusqu'au cou, et il mesurait plus d'un mètre quatre-vingt-cinq. Un Vietnamien de taille normale avait donc de l'eau par-dessus la tête. Il faudrait qu'ils traversent tous à la nage avec leurs tenues de combat et leurs fusils ! Perspective peu encourageante.

Prudence. Ne pas se laisser entraîner par une fausse impression de sécurité. Il avait peut-être « barré le trou » pour l'instant aux joueurs d'en face, mais ce qui leur manquait en carrure, ils le compensaient largement par l'ingéniosité et le cran. Il n'en avait pas terminé avec eux. Allons, mon vieux Ham ! Remue-toi les abattis, et à l'eau !

Péniblement, il s'enfonça de nouveau dans la rivière, s'accrochant aux plantes grimpantes de la berge. Son pied glissa, l'entraînant dans un trou profond. Il refit surface crachant de l'eau boueuse et jurant. Il pédala dans l'eau jusqu'à ce que ses pieds touchent de nouveau le fond. Il tenait toujours sa radio à bout de bras...

Soudain, il sentit quelque chose heurter la pointe de son coude. Le choc envoya une décharge d'électricité dans tout son bras. Il pivota brusquement en reculant d'un pas. Nouveau choc, sur la poitrine cette fois. La chose se matérialisa lentement dans le noir. Il n'en crut pas ses yeux.

C'était une épaisse et solide traverse de chemin de fer ! De presque trois mètres de long. Il l'entoura de son bras libre et appuya. Le bout de l'aval s'enfonça sous l'eau. Il fit glisser la traverse devant lui, puis s'arc-bouta de tout son poids au milieu de son flotteur improvisé. De nouveau, la traverse s'enfonça un peu, mais elle le soutenait.

Il avait une bouée ! Quelque chose qui le portait. Il prit la traverse fermement sous le bras et se mit à flotter. En s'accrochant aux arbustes dont les branches pendaient au-dessus de l'eau, il parviendrait à se diriger sans trop de peine. Il avançait sans effort, en continuant de compter les pas... Mon Dieu, comme c'était plus facile ! Et s'il était intercepté, il pourrait se cacher derrière la traverse... Il se sentait revivre !

Tout en flottant vers le *green* de son dixième trou, il examina son flotteur. Un bloc noir lui resta dans la main. Du charbon de bois. La traverse était brûlée d'un côté. Venait-elle du pont bombardé en amont, celui que l'aviation avait fait sauter ? D'où qu'elle vînt, quelle que fût son origine, c'était un don de Dieu. La Providence lui avait offert un caddie électrique ! Il allait terminer les neuf derniers trous en grand style.

ONZIÈME JOUR

Au poste de commandement, le major Sam Piccard était en train de rendre compte au colonel Frank Ott. Il montra un point sur la carte de reconnaissance à laquelle était superposé le parcours de golf d'Hambleton.

— Il est exactement là, colonel. Je viens de recevoir le rapport de Dénicheur. Il est parvenu au onzième trou, là, sur la berge de la rivière.

Ott étudia la carte.

— Ce vieux salopard a donc fait onze trous ! Tel que je le connais, il les a sûrement réussis en faisant un meilleur score que la norme.

— Selon le message de Dénicheur, il a maintenant un caddie électrique.

Ott sourit jusqu'aux oreilles.

— Un caddie électrique !

— C'est ce qu'il a dit. Nous essayons encore de comprendre. Il doit avoir trouvé un objet flottant, quelque chose à quoi s'accrocher.

— Vous pouvez lui faire confiance !

Piccard craqua une allumette au-dessus de sa pipe et plissa les yeux pour distinguer Ott à travers les volutes de fumée bleue.

— La guerre est un jeu... Je cite Cowper.

Ott fixa d'un air interrogateur le visage grêlé de l'officier de renseignements.

— Cowper ?

— Un poète du XVIIIe. « Mais la guerre est un jeu auquel les rois ne joueraient point, si leurs sujets étaient sages. »

— Hmm, dit Ott. Mon cher Sam, pour un officier de l'Intelligence, vous n'êtes pas trop bête !

Piccard sourit.

— Je lis beaucoup. Dans le temps, je dévorais tout ce qui me tombait sous la main et qui avait trait à la guerre. J'espérais être capable de la comprendre, ou au moins de lui donner un sens. Mais c'est comme trépigner dans du sable mouvant. Plus on s'y enfonce, pire cela devient.

— Je le crois aussi.

— Maintenant, je lis pour essayer d'oublier la guerre. Hercule Poirot, vous connaissez ?

— Je suis plutôt pour James Bond.

Le colonel Walker s'approcha des deux hommes. Un lieutenant-colonel des fusiliers-marins, de haute taille et large d'épaules, l'accompagnait. Walker le présenta comme le colonel Andrews, commandant d'un détachement de Marine Rangers, puis se dirigea vers la carte et montra au nouveau venu la position exacte d'Hambleton.

— On dirait qu'il réalise un bon temps, dit Andrews. Pour un homme qui a subi dix jours d'épreuves.

— Hambleton n'a jamais été de ceux qui jettent l'éponge, répondit Ott.

Walker se tourna vers le Ranger.

— Vos hommes sont en place, Andrews ?

— Ils y seront bientôt, colonel. Ils sont déjà en route.

— Ce sera une mission très dure.

— N'oubliez pas, colonel Walker, répondit Andrews avec un sourire entendu, que mes hommes sont des *Marines.*

— Fusiliers-marins ou non, bougonna Walker, ils ont une mission extrêmement dangereuse.

Sam Piccard chercha le regard d'Andrews.

— La guerre est un truc vraiment tordu, un sacré merdier quand on y réfléchit. Nous voici sur le point de parachuter volontairement deux hommes de plus, dans un secteur où nous nous décarcassons depuis plus de dix jours pour en sortir un, involontairement tombé celui-là.

— Je vous en prie, Sam, grogna Walker. Je ne veux plus entendre ce genre de remarques. Surtout dans votre bouche. Celles du Quartier Général me suffisent. Si Andrews n'était pas allé avec moi frapper très haut, jamais nous n'aurions obtenu le feu vert pour cette mission.

— Je ne discute pas, colonel.

— Je ne marque pas beaucoup de points auprès du QG. Oh, je comprends leur logique — ils ont leurs raisons. Et elles ne manquent pas de sens. Ils ont les yeux fixés sur le bilan général — les pertes, le nombre des morts, les linceuls verts à commander. Ils tiennent à limiter les dégâts le plus possible et c'est bien normal, mais parfois les généraux oublient comment les choses se passent au niveau des combattants. Quand on est la mère supérieure d'une communauté d'aviateurs, on ne les laisse pas tomber. Bonté divine ! Cette putain de guerre vous coince les couilles dans un étau ! Je préférerais ne plus en avoir...

Andrew se racla la gorge avec tact :

— Ne vous faites pas de souci pour nos hommes, messieurs. Ils sont assez grands pour prendre soin d'eux tout seuls. Cette mission est une simple balade.

Walker se tourna vers lui.

— Ce ne sera pas une simple balade, Andrews. Marines ou pas, ils vont en baver.

— Bien sûr, colonel. Mais ce sont des commandos. Entraînés spécialement pour l'évasion et la fuite. Ils connaissent leur affaire. Tous volontaires. Triés sur le volet.

Un sourire las erra sur les lèvres de Walker.

— C'est pour ça que j'ai toujours eu un faible pour les fusiliers-marins. C'est la seule arme où l'on trie les volontaires sur le volet.

A travers les cirrus presque immobiles à haute altitude, la lune montante commençait à baigner le paysage d'ombres douces.

Au prix d'un effort extrême, Hambleton relâcha sa prise sur la traverse. Ne pense pas aux sangsues collées à tes jambes. Oublie les serpents qui vont et viennent sur le même parcours que toi. Quel est le meilleur moment pour avoir une crise de dysenterie provoquée par l'eau polluée, sinon pendant qu'on se laisse flotter dans une rivière ? Regarde le bon côté des choses. Pense optimiste. Plus que cinq trous, et tu as terminé. Et l'Oncle Sam qui te paie simplement pour jouer au golf ! Qui paie-t-on pour jouer au golf, hein, en dehors des grands professionnels ?

Ses yeux se fermèrent. Quand il les ouvrit de nouveau, il ne fut nullement surpris de voir Gwen assise à l'avant de son flotteur ; fraîche comme une pivoine, vêtue de son maillot de bain jaune tout neuf — le plus sexy. Mon Dieu qu'elle était mignonne au clair de lune. Et désirable.

Quand il tendit la main vers elle, elle s'évanouit et il ne toucha que le bout d'une traverse de chemin de fer calcinée. Il secoua la tête et se frotta les yeux. Il fallait qu'il chasse ça de sa tête ! Qu'il règle la question de ces hallucinations. C'était la deuxième fois, ce soir.

Il s'éclaboussa le visage d'eau. Trois cent soixante-cinq, trois cent soixante-six, trois cent soixante-sept...

Il regardait devant lui d'un œil vide, sans rien voir, flottant en silence au fil du courant paresseux. Ses jambes formaient de lentes foulées régulières. Parfois ses pieds touchaient le fond, parfois non, et son subconscient continuait d'enregistrer les mètres jusqu'au *green*... Trois cent quatre-vingts. C'était là. Un petit drapeau se releva dans son cerveau. Trois cent quatre-vingts mètres. Il était arrivé au bout de son quatorzième trou — un petit terreplein herbeux, droit devant.

Il saisit les branches surplombant la rivière et manœuvra jusqu'à terre, sans lâcher son flotteur. Puis, tirant et poussant avec le peu de forces qu'il put rassembler, il parvint à hisser la traverse assez haut sur la berge pour qu'elle soit en sécurité. Enfin il la recouvrit de branches, avec autant de soins que s'il se fût vraiment agi d'un caddie électrique de dix mille dollars. Peut-être n'était-il pas muni d'un bar, d'une chaîne stéréo, et d'un téléviseur couleurs comme celui de Bob Hope, mais il avait une autre qualité : il était là. Et c'était ce caddie-là qui allait probablement lui sauver la vie.

Il avait dépensé toute son énergie à dissimuler ses traces. Il était faible. Il rampa pendant quelques mètres et disparut dans les fourrés. Il fallait qu'il se repose. Il dormirait trente minutes, puis il appellerait Dénicheur.

Il s'allongea sur le dos, le plus confortablement possible. C'était difficile ; son épaule lui en faisait voir de dures. Le mal n'avait fait qu'empirer depuis sa chute de la falaise. Il se tortilla dans les broussailles pour se faire un nid et soulager sa clavicule.

Une démangeaison à la jambe le força à se rasseoir. Il avait failli oublier. Il posa les mains sur ses chevilles et ouvrit la fermeture Eclair de la jambe gauche de sa combinaison. C'était là. Sa peau se révulsa. Une grosse sangsue s'était collée au bas de son mollet. Les petites dents acérées avaient incisé ses chairs. Et par cette plaie, la bouche plate, affreuse, allait lui sucer le sang. Bon dieu, comme il détestait ces bêtes gluantes !

Le visage grimaçant, il saisit la créature répugnante collée à sa peau et dut tirer très fort avant que la bouche ne relâche sa succion. Avec un juron, il jeta la sangsue dans les buissons, puis il pressa la plaie pour la faire saigner. Comme s'il avait du sang à perdre ! Quel parasite obscène ! Il frissonna. Comment Humphrey Bogart avait-il pu faire descendre l'*African Queen* sur sa maudite rivière ? De toutes les créatures de la jungle, c'étaient les sangsues qu'il haïssait le plus, davantage même que les grands serpents rampant le long des berges ou les nuages de moustiques féroces qui vous rendaient littéralement fou...

Il nettoya la blessure de son mieux avec son mouchoir, puis il remonta la fermeture Eclair de sa jambe. Dommage qu'il ait dû laisser sa trousse de secours ; il aurait pu, au moins, arrêter l'infection. Il se renversa de nouveau en arrière. Il fallait qu'il se repose à tout prix... Il essaya de ne pas songer à sa condition physique. Lentement mais sûrement, il se réduisait à l'état d'épave. Il ferait une bonne « aide pédagogique » pour cours de médecine ! Les petites blessures causées par les éclats de DCA s'infectaient un peu partout sur son corps. Son doigt, Dieu merci, se cicatrisait. Le coup de couteau à l'épaule ne le gênait pas trop non plus. Mais l'autre épaule le lançait comme l'enfer.

Pourtant, rien de tout cela ne distrayait autant son attention que ses douleurs intestinales. Il avait eu tort d'emplir ses entrailles d'eau de rivière. Maintenant, la dysenterie le pliait en deux, à de certains moments.

Encore quatre trous. Pourrait-il les faire ? De nouveau le doute l'accabla. Comment serait-il capable de jouer quatre trous de plus ? Au moins quinze cents mètres. Ce n'était pas grand-chose pourtant — même pas un mille ! Mais quand chaque pas exige un effort de volonté, chaque geste déclenche une douleur horrible — oui, c'était aussi loin que la lune. S'il avait un grain de bon sens, il rendrait son tablier aussi sec, et il réclamerait son compte. Ne serait-ce que pour avoir un instant de répit. Il ferma les yeux et tenta de chasser ces pensées folles de son cerveau.

Au bout d'un instant, ses paupières s'ouvrirent soudain. Qu'était-ce donc ? Il avait entendu un bruit. Puis un autre. Venant de la rivière. Un coup dans l'eau. Des éclaboussures. Le son porte vraiment loin sur une étendue d'eau. Il reconnut le bruit et, avec mille précautions, prit une position assise. C'était une rame qui frappait l'eau. Pas d'erreur.

Il se pencha en avant jusqu'à ce qu'il puisse distinguer la rivière à travers le feuillage. Il sentit ses cheveux se dresser sur sa nuque : à cinquante mètres en amont avançait un sampan.

Il aspira à fond et retint son souffle. La chance n'était pas de son côté. Pas un nuage pour masquer la lune, et dans sa lumière irréelle, il distingua un œil énorme peint sur la proue du bateau. L'embarcation se rapprocha, tel un monstre bizarre et silencieux surgi des profondeurs. Bientôt, il aperçut une demi-douzaine de soldats assis dans la barque étroite, tournés vers les deux côtés de la rivière, le fusil posé sur les genoux. De temps à autre, ils exploraient la berge avec leurs lampes électriques.

Le sampan s'approchait toujours. Les rameurs, à la proue et à la poupe, faisaient avancer la barque sans bruit à coups d'aviron synchrones. Verraient-ils son flotteur à moitié remonté sur la berge ? Une traverse de chemin de fer paraîtrait tout à fait déplacée sur les rives d'une rivière indochinoise. Sa présence attirerait forcément les soupçons.

Le sampan était maintenant à sa hauteur. Son cœur cessa de battre quand il vit le faisceau d'une lampe électrique tomber sur la traverse. Un des soldats à l'avant du bateau dit quelque chose à mi-voix et pointa son fusil vers la rive. Le rameur de proue fit virer le bateau et le dirigea tout droit sur la traverse. Hambleton se figea, n'osant plus respirer. Le sampan piquait vers lui. Nom de Dieu ! Allaient-ils débarquer ? Fouiller le coin ? Instinctivement, il saisit son poignard.

Le rameur toucha la traverse avec son aviron, sous le regard de tous les soldats du bateau. D'autres lampes-torches s'allumèrent, et Hambleton se pelotonna dans sa cachette tandis que les faisceaux balayaient le fourré autour de lui. Les doigts de lumière tâtèrent les ombres ; une éternité s'écoula.

Le rameur de proue débarqua et pataugea jusqu'à la berge pour examiner la traverse avec sa lampe. Il fit glisser le faisceau sur toute la longueur, puis se baissa pour toucher le bout carbonisé. Il releva sa main, la regarda attentivement... Il avait des traces noires de charbon sur les doigts. Il revint vers le bateau et parla aux soldats. Hambleton le vit tendre le bras vers l'amont, dans la direction du pont bombardé. Il y eut plusieurs autres répliques chuchotées en vietnamien, puis le rameur balaya une dernière fois les buissons avec sa torche. Il repoussa la barque vers le courant, sauta à l'intérieur et reprit sa place à la proue.

Le sampan continua vers l'aval comme un vaisseau fantôme, ses rames plongeant sans bruit dans l'eau.

Hambleton vida ses poumons d'un seul coup. Il était mou comme un torchon à vaisselle. Il se laissa tomber en arrière et ferma les yeux : son moral yo-yo avait atteint le bout de sa corde, l'avait brisée et continuait de tournoyer au loin, jusque dans la rivière.

L'aube venait de poindre lorsque le capitaine Clark posa les roues de son Q-2 sur la piste. Machinalement, tout en conduisant l'avion vers son hangar, il parcourut la liste très brève des opérations à faire après l'atterrissage. Il mit le petit appareil en ligne et coupa le contact. Il inscrivit quelques observations rapides sur la formule 781 de l'appareil, descendit, puis s'étira pour chasser la raideur de ses muscles. Il remarqua alors une grande silhouette, solitaire, qui se dirigeait vers lui d'un bon pas.

— Bonjour, Clark.

Le pilote reconnut le vieil ami d'Hambleton.

— Bonjour, colonel Ott. Déjà debout ?... Ou bien pas encore couché ?

— Cela revient au même. Je sais que vous avez volé toute la nuit et que vous avez hâte de vous mettre au lit. Mais j'ai pensé que je pourrais peut-être vous aider à vous détendre un peu avec une tasse de café.

— D'accord. Pourquoi ne pas offrir notre clientèle au célèbre salon de l'atelier d'entretien ? Il y a toujours une cafetière sur le feu. Ce qu'elle contient ressemble à de l'huile de vidange, mais c'est chaud.

— Parfait. Je voulais simplement bavarder une minute.

Clark prit son sac de vol et lança son parachute sur son épaule. Les deux hommes firent en silence les quelques pas qui les séparaient du hangar d'entretien. Clark jeta son équipement sur une chaise et alla se servir une tasse à la machine. Puis il s'assit sur le divan décrépit et percha ses bottes de cowboy sur la caisse qui servait de table à café.

251

— Eh bien, colonel, de quoi bavardons-nous ?

— De Hambleton. Je voulais avoir les dernières nouvelles. De première main.

— Notre ami vient de ramper dans le seizième trou. Et quand je dis ramper, ce n'est pas une image.

— A ce point ?

— A ce point. Franchement colonel, je suis inquiet. Très inquiet. Bien entendu, sa condition physique s'est dégradée peu à peu. Mais son moral aussi est très atteint, et pour la première fois, je crois que sa raison est en train de déraper. Il n'y a plus dans sa voix la même flamme qu'auparavant. Certains de ses messages sont incohérents. Je suis obligé de les lui faire répéter. Et cette nuit, il a eu une vraie frousse. Des Niaks en croisière sur un sampan se sont arrêtés à moins de dix mètres de lui et ont inspecté son caddie électrique.

— Ils ont donc retracé son passage jusqu'à la rivière, on dirait ?

— Il semble, oui. Et cela soulève de sacrés problèmes.

— Vous en avez vu depuis votre zinc, cette nuit ?

— Non. Mais cela ne veut pas dire qu'il n'y en avait pas. Dès qu'ils entendent mon avion, ils doivent se rapprocher de la berge et éteindre leurs lampes. Impossible de les repérer sous toute cette végétation. Si nous pouvions les localiser, nous enverrions les Sandys.

— Et pourquoi ne pas faire intervenir les Spectres ? Les C-130 pourraient lâcher des fusées et éclairer le décor.

Clark secoua la tête.

— J'y ai pensé, moi aussi. Ça ne gaze pas. Il faut qu'Hambleton se déplace dans le noir. Eclairer la rivière nous permettrait peut-être de voir les Niaks, mais quel danger pour lui ! Le remède serait pire que le mal.

— Je vois ce que vous voulez dire.

— Le sampan qu'il a repéré était peut-être isolé. Ou

bien il y en a une douzaine en train de patrouiller sur la rivière. Impossible de le savoir.

— Ham en a vu d'autres, en dehors de celui qui s'est approché de son bout de bois ?

— Il n'en a rien dit.

— Donc, nous devons tenir compte de cette inconnue. Il a encore six cents mètres à parcourir pour atteindre le dix-huitième trou. Et vous dites qu'il en est réduit à ramper ?

— A ramper. Il lui faut de plus en plus de temps entre les trous. Il a dû se reposer deux heures avant d'avoir la force de se lancer dans le seizième. En toute sincérité, je me demande comment diable il a réussi à tenir le coup si longtemps. Onze jours avec quelques épis de maïs pour toutes vitamines ! Moi, quand je saute un repas, j'ai l'impression que je vais claquer ! Et il a été obligé de boire l'eau de la rivière. Bon Dieu ! C'est un véritable égout !

— Hambleton a une volonté de survivre très forte. Il a de bonnes raisons pour ça. Si un être humain peut traverser cette épreuve, c'est bien lui.

— C'est ce que je ne cesse de lui répéter. Mais, bon sang, c'est de plus en plus coriace. Etre là-haut avec lui, nuit après nuit, écouter sa voix, essayer d'être toujours gai, tout en sachant très bien par quel enfer il passe... Et ne pouvoir absolument rien faire pour l'aider !

— Vous avez fait beaucoup pour lui, Clark. Personne ne peut rêver d'un meilleur ange gardien.

— Foutu ange gardien ! Je reste assis sur le croupion pendant que ce sacré bonhomme à moitié crevé, deux fois plus vieux que moi, s'arrache à la boue avec les dents, à moins de cinquante mètres au-dessous de mon zinc !

— Ne vous faites pas de reproches. Aucun homme ne pourrait faire davantage.

— Mais il *faut* faire davantage ! Pour commencer, je

vais aller voir si nous ne pouvons pas tenter un parachutage. En nettoyant le secteur autour de lui avec les Sandys, nous pourrions lui lancer un paquet qu'il soit capable d'atteindre. De la nourriture, de l'eau, de quoi le remettre debout pour finir ses deux derniers trous.

Ott réfléchit un instant.

— C'est un risque... Un parachutage indiquerait certainement sa position. Et comme l'ennemi fouille le secteur...

— J'y ai songé. Oui, un parachutage indiquerait sa position. Mais une douzaine de parachutages ?

Les sourcils d'Ott se froncèrent.

— Une douzaine de parachutages ?

— Dix plus deux. Nous ferions douze lâchers. Tous seraient bidon, sauf un. Celui d'Hambleton contiendrait un paquet-secours. Et nous éparpillerions les autres tout autour du secteur. Avec douze parachutes s'ouvrant dans le ciel en même temps, les Niaks se mettront à courir en rond comme des fous.

Ott hocha la tête.

— Pas une mauvaise idée. Il y a un élément de risque, mais ce n'est pas une mauvaise idée.

— Je crois que l'élément de risque est acceptable si l'opération permet à Hambleton d'obtenir de la nourriture, de l'eau, une trousse de secours... et des cigarettes. Cela peut simplement suffire à tirer d'affaire notre vieux navigateur.

— Très bien. Pendant que vous allez roupiller, je vais faire accepter votre idée par le colonel Walker.

— Je vous en remercie, colonel. Le meilleur moment pour les parachutages serait vers le crépuscule, tant qu'il reste assez de jour pour qu'Hambleton repère le sien, mais pas trop pour qu'il puisse aller ensuite le chercher dans le noir.

— C'est excellent, Clark. Très bien pensé.

Clark fixa Ott. Il y avait dans ce type quelque chose qui lui avait plu dès leur première rencontre.

— Simple routine, colonel. Rien de comparable au coup des dix-huit trous que vous avez gambergé.

— Oh... Si ça marche ! Mais ce n'est pas moi qu'il faut féliciter. Tout le monde y a participé, vous savez. Quand nous avons passé le mot parmi les vieux copains de golf d'Hambleton, c'était à voir ! Ils ont tous rappliqué comme des vers dans le fromage. Du monde entier. Il y a même eu un sergent-chef qui a téléphoné d'Australie. Il paraît qu'il avait été le caddie d'Hambleton, il y a vingt ans. Avec ce genre de ressources, il n'était pas sorcier d'aligner des trous qu'Hambleton connaîtrait à coup sûr.

— Ne faites pas le modeste. C'était une idée formidable.

— Inutile de nous casser le bras à nous envoyer mutuellement des claques dans le dos tant que notre golfeur n'est pas en sécurité au bar de son club.

Clark acquiesça.

— Quand on regarde au fond des choses, dit-il, ce n'est pas une mauvaise galère.

— Qu'est-ce qui n'est pas une mauvaise galère ?

— Cette putain d'Armée de l'Air.

— Non. Pas si mauvaise. En tout cas, elle prend soin de ses hommes.

Clark fixa le colonel.

— Dites-moi. Vous êtes un vieil ami d'Hambleton. J'ai passé une semaine et demie avec ce type, à travers les vents et marées de l'enfer. Mais je ne l'ai jamais rencontré. A quoi ressemble-t-il ?

— Vous voulez dire... Vous ne l'avez jamais vu ?

— Non.

— Eh bien, pour répondre à votre question... Physiquement, rien de bien extraordinaire. Un grand bonhomme, sec comme un coup de trique. Un visage hâlé, buriné.

Ham a toujours donné l'impression qu'il serait mieux à sa place sur un tracteur, à la ferme, que dans une machine volante sophistiquée. Oui, il ressemble davantage à un paysan qu'à un navigateur de l'Armée de l'Air.

— Ce n'est donc pas le beau gars classique de notre grande Air Force... comme moi ?

— Beau ? sourit Ott. On ne peut pas dire que le vieux Ham soit beau. Mais en dedans... C'est là qu'il a ses élégances, le salaud. C'est un type franc, généreux, sensible, intelligent, avec juste ce qu'il faut de ce sens de l'humour âpre comme un dry-Martini. Un homme comme les hommes les aiment, mais il ne déplaît pas aux femmes non plus. Je connais peu de personnes ayant fréquenté Hambleton et qui ne l'étiquettent pas premier choix. Ça répond à votre question ?

— Un peu. Mais votre description n'évoque pas particulièrement un personnage de héros.

— Un personnage de *héros ?*

— Affirmatif. Qu'il gagne ou qu'il perde, vivant ou à titre posthume, Hambleton sortira de ce cirque avec une ribambelle de médailles. Il a fait abstraction de sa sécurité personnelle pour signaler les mouvements de l'ennemi et provoquer la destruction d'une énorme quantité de quincaillerie Niak. En indiquant les lancements des missiles sol-air, il a certainement sauvé plusieurs de nos équipages. Pas plus tard que la nuit dernière, les chasseurs ont canardé trois sites souterrains de lancement de SAM, invisibles sur nos photos de reconnaissance. Hambleton les a signalés alors qu'il n'avait même plus la force de parler. Selon mes normes, colonel, c'est un sacré héros.

Ott hocha la tête avec un grognement.

— C'est vrai. Etrange, non ? Hambleton serait bien le dernier type sur terre à se prendre pour un héros.

Il scruta le visage du jeune pilote.

— Je vous ai un peu parlé d'Hambleton, reprit-il. En échange, faites-moi une fleur.

— Si je peux.

— Vous pouvez. Parlez-moi de vous. De vous, oui. Du capitaine Dennis Clark.

Clark sourit.

— On n'est pas à court de sujets de conversation à ce point, non ?

— Pour ma gouverne. J'aimerais savoir pourquoi vous faites ça. Tout le monde sur ce front compte les jours qui le séparent de la quille — pour pouvoir échapper enfin à cet asile de fous. Vous avez terminé votre temps, vous avez reçu votre feuille de route, mais vous vous portez volontaire et vous risquez votre cul toutes les nuits pour un type que vous ne connaissez ni d'Eve ni d'Adam. Pourquoi ?

Clark ramassa sa tasse vide et se leva.

— Un autre jus de chaussettes, colonel ?

— Non, merci. Allez-y.

Clark se dirigea vers la machine et remplit sa tasse.

— Si jamais nous manquons un jour de napalm, dit-il, nous pourrons toujours balancer ce truc-là sur les femmes et les gosses.

— Et si vous répondiez à ma question ?

— Votre question...

— Est-ce que vous essayeriez de devenir une espèce de héros, vous aussi, Clark ?

Le pilote lui lança un regard glacial :

— Un héros, colonel ? La bonne blague !

— Alors, quoi ?

Clark alluma une cigarette.

— Pour être sincère, je ne sais pas. Mon copain de chambre prétend que je fais une fixation sur mon père. C'est un mordu de Freud. Licence de psychologie et tout ; chaque fois que je me mets au lit, il essaie de m'analyser.

257

— Mais votre père ?

— Mon père est mort. Cancer.

— Désolé.

— Pas de problème.

— Comment vous entendiez-vous avec lui ?

Clark sourit.

— On dirait vraiment Campbell — mon copain... On s'entendait très bien, mon vieux et moi. Jusqu'à ce que j'entre en fac. Puis ça s'est pour ainsi dire décollé. Je me suis laissé entraîner dans un groupe extrémiste sur le campus, j'ai fumé un peu d'herbe et tâté à la drogue, je suis devenu activiste dans le mouvement contre la guerre, j'ai fini par me faire foutre à la porte de la fac, en bousillant quatre années d'études. Bien entendu, il y a eu des retombées avec les parents...

— Rien de bien exceptionnel dans tout ça.

— Ouais. Je n'étais pas le seul. Mais un soir, je suis rentré à la maison chercher mes fringues. J'avais décidé d'aller vivre dans une communauté avec mon amie. Il y a eu une scène avec mon père. Pour vous montrer la classe que j'avais, je suis parti en lui crachant dans la gueule. Il ne m'a plus jamais adressé un mot. Il est mort huit jours plus tard.

— Je vois.

— Ce genre de truc vous secoue un bonhomme, surtout à l'âge que j'avais. Tout a explosé dans ma tête. J'ai fait volte-face, je me suis engagé dans l'Armée de l'Air, et me voici pilote.

— Je suppose que votre ami Campbell a tout explicité : Hambleton s'est substitué à votre père, et subconsciemment vous essayez d'expier vos péchés en aidant ce vieux bonhomme à se tirer d'affaire. C'est bien ça ?

— Pas loin.

— Et vous croyez qu'il y a du vrai là-dedans ?

Clark haussa les épaules.

258

— Bon sang... Pour être parfaitement sincère, je ne sais pas. La première fois que Campbell m'a parlé de sa théorie, je l'ai envoyé sur les roses. Je n'avais jamais pensé qu'il fallait une raison pour aider quelqu'un à se sortir d'un mauvais pas. Dans le cas d'Hambleton, nous avions un problème. Hambleton était à la fin de son troisième séjour. C'est moi qui avais les dés en main. Qu'y avait-il de si extraordinaire à faire un petit sacrifice pour ramener un homme chez lui ? Qu'y a-t-il de si étonnant ?

— Rien.

— C'est bien ce que je pense. Et je ne comprends pas pourquoi tout le monde en fait un plat.

— Personne n'en fait un plat. Seulement ces temps-ci, les anti-héros sont si populaires que les gens deviennent soupçonneux dès qu'un type se distingue.

— Et merde, je fais seulement le boulot pour lequel on m'a entraîné. C'est l'objectif de l'Armée de l'Air, non ?

— J'aime à le penser.

— Alors qu'importent les motifs personnels ? C'est peut-être simplement que j'aime mon métier. Est-ce que ça compte, du moment que le travail est fait ?

— Non, ça ne compte pas.

Clark écrasa sa cigarette et regarda sa montre.

— Campbell doit être levé, à présent. Si vous voulez bien m'excuser, colonel, je vais aller écraser quelques puces. Pour être prêt ce soir.

— Clark, encore une petite chose. Pour terminer notre causette.

— Je vous en prie.

— Les motivations d'un homme sont comme les calembours : on ne devrait jamais les disséquer. On ne récolte en définitive qu'une poignée de fumée. Mais je sais une chose : il y a un vieux taureau là-bas, dans la boue, qui éprouve une gratitude infinie pour ce que vous avez fait. Et sans se demander le pourquoi et le comment de vos motivations. Je ne serais pas surpris qu'un monsieur du nom de Clark, en orbite quelque part au-dessus du plafond, soit drôlement fier de son fils.

Le visage de Clark s'épanouit.

— Puis-je ajouter un mot ? dit-il.

— Allez-y.

— Du vent !

Le crépuscule. L'or fondu du soleil embrasait l'horizon. Hambleton ôta son filet à moustiques et le glissa dans la poche de sa combinaison. Au prix d'un effort suprême, il secoua ses os et ses muscles endormis et les força à se conjuguer pour une cause commune : s'asseoir. Il passa la tête hors des buissons et scruta la rivière. En dehors du bourdonnement des insectes et du croassement tout proche d'un crapaud-buffle, tout était silencieux.

Le Sandy allait venir d'une minute à l'autre avec le paquet-secours. Quand le pilote FAC lui avait annoncé le parachutage, il avait éprouvé des sentiments mitigés. Ils allaient révéler sa position, ces idiots ! Mais il n'avait pas eu la force de discuter. S'ils réussissaient, parfait. Mais il faudrait que le colis lui tombe sur le nez, sinon il n'aurait pas l'énergie de le récupérer. Et s'il lui tombait sur le nez, il serait aussitôt suivi d'une patrouille de Niaks. Mais peu importait, en fait. De toute façon, il n'avait pas la moindre chance de jouer deux trous de plus.

Pourtant son intérêt s'accrut dès qu'il entendit l'écho d'un avion se réverbérer sur la rivière. Il se dressa sur ses jambes tremblantes et se dissimula dans les ombres d'un arbre pour observer. *Trois* avions arrivaient en rase-mottes du côté du soleil.

Seigneur, il en fallait du matériel pour cracher un paquet-secours ! Puis il vit le parachutage, la fleur de nylon qui s'épanouissait, en aval. Jésus en culotte courte !

Le conteneur tombait aux cinq cents diables. Il pouvait à peine le voir, encore moins aller le chercher. Que s'était-il passé ? Dénicheur savait exactement où il se trouvait ; de son FAC, il avait vérifié sa position par triangulation avec les bips de la radio, juste avant qu'il ne s'enterre pour la journée. Ce n'était pas du tout dans le style d'un pilote de Sandy de... Une seconde ! Un autre parachute ! A presque un kilomètre à l'ouest de la rivière. Et — bon dieu, non ! — un autre. Et un *autre* ! Que diable se passait-il donc ? Une douzaine de champignons de nylon s'épanouissaient partout dans le ciel — mais pas un seul à distance acceptable. Les avions disparurent. Hambleton se gratta la tête, déconcerté. Ma foi, adieu le paquet-secours.

Soudain un grondement à décrocher les oreilles lui fondit dessus. Un avion jaillit de la colline juste derrière lui. Le pilote passa si bas que, instinctivement, Hambleton s'accroupit. Puis il vit la boîte argentée qui se balançait au bout du parachute. Sur une trajectoire qui tombait droit sur lui.

C'était donc ça. Le vieux truc de la poudre aux yeux. Les autres parachutages n'étaient que des leurres pour tromper l'ennemi. Dieu les bénisse ! Il adressa un salut amical à l'appareil qui s'éloignait en battant des ailes.

La boîte glissa au-dessus de sa tête vers la crête d'une petite colline derrière lui, arracha une grosse feuille à un bananier et disparut. Elle ne serait pas trop difficile à trouver. Il y avait encore trop de lumière pour gravir la colline, mais dès que le soleil disparaîtrait, il essaierait.

La pensée de ce paquet, là-haut, était presque insupportable. A peine une demi-heure s'était-elle écoulée qu'il avait déjà décidé que la végétation de la colline était suffisamment dense pour le protéger. Il resterait à couvert jusqu'en haut. D'ailleurs, il ne pouvait pas attendre plus longtemps. La nuit allait tomber et il lui faudrait être de retour sur la berge pour reprendre sa route.

261

Il étudia le meilleur itinéraire pour monter sur la petite colline, puis il partit. Il commença son ascension en halant le poids de son corps centimètre par centimètre. La pente était courte mais très raide. Il rampait sur les mains et les genoux, il s'accrochait aux buissons et aux arbustes, il se halait de toutes ses forces... A mi-chemin, un buisson se déracina sous sa main et il dérapa en arrière. Il recommença. De nouveau il atteignit presque le sommet, apercevant déjà le parachute. Puis une pierre roula sous son pied, et de nouveau il dévala la pente à grand bruit à travers les broussailles.

A trois reprises, il essaya. Chaque fois l'escarpement demeura un rempart impossible à conquérir. A trois reprises, il glissa et retomba au pied de l'obstacle. Il lui avait fallu une heure de persévérance, et il n'avait plus le choix : il fallait renoncer. Malgré sa détermination, il lui restait trop peu d'énergie ; la volonté ne suffisait pas. Il eut du mal à se traîner jusqu'à son trou.

Il s'allongea, haletant, incrédule, les yeux fixés sur la crête du petit tertre. Que faire ? Cette colline dérisoire eût tout aussi bien pu être le mont Everest. Cette motte de terre lui volait sa subsistance, la corne d'abondance qui lui eût dispensé eau pure, aliments, énergie — peut-être la vie elle-même.

S'il avait eu les idées claires, il aurait bien inventé un moyen de récupérer cette boîte en fer-blanc. Mais les idées claires, l'inspiration et le cran l'avaient abandonné. Ses seuls compagnons étaient maintenant l'épuisement et la souffrance. Il ne pouvait même pas mettre un pied devant l'autre, encore moins grimper cette pente. Et s'il y avait des Niaks dans les alentours, ils allaient rappliquer pour rafler le paquet.

Il ferma les yeux. Que devait-il faire ? Que *pouvait-il* faire ? La dernière lueur d'espoir ne venait-elle pas de s'éteindre ? Des pensées folles, irrationnelles, envahirent sa tête. Pourquoi prolonger cette agonie ? Pourquoi supporter plus longtemps ces souffrances alors qu'il n'avait aucune chance, absolument aucune chance de survivre ? Pourquoi continuer à se débattre contre des risques insurmontables, et mettre en danger du matériel et la vie des hommes qui tentaient encore de le sauver ? Pourquoi imposer à un pilote FAC, si brave et si fou qu'il soit, pareille épreuve ? Il n'y avait pas de raison. Il n'y avait plus de raison.

— Dénicheur appelle Bat Vingt et un. Tu es là, Bat ? Terminé.

Il répondit et Dénicheur en parut soulagé. Cela faisait deux bonnes heures qu'ils n'avaient pas eu de contact.

— Pas de chance, dit Hambleton. Pas pu récupérer.

La voix de Dénicheur parut très lointaine.

— Bordel de merde !

— Dois-je rester et réessayer demain ?

— Négatif, Bat. Les indigènes ont la bougeotte. Il y a un gros village de l'autre côté de cette colline. Il faut replonger dans la Suwannee.

— De suite ?

— Immédiatement.

Hambleton se tassa sur lui-même. Il était incapable de bouger, c'était certain. Mais il n'avait pas le choix. Il fallait foutre le camp.

— Bien compris, Dénicheur.

— Encore une chose, Bat. Une bonne nouvelle qui va peut-être t'aider. Ton copain est arrivé au club.

Hambleton dut réfléchir un instant avant que le sens de la phrase ne se fasse jour dans son esprit.

— Vous avez récupéré l'observateur ? Clark ?

— Affirmatif. Il est sain et sauf.

— Bravo.

— C'est ton tour à présent. Alors, grouille-toi un peu, merde ! Dénicheur, terminé.

263

Hambleton coupa. Ils avaient donc cueilli le jeune lieutenant Clark. D'une façon ou de l'autre, ils avaient soufflé l'observateur sous le nez de l'ennemi. La meilleure nouvelle depuis sa chute forcée. Il dit une prière de remerciements. Peut-être y avait-il de l'espoir pour lui aussi, après tout. Il se sentit tout ragaillardi soudain. Il était temps de faire jouer ses rotules. Il crut entendre de nouveau la voix de son ange gardien : « Grouille-toi un peu, merde ! »

Il se traîna jusqu'au bord de l'eau, là où sa traverse était à moitié enterrée dans la boue. Laborieusement, il la lança, puis il la suivit en pataugeant dans la rivière. Il accrocha le bras autour du bloc de bois et se mit à compter les mètres de son dix-septième trou, plus mort que vivant, mais motivé maintenant par la mince lueur d'un nouvel espoir.

DOUZIÈME JOUR

Au Pentagone, dans la salle de conférences de l'Etat-Major Interarmes, l'amiral Moorer se rapprocha de la carte murale à laquelle était superposé le calque représentant le terrain de golf d'Hambleton. Il l'étudia pendant un instant, puis se tourna vers l'officier de renseignements.

— Il est donc arrivé au *green* du dix-septième trou ? Ici ?

— Oui, amiral. Il est sur le point de se lancer sur le dernier parcours.

— Sa condition ?

— Pas brillante, amiral. Il a été incapable de récupérer les vivres que nous lui avions parachutés.

— Mauvais signe.

Moorer retourna à sa place.

— Messieurs, reprit-il, ce sera très tangent. Notre golfeur ne parviendra peut-être pas à finir le dix-huitième trou. Mais je veux que cet homme soit tiré de là. Même si nous devons draguer cette rivière avec l'*USS Enterprise*, je veux récupérer cet homme.

Tout le monde acquiesça de la tête en silence, puis Moorer se tourna vers le chef d'état-major de l'Air.

— John, si Hambleton réussit, je crois que nous devrions laisser les gars des relations publiques s'occuper de l'affaire. Qu'en pensez-vous ?

— Je suis d'accord, répondit Ryan. Nous avons annoncé au peuple américain beaucoup de mauvaises nouvelles depuis que les communistes ont lancé cette invasion. Je crois que le public a droit aux quelques bons éléments que nous pouvons lui offrir. Et si Hambleton réussit, quel exploit ! Mais il faut absolument garder secrète la méthode de sa fuite et de son évasion. Au cas où nous en aurions de nouveau besoin.

— Bien entendu. Voyez-vous, messieurs, nous avons contracté à l'égard de ce navigateur une dette importante. Je sais que parfois nous nous sentons accablés ; nous nous retrouvons écartelés entre le Pentagone, le Conseil national de Sécurité, le Capitole et la Maison Blanche. Ne pas devenir fou suffit à nous occuper à plein temps ! Nous avons tous tendance à nous plaindre de notre sort. Mais quand on pense à ce pauvre homme, là-bas dans la jungle, et à ce qu'il a enduré pendant ces onze derniers jours... Tout paraît facile, non ? Comparé à lui, je me rends compte que nous n'avons absolument aucun problème. Aucun. Voilà son message. Une leçon pour nous tous.

— Il a démontré jusqu'où l'on peut aller armé de son seul cran, dit Ryan.

— Et d'une étonnante volonté de survivre.

Moorer se tourna vers l'officier de renseignements et ajouta :

— Colonel, je veux être informé à tout instant, je veux être tenu au courant du moindre détail.

— Oui, amiral.

Moorer se renfonça dans son siège et ajouta à mi-voix, comme pour lui-même :

— Le Président lui-même porte intérêt au sauvetage de cet homme.

La tête d'Hambleton disparut sous l'eau. Il refit surface en crachant. Il étouffait. Il était devenu si faible qu'il ne parvenait plus à assurer sa prise sur la traverse gluante. Il l'entoura des deux bras pour l'empêcher de glisser. Il regarda sa montre. Si elle marchait encore, le jour allait bientôt se lever, et il lui restait encore vingt mètres sur ce dernier trou.

Vingt mètres. Presque rien, semblait-il. Mais pourrait-il les faire ? Il lui avait fallu trois heures pour jouer le dix-septième trou, et presque deux heures de repos avant de pouvoir ramper de nouveau jusqu'à sa traverse et atta-quer le dix-huitième. Et ce dernier trou était le plus difficile de tous. La rivière, en tournant vers l'est, s'était élargie, ce qui avait réduit la vitesse du courant, déjà très faible. Il avait dû se haler le long de la rive en s'accro-chant aux branches en surplomb — effort épuisant pour un homme en bonne condition physique, et à plus forte raison pour quelqu'un qui commençait à ressembler à un cadavre.

Quinze mètres. Ce salopard de Dénicheur s'était mon-tré absolument sans pitié. Il ne l'avait pas du tout aidé, au contraire ! Il n'avait cessé de l'asticoter et de le foutre en rogne. Il l'appelait quand il n'avait pas envie de lui parler, ou quand il essayait de dormir sur sa traverse. Si jamais il le rencontrait un jour, il le pendrait, l'éventre-rait et l'écartèlerait. Aucun respect pour l'âge et le rang ! Insubordonné, ce petit con !

Dix mètres. Promettre le club-house au bout du dix-huitième trou ! Allons donc ! Ils se foutaient de sa gueule. Et ils se figuraient peut-être qu'il avait avaler ça ! Pourquoi toujours le harceler en lui donnant de faux espoirs auxquels s'accrocher ? Ils se battaient pour qu'il reste en vie... mais pourquoi ?

Cinq mètres. D'accord. Il pourrait faire cinq mètres. Il irait jusqu'au bout. Juste pour prouver à ce petit couillon de chauffeur d'aéroplane qu'il en était capable. Mais quand le jeu serait terminé et qu'il ne trouverait pas de club-house pour l'attendre, il lancerait quelques bonnes caillasses à cet enfant de garce qui lui ronronnait au-dessus de la tête comme un moustique.

Quelque chose, dans la rivière, droit devant, venant sur lui, le fit sursauter. Il plissa ses yeux larmoyants. Il avait le regard brouillé ; impossible de mettre au point. Le monstre du Loch Ness ? Non. C'était un serpent. Le plus gros serpent qu'il ait jamais vu, fonçant vers lui, nez à nez. Il frappa l'eau. Le serpent s'enfuit en zigzaguant vers l'autre rive.

Tant mieux, bon sang. Si ce putain de reptile était venu plus près, il lui aurait arraché la tête d'un coup de dent, l'aurait dépouillé et mangé.

Il compta le quatre cent quinzième mètre — la distance du dixième trou au National de Tucson. Un peu plus loin, il aperçut une petite échancrure dans la rivière, délimitée par une berge boueuse en pente douce. Glissant, tombant, trébuchant, il remonta la traverse sur la berge en geignant et, pour la caler dans la boue, lui donna une dernière poussée qui sapa toute son énergie. Puis il s'écroula à côté. C'était fini.

Sauvetage ou pas, il ne pourrait pas aller plus loin. C'était le bout du rouleau.

Il regarda autour de lui. Pas de club. Pas de caddies électriques bien alignés. Pas de boutique d'accessoires. Pas de bar. Un simple cordon de broussailles qui descendait jusqu'à la rive boueuse. Il essuya une éclaboussure de boue sur son œil droit et chercha sa radio. Il appuya sur le bouton. Il dut s'y prendre à deux mains pour approcher l'appareil de sa bouche.

— Dénicheur... Ici Bat Vingt et un.

— Bien reçu, Bat. Comment va ?

Cette maudite voix rieuse. Comme il aimerait lui faire avaler son sourire !

— J'ai fini... le dernier trou.

— Magnifique !

— Mais... quelqu'un a déménagé... le club.

— T'en fais pas. Compte tes points. Et garde l'œil ouvert.

— Bien compris... Bat, terminé.

Et il était vraiment terminé. Trop faible même pour ramper dans les broussailles, il roula sur lui-même tout contre la traverse, puis par pur réflexe, il se recouvrit de boue le mieux qu'il put, s'enlisant comme une salamandre. Seuls ses yeux bougeaient...

A la recherche de Dieu seul savait quoi.

La piqûre d'un moustique sur sa joue éveilla Hambleton en sursaut. Trop fatigué pour l'écraser, il secoua simplement la tête pour le chasser. Ne devrait-il pas rassembler toutes ses forces pour enfiler sa moustiquaire ? Non. Au diable tout ça ! Chaque geste lui faisait trop mal. La douleur de son épaule était devenue lancinante. Il roula sur le côté pour la soulager. Ce faisant, il vit une chose qui le glaça jusqu'à la moelle des os. Il cligna des yeux, espérant qu'il s'agissait d'un rêve. Mais non. Oh, mon Dieu, non ! *Non !* Pas après tout ça. *Pas après tout ça !*

Il fixa, veuf de toute espérance, le sampan vietnamien qui débouchait de la boucle de la rivière.

Il approchait sans bruit, se matérialisant dans le brouillard de l'aurore comme une apparition funeste. A la proue du bateau, un Vietnamien ramait lentement.

Hambleton se raidit. Devait-il essayer de s'enfuir ? Ses membres morts lui obéiraient-ils encore ?

Le sampan se rapprocha... Il ne parvenait plus à penser. Il fallait qu'il fasse quelque chose. Au moins ramper dans le fourré. Peut-être réussirait-il... Mais ses extrémités ne répondaient plus. Annihilé par la peur, il ne put que regarder le sampan obliquer dans sa petite anse et se diriger tout droit vers sa traverse de chemin de fer.

Maintenant, il était trop tard pour quoi que ce fût. Même pour appeler Dénicheur. Les Niaks du sampan l'entendraient. Pourquoi diable n'avait-il pas conservé son arme ? Perdu pour perdu, autant tomber en combattant. Avec mille précautions, en retenant son souffle, il saisit son poignard. S'il était repéré il ferait le mort, et quand le Vietnamien serait assez approché, il bondirait. Le prendrait à l'improviste... S'il pouvait bouger.

Le sampan accosta juste à côté de sa traverse. Hambleton rassembla sa dernière ombre de force, prêt à frapper dès que le Vietnamien débarquerait.

Mais le Vietnamien n'avait pas l'air du tout pressé de descendre du bateau. Il demeurait immobile, silencieux, l'aviron posé en travers des genoux. L'eau dégouttant de la pale semblait compter des siècles comme un métronome.

Au début, il crut à un mirage créé par ses yeux brûlants qui tentaient de regarder à travers ses paupières crispées et ses lunettes couvertes de boue. Puis cela se reproduisit. Les feuilles de bananier entassées au milieu de la barque remuèrent. Puis deux grosses feuilles s'écartèrent et il se trouva en face de deux yeux qui le fixaient.

Hambleton se mit à trembler. *Pas des yeux en amande*

— *des yeux ronds !* Les yeux les plus ronds qu'il ait vus de sa vie !

— Comment s'appelle votre chien ? demanda une voix dans un murmure.

Hambleton essaya de parler, de forcer les mots autour de sa langue gonflée. Il avala, puis essaya de nouveau.

— P... Pierre.

— Félicitations, colonel. Vous avez gagné la partie.

Ils durent se mettre à deux — le Vietnamien et l'Américain — pour déposer Hambleton dans la barque étroite et le recouvrir de feuilles de bananier. Puis le sampan piqua vers l'aval et les épaules maigres du petit Ranger vietnamien de l'avant se courbèrent sur l'aviron.

Hambleton risqua un œil à travers les feuilles. Au-dessus d'eux, deux Sandys patrouillaient, à gauche et à droite de la rivière. Au-dessus des Sandys, une escadrille de Phantoms traçait des sillages de vapeur dans le ciel de l'aube.

Le Ranger prit un bidon, en dévissa le bouchon puis le tendit à Hambleton.

— Rien de tel que dix-huit trous liquidés à bonne allure pour donner soif à un bonhomme.

Hambleton le remercia du regard et prit une longue gorgée.

— Désolé si ce n'est pas un Manhattan glacé, mais nous nous en occuperons sous peu. Des hélicoptères nous attendent à trois ou quatre kilomètres plus bas.

Hambleton hocha la tête et parvint à esquisser un sourire crispé.

— M'appelle Hambleton, dit-il bêtement, en essayant de tendre la main.

— Je sais, dit le fusilier marin. Je suis le lieutenant Morris. Appelez-moi Tom.

273

— Merci, Tom.

— Pas de quoi, colonel.

Hambleton se rallongea. Il ne parvenait pas à se convaincre que tout était réel. Ils l'avaient trouvé. Il était au milieu d'amis. Encore loin de la sécurité, car il fallait sortir du piège de la rivière, tenue par l'ennemi. Mais en tout cas, il n'était plus seul.

Il s'attendait à ce que les Rangers, puisqu'ils l'avaient ramassé, se glissent au milieu du courant et avancent à force de rames. Ils ne l'avaient pas fait. Ils progressaient lentement le long de la berge, en serrant la terre au plus près, profitant des branches qui s'étendaient au-dessus de l'eau. Au bout d'une heure de silence étouffant, où ils avaient avancé à une cadence d'escargot, le Vietnamien murmura :

— On s'arrête.

Le Ranger américain avait manifestement confiance dans le petit Vietnamien, car ils s'immobilisèrent aussitôt. Le Vietnamien devait connaître tous les chemins conduisant à la rivière et la situation de tous les petits villages. Le sampan se resserra contre la berge, complètement recouverte par la végétation en surplomb. Le Vietnamien écarta les branches avec précautions et fit un signe vers l'aval.

— Regarde.

Sur la rive gauche, à huit cents mètres environ, en haut d'une colline, un groupe de soldats ennemis. Hambleton comprit que ses émissions avaient été écoutées et localisées par triangulation. Un détachement se rassemblait pour lui souhaiter la bienvenue. Le Ranger vietnamien se tourna vers Morris :

— La radio. De l'aide.

Morris obéit. Il prit la radio dans son sac à dos, ouvrit sa carte et appela le FAC. Il indiqua ses coordonnées à Dénicheur, puis :

— Des chapeaux noirs vont essayer de nous couper le passage. Pouvez-vous faire quelque chose ?

— Bien compris, répondit Dénicheur. Je prends mon escopette. Baissez la tête.

Ils demeurèrent immobiles, mêlés aux arbustes de la rivière. Le silence n'était troublé que par les gouttes d'eau tombant des rames du sampan et le bourdonnement des insectes. Ils pouvaient entendre les voix des soldats qui se rapprochaient, fracassant les broussailles.

Hambleton lança un regard inquiet à travers son camouflage. Il pouvait voir la colline sur sa gauche et les petites silhouettes avançant rapidement vers eux. Il avala sa salive. Rien à faire, sauf observer l'avancée de l'ennemi. Il alluma sa radio très bas et écouta Dénicheur parler aux pilotes des chasseurs, invisibles au-dessus de leurs têtes.

Enfin, ils virent ce qu'ils espéraient... Une fleur blanche de phosphore s'épanouit juste au milieu de la phalange ennemie. Puis Hambleton entendit les mots attendus.

— Objectif marqué, dit la voix neutre, presque lasse, de Dénicheur. Voici votre chance d'être des héros, les mecs ! Tord-boyaux, c'est à vous de commencer.

Et les F-4 descendirent, trouant le silence. Les canons se mirent à vomir et quand ils passaient le mur du son, les bang envoyaient des ondes de choc visibles à la surface de la rivière. Deux formations intervinrent. Ils grêlèrent la terre tout autour du panache de phosphore, réduisant les bois environnants en bouts d'allumettes.

Pendant plus de cinq minutes, la dévastation continua de pleuvoir. Puis le dernier Phantom, ses soutes et ses ailes vides, décrocha vers sa base pour être réarmé. Lorsque le dernier écho des oiseaux de fer eut quitté les collines, Morris sortit de son sac à dos une petite paire de jumelles. Il balaya tout le secteur. Satisfait, il tendit les jumelles au Vietnamien, qui fit de même.

Morris se pencha vers Hambleton.

— Ces zigotos font un de ces boucans ! Des amis à vous ?

Hambleton hocha la tête, le sourire aux lèvres.

— Une bande de peigne-cul.

— Et comment ! Vous devriez... jouer au poker avec eux, pour voir.

Le Vietnamien dit :

— On repart, maintenant.

Les hommes se mirent à ramer sans bruit. Ils glissaient le long de la berge, au plus près... Le petit Oriental, à l'avant, tournait la tête en tous sens, écoutait, flairait le vent. Plus loin en aval, il montra du doigt l'autre berge, et ils traversèrent la rivière en contournant une petite île pour gagner la végétation surplombant l'eau sur la rive occidentale. Pendant une demi-heure environ, ils la longèrent lentement, puis de nouveau, le Vietnamien leva la main et tira sa rame dans le bateau.

— On s'arrête, regarde !

Hambleton les vit à travers le feuillage. Un petit détachement de soldats sur la rive opposée, qui attendait sans bruit.

— Besoin d'aide, dit le Vietnamien.

Morris hocha la tête, sortit la radio de son sac et se mit à émettre. Pas de réponse. Impossible d'obtenir Dénicheur. Ni, sur les autres fréquences, qui que ce soit d'autre. Sa radio était morte. Il essaya tout sauf les coups de talon, puis lança à Hambleton un regard interrogateur. Hambleton lui tendit sa radio de survie.

— Essayez la mienne. Elle devrait marcher. C'est du matériel d'aviateur.

Le Ranger essaya d'émettre. Dénicheur répondit aussitôt. Avec un regard insouciant à Hambleton, Morris donna ses nouvelles coordonnées au pilote FAC, et l'attente recommença.

276

Quelques minutes plus tard, les Sandys arrivaient. Ils firent plusieurs passages et de nouveau tout redevint calme. Le Ranger vietnamien écarta les grosses feuilles vertes et scruta la rivière. Quand il se retourna, son sourire montrait ses dents blanches. Il annonça :

— On repart...

Milieu de la matinée. Depuis plus de trois heures ils glissaient en silence sur la rivière, cherchant le couvert du feuillage, le corps trempé de sueur car le soleil frappait sans pitié depuis un ciel sans nuages. Où passait donc le brouillard quand on en avait besoin ? Plusieurs fois des tireurs isolés, embusqués dans la jungle, les prirent pour cibles. Le sifflement aigu des balles se transformait en pustules sur l'eau autour de leur barque avant qu'ils aient pu s'éloigner du point chaud. Les heures s'écoulaient, interminables. Hambleton commença à se demander où ces deux lascars l'emmenaient. Il avait cru que la traversée en paquebot serait brève et qu'un hélicoptère assurerait la correspondance non loin de l'endroit où il avait embarqué. Mais ils continuaient de ramer...

Après avoir contourné avec précaution une large boucle de la rivière, le Vietnamien murmura de nouveau, par-dessus son épaule :

— On s'arrête.

Personne ne demanda pourquoi. Le Vietnamien à l'œil d'aigle ne s'était pas trompé une seule fois depuis le début du voyage. Il devait y avoir une raison. Devant eux, dans les collines vertes, une menace était tapie... Dissimulant le bateau de son mieux, le Ranger regarda à travers les feuilles d'un bananier sauvage. Puis Hambleton et Morris virent aussi — droit devant. Un gros canon. Au milieu d'un groupe de soldats. Monté dans la tourelle

277

d'un tank. De l'endroit où se trouvait Hambleton, le 76 mm paraissait énorme, ainsi que la tourelle en forme de boîte à pilules et la carcasse camouflée du monstre amphibie semblable à un chaland trapu.

Le fusilier-marin siffla doucement entre ses dents, puis appela Dénicheur et lui exposa le problème. Pour décourager un tank de reconnaissance PT-76 de fabrication russe, il faudrait mettre les bouchées doubles. Dénicheur acquiesça et les fugitifs écoutèrent de nouveau le jargon du pilote FAC qui organisait l'attaque.

Les avions en couverture redescendirent en hurlant, mais cette fois l'enfer se prolongea pendant vingt minutes. En appui de leur tank, les Nord-Vietnamiens avaient placé des canons antiaériens dans les bois environnants. La bataille fut serrée mais le char russe fut enfin neutralisé et les soldats disparurent.

Au moment où le dernier Phantom terminait son passage, un message de la radio brisa le cœur d'Hambleton. C'était Dénicheur. Quelques phrases simples, hachées, débitées d'une voix neutre.

— Tu m'entends, le marsouin ? J'ai un problème. J'ai ramassé un pruneau. Je rentre à l'écurie. Enverrai un FAC en remplacement. Dénicheur terminé.

Hambleton saisit les jumelles et se mit à scruter le ciel. Puis il repéra le O-2, bas à l'horizon, faisant des sauts de puce de colline en colline. Un panache de fumée bleue marquait la trajectoire du petit avion lorsqu'il disparut derrière la dernière colline.

— Mon Dieu, Seigneur, faites que ce pilote rentre sain et sauf, murmura Hambleton, les yeux vissés au voile de fumée qui se dispersait.

— On part, chuchota le Vietnamien.

Pendant une demi-heure encore, le bateau se faufila en douceur le long de la berge, faisant un large détour à la hauteur du tank — réduit désormais à une carcasse fumante abandonnée par son équipage. Hambleton tentait de chasser de sa tête le problème de Dénicheur pour songer au présent, mais c'était impossible. Il ne connaissait même pas le nom du pilote. Pourtant si le lieutenant-colonel Hambleton survivait, ce serait grâce à cette voix lointaine et détachée dont il n'avait jamais rencontré le possesseur. C'était complètement insensé. Un homme avait nombre de fois risqué sa vie pour lui, et il ne pourrait même pas le reconnaître dans la rue. Sauf s'il parlait. Il n'oublierait jamais cette voix rieuse qui l'avait remonté, cajolé, harcelé, nargué et insulté pour qu'il ne renonce pas — elle était à jamais gravée au fer rouge dans son cerveau.

Le sampan mit le cap sur une petite anse. Un refuge ? Un autre retard ? Hambleton se hissa sur les coudes et jeta un coup d'œil depuis sa cachette.

Quelque chose bougeait ! Ses yeux épuisés lui joueraient-ils des tours ? Cet arbre. On avait l'impression qu'il se déplaçait. Mais bon Dieu, il *bougeait* vraiment ! Et aussi le buisson à côté. Et la touffe d'arbustes. Seigneur, le décor se mettait à vivre !

Il sentit une main tiède sur sa bouche. Il leva les yeux. Le Ranger lui souriait.

— Détendez-vous, colonel, dit-il. Ces Vietnamiens portent des chapeaux blancs. Ne vous laissez pas dérouter par le camouflage.

Les Vietnamiens se rapprochèrent du bord de l'eau en parlant à voix basse, précipitée. Le Ranger aida Hambleton à sortir du sampan et ramassa son matériel.

— Venez, colonel. Il nous faut atteindre le haut de cette petite colline. Et vite.

Des coups de feu retentirent au loin. Repoussant les mains qui s'offraient, Hambleton voulut se mettre sur ses jambes flageolantes et se joindre aux hommes qui s'éparpillaient dans les taillis. Il les suivit pendant quelques

279

mètres en chancelant, puis ses jambes se transformèrent en gelée. Il s'écroula sur la berge. A peine avait-il touché le sol qu'un Vietnamien sec et noueux, deux fois moins grand que lui, le souleva d'un geste et le jeta sur ses épaules, comme s'il n'eût pas été plus lourd qu'un sac de riz. L'Asiatique se mit à trotter à travers les broussailles et ne s'arrêta qu'après avoir franchi la crête de la petite colline. Puis Hambleton sentit qu'on le déposait doucement sur le sol.

A quelques mètres se dressait un blockhaus de ciment. Incongru, au milieu de cette jungle ! Il semblait avoir été transplanté là du mur de l'Atlantique ou de la ligne Maginot. De toute évidence, il s'agissait d'un legs des Français à l'Asie du Sud-Est, remontant aux temps d'avant Diên Biên Phu.

On l'aida à pénétrer dans le bastion de ciment et à s'allonger sur une sorte de civière. Une main le recouvrit d'une couverture pour le protéger du froid humide, tandis qu'une autre main ôtait ses lourdes bottes pleines d'eau et ses chaussettes. Un troisième Samaritain se mit à masser les lingots de plomb insensibles qu'étaient devenus ses pieds, les pétrissant jusqu'à ce que le retour de la circulation leur rende un semblant de vie.

Dehors, de nouveau, l'enfer se déchaînait. Le crépitement haché des mitrailleuses se mêlait à des coups de fusils épars et aux chocs sourds des mortiers, apparemment pointés sur le blockhaus. Bientôt, des obus plus lourds se mirent également à carillonner et des éclats ricochèrent sur les murs d'un mètre du fortin de béton.

Sans se soucier du pandémonium qui se poursuivait au-dehors, des mains douces pourvoyaient aux besoins d'Hambleton, lui donnaient de l'eau à boire, et même une petite bouteille de vin, à laquelle il goûta. Et puis, gloire suprême, quelqu'un lui entrouvrit les lèvres en y insérant le bout d'une cigarette. Nom de Dieu ! Il prit une grande bouffée, aspira à fond — et fut aussitôt saisi d'une quinte de toux. Les yeux pleins de larmes, il dut lutter pour retrouver son souffle. Bon sang, que c'était bon !

Le lieutenant Morris entra et s'assit près de sa civière.

— Nous allons avoir besoin d'un peu plus d'aide, colonel. Ces salopards sont vraiment vexés comme des pets. Ils essaient de nous encercler.

— Je croyais que nous étions censés nous trouver hors de la zone des combats ?

— C'est ce qu'on vous a dit ? A moi aussi. Mais quelqu'un a oublié de mettre les Rouges au courant. Bon Dieu, ils cognent dur. Ils doivent avoir une sale envie de vous récupérer.

Etourdi par la gorgée de vin et la nicotine à laquelle il n'était plus habitué, Hambleton dut faire effort pour sourire.

— Maintenant vous savez à quoi ça ressemble... d'avoir son portrait affiché partout avec une promesse de prime, dit Morris en lui lançant un regard étrange. Il faut que je vous emprunte de nouveau votre radio, ajouta-t-il. Ça me brise le cœur, mais il va encore nous falloir recourir à l'aide de l'Armée de l'Air.

— Ça ne les dérangera pas. Ils sont de notre bord.

Morris se pencha au-dehors pour faire son appel radio.

Pendant une heure, le sol ne cessa de trembler sous le choc des bombes de l'Armée de l'Air, qui tombaient très près, parfois même bougrement trop près, au point de jeter Hambleton à bas de sa civière ou presque. Tout au long du bombardement, jamais le Vietnamien ne le quitta ; il continua inlassablement d'essuyer son visage avec des compresses humides.

Puis, enfin, cela s'arrêta et le silence se fit.

Morris rentra dans le blockhaus. Une épaisse poussière de ciment restait en suspension dans l'air humide du petit bastion.

— Eh bien, colonel, nos oiseaux ont assez bien matraqué les points chauds. Il est temps de prendre ses cliques et ses claques et de vous tirer de là.

— Allons-y, dit Hambleton en essayant de se lever de sa civière.

— Ne bougez pas. Nous nous occupons de vous.

Hambleton ne songea ni à discuter ni à résister. Il se rallongea sur la civière comme on le lui disait. Puis il entendit un bruit qui le fit sursauter. Ou bien il se trompait, ou bien il s'agissait d'un roulement métallique, à l'extérieur. Les Vietnamiens l'entendirent aussi et se mirent à chuchoter avec animation. Il se tourna vers le lieutenant.

— Tout va bien, colonel, dit Morris. Ce sont les nôtres. Votre taxi.

Avant même de comprendre ce qui se passait, Hambleton se retrouva hors du blockhaus sur sa civière, puis à l'intérieur de la chenillette. Ses sauveteurs grimpèrent sur le capot, pour parer à toute éventualité. Puis la machine descendit la colline à toute vitesse. De temps à autre, les passagers du dessus lançaient quelques rafales de M-16.

Dans les entrailles de cette mécanique fumante qui se traçait un chemin là où n'existait même pas un sentier, chaque secousse était un calvaire, chaque bond lançait des coups de poignard qui pénétraient les sens engourdis d'Hambleton. Il perdit la notion du temps. Il avait abandonné à d'autres la responsabilité de ce genre de choses. Il s'était dépouillé de cette charge pour la déposer sur les épaules de ses sauveteurs. Quand la chenillette s'arrêta, il ne savait pas que plus d'une heure s'était écoulée.

De nouveau il sentit sa civière se soulever, puis il se retrouva hors de la carcasse métallique et déposé sur le sol. La brise tiède sur son corps en sueur lui fit du bien. Il regarda autour de lui et ses yeux tombèrent sur le plus beau spectacle qu'il eût jamais vu.

Immobile dans une petite clairière, un ventilateur !

Déjà sa civière tressautait à tout rompre... Puis il fut dans l'hélicoptère et une voix disait : « Foutons le camp d'ici, vite fait ! »... Les lames des rotors se mirent à mouliner.

Les pales de l'hélicoptère semblèrent se visser dans l'air humide, et à l'instant même où il sentit la force de gravité lui aspirer les entrailles, Hambleton était déshabillé et examiné. Des doigts compétents voletaient sur son corps. Il avait l'impression d'être une voiture de course au milieu de ses mécaniciens, au stand de ravitaillement. Ils enfoncèrent une aiguille dans son bras — alimentation par perfusion. Il eut l'impression qu'ils lui plantaient des épingles partout. Un infirmier regarda son index, et Hambleton frémit en voyant le morticole secouer la tête. Ils tâtèrent longuement son bras gauche, et il entendit le mot fracture. Du désinfectant fut appliqué sur ses blessures, de l'onguent sur ses pieds pour faciliter la circulation. Ils faisaient l'impossible pour que son vol jusqu'à l'hôpital militaire soit confortable.

Dès qu'il eut pris de l'altitude, en sécurité au-dessus du territoire ami, le pilote de l'hélico se retourna pour crier à son passager :

— Bienvenue au club house, colonel.

Hambleton joignit en cercle le bout de son index avec le bout de son pouce et leva la main vers le pilote.

TREIZIÈME JOUR

Gwen Hambleton était au beau milieu d'un cauchemar lorsque la sonnerie stridente du téléphone la fit bondir comme un ressort. Elle demeura immobile un instant, dans la pénombre de la chambre, essayant de se reprendre. De nouveau, le téléphone résonna. Elle allongea le bras vers la lampe de chevet, l'alluma et regarda la pendulette. Trois heures vingt du matin.

C'étaient forcément des nouvelles, bonnes ou mauvaises. Le centre du personnel avait promis de l'appeler à n'importe quelle heure. Elle frissonna.

A la troisième sonnerie, elle décrocha. Elle étreignit le combiné pendant plusieurs secondes, puis le porta à son oreille.

— Gwen Hambleton à l'appareil.

— Sergent Smith, du Service des Disparus du Centre du Personnel militaire de l'Armée de l'Air. Désolé de vous appeler à une heure pareille. Mais je suis sûr que vous comprendrez. C'est au sujet de votre mari, le colonel

Hambleton. Nous venons de recevoir un message de la 388ᵉ escadrille tactique de chasse. Le sauvetage de votre mari vient de s'achever et il est de nouveau dans nos rangs.

Gwen sentit tout le sang de son corps affluer à sa tête. Le téléphone lui échappa des mains.

— Oh, mon Dieu !...

— Madame Hambleton ? Vous allez bien ?

Elle reprit l'appareil.

— Oui... Oui, sergent, je vais bien. Je vais même *très* bien.

— Vous savez, madame Hambleton, une bonne nouvelle peut parfois provoquer un choc aussi vif qu'une mauvaise. Voulez-vous que je vous fasse envoyer quelqu'un de l'hôpital de la base Davis ?...

— Non, sergent. Merci. Je vais tout à fait bien, à présent. Il m'a fallu un petit instant pour absorber la nouvelle. Mais jamais je n'ai été aussi heureuse de ma vie. Avez-vous d'autres détails ?

— Le premier rapport est très laconique, mais voici ce que je peux vous dire. Votre mari a été ramené à la base aérienne de Da Nang, au Sud-Vietnam. Il n'a pas de blessures graves. Il souffre de fatigue et de déshydratation.

— Alors tout est pour le mieux ?

— J'en suis persuadé, madame. Si vous le désirez, vous pouvez lui écrire aux soins du 98ᵉ hôpital d'évacuation médicale. Postes des Armées. San Francisco, 96337. Mais inutile d'en prendre note, à moins que vous y teniez. Nous allons vous adresser un télégramme de confirmation dans l'heure qui suit.

— Je suis trop troublée pour le moment, sergent. Vous avez raison, j'attendrai le télégramme.

— Très bien. Vous avez notre numéro. N'hésitez pas à

nous appeler si vous avez besoin d'assistance. Jour et nuit.

— C'est très aimable.

— Il n'y a pas de quoi. Félicitations pour le retour de votre mari sain et sauf.

— Merci, sergent. Merci infiniment.

Elle reposa le téléphone, puis toutes les digues se rompirent. Elle épancha ses douze journées d'inquiétudes, d'angoisses, d'incertitudes et d'impuissance rageuse — les laissant se dissoudre sans regret dans une poignée de Kleenex.

Quand elle eut pleuré toutes ses larmes, elle alla se laver le visage, puis elle se coiffa et enfila la robe de chambre neuve qu'elle avait achetée pour le voyage à Bangkok. Ensuite elle passa de pièce en pièce, et alluma toutes les lumières de la maison. Déconcerté, Pierre trottina vers elle. Vite contaminé par la bonne humeur de sa maîtresse, le chien passa de la somnolence à la joie. Gwen alluma la stéréo et se laissa tomber sur le sofa.

Pierre sauta près d'elle. Sa queue battait la mesure d'un galop.

— Papa rentre à la maison, Pierre, dit-elle en serrant le chien dans ses bras. Papa rentre à la maison !

Sur la piste de la base aérienne de Korat, en Thaïlande, le capitaine Clark faisait ses adieux à son camarade de chambre, Campbell, avant de monter dans l'avion assurant la liaison avec le Vietnam. De là, il prendrait une ligne régulière pour la Californie.

— Merci pour tout, Jake. Un vrai plaisir, cette guerre...

— N'est-ce pas ! Mais tu as vraiment tort de ne pas rester pour ta soirée d'adieu. C'est la huitième que j'organise pour toi ! Tu ne veux pas assister au moins à la dernière ?

— Une autre fois.

Ils se serrèrent la main.

— Si tu voyais la nouvelle nana de la Croix-Rouge qui vient de se pointer ! Absolument splendide ! Elle a...

— Je sais. Je l'ai vue. Des jambes comme des pattes de poulet.

— Oh, tu l'as vue... Qu'est-ce que tu veux, dans un bled pareil, on ne peut pas trop faire la fine bouche.

— C'est pour ça que je me tire.

— D'accord, dégonflé !

Il regarda son ami dans les yeux.

— Le bruit court que tu vas avoir une médaille... ajouta-t-il.

— Ah bon ? Une médaille. Bravo ! Et pour quelle raison, bon sang ?

— Walker aime bien la façon dont tu poses les avions truffés de plomb. Il est fou, ce mec.

— Je ne suis pas au courant. Tu as peut-être remarqué que j'ai eu la bonne idée de ne pas atterrir au milieu de l'ennemi...

— Ouais ! Mais dans une rivière !

— Ecoute, n'importe quoi du moment qu'on peut s'en sortir...

— Je sais...

Il y eut un silence gêné, puis :

— Eh bien, voici ton zinc. Je ne peux pas supporter les adieux qui s'éternisent. Mais promets-moi un truc, veux-tu ?

— Tout ce que tu voudras.

— Promets-moi de ne pas écrire. Je déteste répondre aux lettres.

— Tu peux y compter.

— Salut, vieux.

Le petit officier des finances tourna les talons et ajouta :

— C'est vrai que c'était... dit-il.

— Bon Dieu oui, c'est vrai que c'était, Jake ! répondit Clark. Calmos, vieux !

Il prit son sac de cuir et se dirigea vers le vieux C-47 qui devait l'amener à Saïgon. Il lança son bagage à bord et il allait monter à son tour lorsqu'une main se posa sur son épaule. Il se retourna. C'était Frank Ott.

— Content d'arriver à temps, Clark. Je voulais vous dire au revoir.

— J'en suis heureux, colonel.

— Désolé de ne pas être venu plus tôt, mais j'étais au téléphone. J'essayais d'avoir Hambleton.

— Sans blague ? Vous avez eu du pot ?

Ott hocha la tête.

— Ils ont fini par me le passer. Il est à l'hôpital de Da Nang, et en un seul morceau.

— Magnifique.

— Il se plaint d'une grosse vache d'infirmière qui veut à toute force lui donner un lavement. Il proteste que c'est la dernière chose au monde dont il ait besoin.

Clark sourit.

— Toujours les mêmes, ces toubibs : aucune compréhension. Ils sont pires que les pilotes de chasse.

— Donc, vous vous éclipsez ! Vous nous laissez choir avec notre petite guéguerre ?

— J'en ai bien peur. Je n'étais resté que pour la partie de golf.

— Quelle partie !

— Oui, un sacré match. J'espère que votre guerre se terminera de la même façon.

— Ça me rappelle une de ces petites perles que Sam Piccard nous sort de temps en temps, ricana Ott : « Dans cette bagarre, l'enjeu ne consiste pas à savoir qui a raison, mais qui s'en sort. » Je crois qu'elle est de lui.

— Bien vu, en tout cas. La prochaine guerre, nous la laisserons faire par les hommes politiques.

— Ainsi soit-il ! dit Ott en lui tendant la main. Eh bien, je crois que les jockeys sont prêts à lâcher les rênes de cette casserolée de boulons. Salut, Clark. Et bonne chance.

— Mes respects, colonel. De même pour vous. Merci d'être venu.

Ott l'arrêta de nouveau au moment où il se retournait pour monter dans la carlingue.

— Oh, une chose. Quand j'ai parlé à Hambleton, juste avant de raccrocher, il m'a demandé si je connaissais votre nom.

— Vous le lui avez dit ?

— Oui. Ce serait plutôt amusant que vous vous rencontriez un jour.

— Qui sait ?

— Au revoir, Clark.

— Au revoir, colonel.

Le chef d'équipage verrouilla la porte, Clark baissa un des strapontins alignés le long de la coque et boucla sa ceinture. L'avion, après une secousse, se mit à rouler vers la piste. Clark se pencha vers le hublot.

L'esprit à des millions d'années-lumière de là, il regarda les balises bleues de la piste flotter dans le calme de la nuit thaïlandaise.

Hambleton lança un regard furibond à la grosse infirmière penchée au-dessus de lui.

— Pas question. J'ai dit : pas question !

— Ecoutez, colonel. Ne faites pas la tête de cochon. Vous n'êtes pas le premier malade qui utilise un bassin. Et vous ne serez pas le dernier.

— Je n'aime pas faire intervenir des questions de grade, major, mais...

— Il n'y a pas de grades dans une salle d'hôpital, colonel. Ne montez pas sur vos grands chevaux, je vous prie.

— Je *veux* monter sur mes grands chevaux. Je n'ai pas échappé aux Niaks pour venir ici me faire...

— Colonel Hambleton ?

Hambleton se retourna vers la porte : l'interruption tombait à point. Sur le seuil, un jeune médecin assistant, un téléphone à la main, se débattait avec le fil coincé dans le couloir.

— Oui ? dit Hambleton.

— C'est tout à fait exceptionnel, colonel, mais vous avez un appel de l'inter. Vous pouvez le prendre ?

Hambleton lança à l'infirmière un regard de défi.

— Bien entendu.

— C'est le Pentagone, dit l'homme en blouse blanche.

Il tenait le téléphone comme s'il avait peur de se faire mordre.

— Je vais le prendre.

— Au début, le médecin-chef a cru que c'était une blague. Mais non...

Il posa l'appareil sur le lit et tendit le combiné à Hambleton.

— C'est un certain amiral Moorer.

Bon dieu ! Le président de l'Etat-Major Interarmes ! Hambleton voulut parler, mais aucun son ne sortit. Il avala sa salive et essaya une seconde fois :

— Le colonel Hambleton à l'appareil.

Au bout du fil, la voix était très faible.

— Amiral Moorer, colonel. Comment allez-vous ?

— Très bien, amiral. Merci.

— Soyez le bienvenu parmi nous. J'ai appris que vous aviez un peu joué au golf.

— Je me suis entretenu la main, oui, amiral.

— Prend-on soin de vous comme il faut à l'hôpital ?

Hambleton lança à l'infirmière un regard triomphant.

— Pas de problèmes, amiral.

— Si vous avez besoin de quoi que ce soit, faites-le-moi savoir. Je tenais à vous appeler personnellement et à vous souhaiter la bienvenue à votre retour. Au nom du général Ryan et des autres services. Nous sommes extrêmement heureux de vous savoir de nouveau parmi nous. Félicitations. Vous avez accompli quelque chose de fantastique.

— Merci, amiral. Mais je n'ai guère de mérite. Des centaines de personnes ont été impliquées.

— Je le sais. Un beau travail d'équipe. C'est réconfortant de savoir que de temps en temps nous pouvons joindre nos forces pour réaliser une opération constructive.

— Merci de m'avoir appelé, amiral. Je suis très sensible à votre geste.

— C'est un plaisir pour moi. Un petit détail : vous serez ravi d'apprendre que nos officiers, ici au Pentagone, se lancent tous dans le sport.

— Pardon ?

— Ils s'entraînent au golf... Mes vœux de prompte guérison, Hambleton. Nous vous attendons avec impatience à Washington. Au revoir.

— Mes respects, amiral.

Quand le médecin assistant s'en fut allé avec le téléphone, Hambleton se recala dans son oreiller et fixa le plafond. Ce coup de fil avait, pour ainsi dire, tout officialisé. Il était vivant. Il avait réussi. Il allait revoir Gwen et Pierre. Ses vieux amis. Il allait jouer au golf, boire des Manhattan et payer des tournées à des tas de gens... Au cours des deux semaines passées, il avait appris beaucoup de choses sur l'âme humaine en général.

Mais surtout, il avait appris beaucoup de choses sur

lui-même. Plus qu'il n'en avait jamais rêvé savoir. Peut-être plus qu'il n'avait vraiment *envie* de savoir. Il s'était regardé longuement et sans pitié dans le grand miroir de l'épreuve. Il y avait vu s'y refléter ses points forts et ses faiblesses — révélation accordée à peu d'êtres humains. Il n'avait pas aimé tout ce qu'il avait vu. Mais au bout du compte, il pourrait vivre avec cette image de lui-même.

Il soupira. Quelle expérience ! Quelle sacrée expérience !

Une voix venue du couloir interrompit soudain ses réflexions. Elle était étrangement familière, et dès qu'elle se rapprocha il se hissa vivement sur les coudes, pétrifié.

— Dénicheur appelle Bat Vingt et un... Dénicheur appelle...

— Nom de Dieu ! bégaya Hambleton. Ici Bat Vingt et un. A vous, Dénicheur !

Le capitaine Clark parut dans l'embrasure de la porte, en grande tenue avec, dans les bras, bizarrement, un petit bouquet de fleurs dans un grand vase. Pendant un instant, il demeura debout au pied du lit, gêné, regardant intensément l'homme dans son lit.

Hambleton le fixait, les yeux écarquillés, puis explosa :
— Eh bien, nom d'un... Vous êtes NOIR !

Clark s'approcha du pied du lit, baissa les yeux, sourit et répondit :
— Eh oui. Drôle, hein ? Je suis né comme ça.

Hambleton secoua la tête, tentant de rassembler ses pensées.

— J'ai passé des heures à me représenter votre visage dans ma tête. Et jamais il ne m'est venu à l'esprit que vous puissiez être noir.

— Vous avez quelque chose contre les pilotes de chasse invisibles la nuit ? demanda Clark en souriant.

— A partir de maintenant, je peindrai tous les anges

gardiens en noir, dit Hambleton avec un grand rire. Bon dieu, laissez-moi vous serrer la main.

Le lieutenant-colonel prit la main tendue et la serra de toute la force qu'il put réunir.

— J'ai appris que vous aviez atterri dans la rivière.

— Quand le feu se met à votre avion, il n'y a pas de meilleur moyen de l'éteindre, non ?

Hambleton secoua la tête en souriant.

— Tu es un sacré numéro, Dénicheur !

— Tu en es un autre, Bat Vingt et un !

Leurs regards se croisèrent et ne se quittèrent plus. Ils ne disaient rien, mais le silence parlait à leur place. Puis l'infirmière se matérialisa sur le seuil.

— Je déteste interrompre cette scène touchante, dit-elle, mais il faut que vous partiez, capitaine.

Clark se retourna vers elle.

— D'accord, major.

Il s'avança vers la table de nuit et posa le vase, en se penchant vers Hambleton pour lui chuchoter à l'oreille :

— Si tu laisses l'infirmière changer l'eau du vase, un litre de Manhattan foutra le camp dans l'évier...

Hambleton regarda le pilote souriant et lui dit à mi-voix :

— Tu es un sacré ange gardien, Dénicheur.

— A se revoir, Bat Vingt et un.

— Affirmatif, Dénicheur. A se revoir.

Clark lui adressa un salut par-dessus l'épaule et sortit.

Hambleton regardait fixement l'embrasure vide, tandis que le staccato des bottes de Clark s'éloignait. Son visage eût fait une merveilleuse étude de toutes les nuances de l'émotion. Il demeura immobile jusqu'au dernier écho des pas dans le couloir.

Un bruit lui fit tourner la tête. L'infirmière s'avançait vers lui, avec un objet enveloppé dans une serviette. Elle lui tendit le bassin, et à l'instant où il le prit, il lut sur son visage un éclair de victoire. Mais ce fut extrêmement fugitif car, sans cesser de sourire, il posa le bassin sur la table de nuit. Il serra les poings sous les draps et s'assit, puis il lança les pieds sur le sol.

Sans lui laisser le temps de protester, il lui saisit le bras.

— Venez, ma chérie, lui dit-il en prenant son vase de fleurs. A vous l'honneur de m'escorter aux toilettes...

POSTFACE DE L'AUTEUR

Les lecteurs ont sûrement remarqué le sous-titre de ce livre : « D'après l'épopée authentique du lieutenant-colonel Iceal E. Hambleton de l'Armée de l'Air des Etats-Unis. » Pourquoi « d'après » ? Est-ce l'histoire vraie d'Hambleton, oui ou non ? La réponse est oui. Dans l'esprit et par les détails essentiels, c'est le récit fidèle de ce qu'a vécu Hambleton, exactement comme cela s'est passé. Mais certains changements ont été apportés, et le but de cette postface est de mettre le dossier en ordre : d'expliquer quels sont ces changements et pourquoi je les ai faits — tout en rendant hommage à certains hommes courageux dont les noms ne paraissent pas dans le texte.

Le jour où j'ai entrepris d'écrire le récit des douze jours d'épreuve de mon ami Gene Hambleton, j'avais la ferme intention de coller scrupuleusement aux faits. Ma seule réserve était que les faits eux-mêmes ressemblaient tellement à du roman que les lecteurs risquaient de ne pas les croire réels. Mais au fur et à mesure de la rédaction, je rencontrai des difficultés insolubles. La première et la plus grave fut que plusieurs parties du récit qui me semblaient importantes étaient encore classées secrètes, notamment certains aspects des techniques d'évasion et de sauvetage de l'Armée de l'Air. En outre, on me demanda de préserver l'anonymat de plusieurs personnes. Comme je ne pouvais passer sous silence ces éléments du récit, il fallait bien que je les remplace par des approximations imaginaires de la vérité. Ainsi donc, presque dès le départ je fus contraint de renoncer à mon intention de base de m'en tenir strictement aux faits.

Une autre difficulté allait se présenter. Elle n'avait rien à voir avec les événements eux-mêmes, mais elle était pour moi, en tant qu'écrivain, particulièrement agaçante. Voici : dans l'ensemble, l'opération de sauvetage d'Hambleton fut si complexe, impliqua un si grand nombre de personnes, des moyens logistiques si sophistiqués et, dans certains cas, des techniques si bizarres, que le récit central du calvaire d'Hambleton risquait d'être étouffé par les détails de tout ce qui se passait autour. Dans cette perspective, je me demandai bientôt si je ne servirais pas mieux la vérité humaine en simplifiant certains de ces détails et en les présentant de façon à ne pas encombrer ni accabler l'esprit du lecteur.

Après maintes hésitations, je me suis finalement décidé à utiliser un procédé de narration susceptible de résoudre la plupart des complications qui me préoccupaient. En un mot, il s'agissait d'intercaler dans l'histoire un personnage de fiction qui remplirait les rôles joués dans la réalité par toute une constellation de combattants opérant à des moments différents et depuis des bases géographiquement séparées. Ce personnage est le capitaine Dennis Clark, pilote FAC dont l'indicatif d'appel (également imaginaire) est Dénicheur. A l'origine, je voulais lui faire prendre la place de plusieurs équipes de pilotes opérant à partir des bases aériennes de Da Nang au Sud-Vietnam et de Nakhon Phanom en Thaïlande, au cours de la période de sauvetage de Bat-21. Mais chemin faisant, je l'ai vite considéré comme le représentant de tous les héroïques pilotes FAC dont personne n'a chanté les louanges, mais qui ont risqué leur vie chaque jour, tout au long de l'amère campagne du Vietnam, pour le devoir et pour le pays.

Avec l'entrée en scène de Dennis Clark, il fallait bien entendu opérer d'autres changements. Comme je devais passer sous silence plusieurs personnages réels, j'allais être amené à modifier l'ordre de certains événements, pour tenir compte de l'absence de leur héros dans le récit. En un mot, alors que l'histoire centrale de l'épreuve d'Hambleton demeurait inchangée, l'enchaînement des faits associés à son sauvetage ne pouvait plus être respecté.

Gene Hambleton a eu la gentillesse de m'affirmer que les libertés prises dans le cours de mon récit étaient acceptables et réalistes. J'espère que le lecteur réagira de même, car à aucun moment je n'ai violé l'ordre général ni la structure des événements de cette affaire, ni ne me suis écarté des réalités quotidiennes des opérations de l'Armée de l'Air à ce stade du conflit au Vietnam, ni n'ai recouru à des anachronismes ou à des impossibilités techniques. Mon seul dessein, d'un bout à l'autre de l'entreprise, a été de rendre cette histoire extraordinaire aussi cohérente, aussi directe et aussi accessible au lecteur que possible.

Il m'a cependant paru équitable de résumer ici certains événements saillants dans l'ordre où ils se sont réellement produits, avec les noms des membres les plus remarquables de la pléiade de personnages impliqués. Cette brève récapitulation ne rend pas justice à ce qui fut dans la réalité la plus importante mission de sauvetage de l'histoire de l'Armée de l'Air américaine. J'espère malgré tout que le lecteur pourra juger de la complexité des faits réels.

Quand Hambleton fut éjecté de son EB-66, le pilote FAC en orbite qu'il contacta, alors même qu'il tombait en parachute, était le capitaine Jimmy D. Kempton, aux commandes d'un OV-10 de la base aérienne de Da Nang. Quand les A-IE eurent « assaini » le secteur entourant Hambleton, Kempton tenta de faire intervenir une unité de sauvetage composée de deux hélicoptères de combat Cobra et deux hélicoptères Slick UH-IH de transport. Alors qu'ils s'approchaient de l'endroit où se trouvait Hambleton, l'artillerie antiaérienne ennemie détruisit un UH-IH et endommagea si gravement un Cobra que le groupe fut obligé de battre en retraite.

Tout au long de la nuit, les avions FAC de Da Nang (indicatifs *Covey* ou *Bilk*) et ceux de Nakhon Phanom (indicatif *Nail*) maintinrent constamment le contact avec Hambleton. Au matin, deux FAC *Nail* dont l'un était celui des capitaines Rock O. Smith et Richard M. Atchison, se mirent en faction au-dessus du navigateur et lancèrent des attaques aériennes de protection toute la journée.

Le lendemain, un autre FAC, *Nail* 38, avec les capitaines William Henderson et Mark Clark, relevèrent Smith et Atchison. A peine étaient-ils en place que leur appareil fut touché et détruit par un SAM-2. Les deux hommes parvinrent à sauter en parachute. Henderson fut fait prisonnier, mais Clark évita la capture et se cacha dans la jungle comme Hambleton, en attendant les secours.

D'autres avions FAC de Da Nang et de Nakhon Phanom remplacèrent aussitôt *Nail* 38 en orbite au-dessus d'Hambleton et de Clark, lançant sans relâche des attaques aériennes au cours des jours suivants. En réalité ce fut un FAC *Covey* qui contrôla le raid des B-52. Comme il est dit

302

dans le texte, le 6 avril, un hélicoptère HH-53, Jolly-62, escorté par deux A-IE, tenta le sauvetage des deux aviateurs au sol, mais fut abattu par l'artillerie antiaérienne au cours de la tentative.

Hambleton, le FAC et les Sandys essayèrent tous de prévenir Jolly-62 de ne pas survoler un village dont on savait qu'il contenait des emplacements de DCA, mais le pilote ne répondit pas. On a supposé qu'il avait abaissé le bouton d'émission de sa radio, ce qui l'empêcha de recevoir les messages.

Ensuite, tandis que les officiers supérieurs de l'Armée de l'Air et du Pentagone discutaient des mesures à prendre, d'autres équipes FAC se succédèrent pour contrôler les attaques protectrices air-sol et veiller sur les aviateurs dans la jungle.

Le sauvetage même d'Hambleton s'est déroulé essentiellement comme je l'ai décrit dans le texte. Touché plus près de la Mieu Giang, Clark arriva le premier au rendez-vous de l'équipe de sauvetage des fusiliers-marins. Hambleton, qui avait une plus grande distance à franchir et un terrain beaucoup plus dangereux à traverser, mit quatre jours. Son odyssée, ou plutôt son anabase, s'acheva le 14 avril.

Le sauvetage du colonel Hambleton ne fut pourtant pas la fin de ses mésaventures. Non seulement il fut éjecté de son lit par une attaque communiste sur l'hôpital de Da Nang, mais une autre épreuve l'attendait. On l'évacua par air à la base aérienne Clark, aux Philippines, et il y arriva la nuit de l'un des plus sévères tremblements de terre qui ait affecté l'archipel. L'hôpital de la base fut à moitié détruit. De nouveau, Hambleton s'en tira sans une égratignure.

Pour ses efforts héroïques et pour avoir, au mépris de sa sécurité personnelle, guidé les chasseurs et les bombardiers vers des objectifs clés depuis son « premier balcon » dans la zone des combats, Hambleton s'est vu décerner la *Silver Star*, la *Distinguished Flying Cross*, l'*Air Medal* et le *Purple Heart* — les plus hautes décorations militaires américaines. Il a été réformé de l'Armée de l'Air pour raisons médicales.

Il vit actuellement avec son épouse, Gwen, à Tucson (Arizona).

Pas loin d'un terrain de golf.

WILLIAM C. ANDERSON,
Californie, 1980.

Remerciements

Je tiens à exprimer ici ma reconnaissance à l'égard de tous ceux qui m'ont aidé dans la conception de ce livre, et notamment les personnes suivantes, dont la contribution a été décisive :

Le lieutenant-colonel C. B. Kelly, chef du bureau de renseignements du ministère de l'Air, à Los Angeles, qui a attiré mon attention sur l'aventure d'Hambleton lorsque celle-ci a cessé d'être classée secrète par l'Armée de l'Air.

Le colonel Donald Burggrabe qui a continué avec le même enthousiasme lorsque le colonel Kelly a pris sa retraite.

Le général de brigade H. J. Dalton, directeur des relations publiques de l'Armée de l'Air, qui a partagé notre intérêt pour le projet et nous a ouvert de nombreuses portes.

Donald Baruch, du bureau des relations publiques du ministère de la Défense, qui nous a accordé la coopération de ce ministère.

Marjorie Johnson, dont nous avons apprécié les travaux de recherche et de rédaction.

Enfin je remercie pour leur assistance et leur collaboration le lieutenant-colonel Iceal E. Hambleton et sa charmante épouse Gwen, car sans leur participation, l'histoire miraculeuse d'un authentique héros du Vietnam n'aurait jamais été contée.

WILLIAM C. ANDERSON.

Cet ouvrage a été imprimé par S.E.P.C.
à Saint-Amand-Montrond - Cher
pour le compte des éditions Acropole

Achevé d'imprimer en mai 1982

Dépôt légal : mai 1982.
Nº d'Édition : 482. Nº d'Impression : 1084-686.
Imprimé en France